本书获二〇二三年贵州省出版传媒事业发展专项资金资助

本书获贵州省孔学堂发展基金会资助

【阳明文库】

学术专著系列

阳明学、心学与人类主体性

沈顺福 著

孔學堂書局

本书获2023年贵州省出版传媒事业发展专项资金资助
本书获贵州省孔学堂发展基金会资助

图书在版编目（CIP）数据

阳明学、心学与人类主体性／沈顺福著. -- 贵阳：孔学堂书局，2023.8
（阳明文库）
ISBN 978-7-80770-451-5

Ⅰ.①阳… Ⅱ.①沈… Ⅲ.①王守仁（1472-1528）－哲学思想－研究 Ⅳ.①B248.25

中国国家版本馆CIP数据核字(2023)第125838号

阳明文库（学术专著系列）

阳明学、心学与人类主体性　　沈顺福　著

YANGMINGXUE, XINXUE YU RENLEIZHUTIXING

项目执行：苏　桦
责任编辑：张发贤　禹晓妍
责任校对：杨翌琳　王紫玥
书籍设计：曹琼德
责任印制：张　莹

出　　品：贵州日报当代融媒体集团
出版发行：孔学堂书局
地　　址：贵阳市乌当区大坡路26号
印　　刷：雅昌文化（集团）有限公司
开　　本：889mm×1194mm　1/24
字　　数：250千字
印　　张：11
版　　次：2023年8月第1版
印　　次：2023年8月第1次
书　　号：ISBN 978-7-80770-451-5
定　　价：88.00元

版权所有·翻印必究

阳明文库

编辑出版委员会

主　任　卢雍政

副主任　谢　念　耿　杰

委　员（按姓氏笔画排序）

王大鸣　邓国超　代　乐　朱光洪　李　筑

苏　桦　夏　虹　谢丹华　蔡光辉　戴建伟

办公室主任　耿　杰

办公室副主任　邓国超　李　筑　苏　桦

学术委员会（按姓氏笔画排序）

顾　问　安乐哲　杜维明　陈　来　陈祖武

主　任　郭齐勇

副主任　顾　久

委　员

丁为祥　干春松　朱　承　刘金才　李承贵

杨国荣　肖立斌　吴　光　吴　震　何　俊

张学智　张新民　陆永胜　陈立胜　欧阳祯人

赵平略　姚新中　索晓霞　钱　明　徐　圻

董　平　蒋国保　温海明

目录

前言 / 1

第一编 存在论视域中的阳明学

第一章 王阳明的良知观 / 002

一、"良知即是天理" / 003

二、良知是超越的实体 / 006

三、良知非气而无感应 / 011

四、良知非情非意 / 013

五、结语：辨证思维中的良知 / 015

第二章 王阳明之理 / 017

一、理是条理、道理和本体 / 017

二、理是超越者 / 020

三、理是本原之心 / 022

四、理是天理 / 025

五、结语："心即理"与人类主导地位的确立 / 030

第三章 "心外无物"新论：基于生存论的视角 / 031

一、心：思虑之官还是行动之源 / 032

二、物：客观实存还是心之所用 / 036

三、心外无物：生存论意蕴 / 040

四、结语 / 045

第四章 王阳明"万物一体"观探析 / 047

一、生机：一气流通 / 048

二、气质心：自然性本源与主宰 / 051

三、心之体：终极性本原与主宰 / 054

四、余论：变化气质与大人之学 / 059

第二编 阳明学与中国思想史

第一章 天人之辨与传统儒家思想史的主题 / 064

一、思想史主题的重要性 / 064

二、思想史主题的继承性 / 068

三、思想史主题的实在性与抽象性 / 070

四、天人之辨是中国儒家思想中的大事 / 072

五、天人之辨与中国儒家思想的发展 / 074

六、结语：儒家人文精神的形成 / 078

第二章 圣学即心学：儒家哲学史的心学进程 / 080

一、以性释心：先秦儒家心学及其初次转向 / 081

二、偏重有为心与汉代儒家心学 / 085

三、无心之心与魏晋玄学心学 / 087

四、天地之心：早期理学家的心灵哲学 / 091

五、"理之在吾心"：南宋理学家的心灵哲学 / 094

六、理即心：陆王之心灵哲学 / 096

七、结语：心学史的逻辑 / 099

第三章 阳明心学与人类主体性 / 102

一、阳明之主宰心 / 102

二、主体性：人类主体性与个体主体性 / 104

三、心主论即良知主宰论 / 107

四、我："私我"与我们 / 110

五、结语：个体的缺席 / 114

第四章　王阳明与传统儒家思想的终结 / 116

一、天人之辨与儒家思想的基本主题 / 116

二、从天人相分到天人一体：儒家思想的转折 / 119

三、"仁者以万物为体"与宋明理学宇宙观 / 122

四、致良知论与人类主体性地位的确定 / 124

五、明末及清代思想主题："照着讲"还是"接着讲"？ / 127

六、结语：传统儒家思想的终结 / 131

第五章　论"我"的三个向度 / 133

一、小我与气质 / 133

二、大我与人性 / 137

三、自我与自主 / 141

四、三我关系：互含而交错 / 144

五、余论：关于传统儒家的"我"论 / 147

第三编　比较中的阳明学

第一章　陆、王心学之异同 / 152

一、"本心"与"大本"：共同的本原观 / 152

二、"此心此理，万世一揆"与"人心是天渊"：超验的本原 / 157

三、"本末"与"体用"：二者的差异 / 161

四、结语：继承与超越 / 167

第二章　体用之间：朱熹与王阳明的哲学比较 / 169

一、作为生存方式的仁 / 169

二、仁、用与理 / 172

三、体：人性与良知 / 176

四、体用之间 / 180

五、结语:"体用不二"而无别 / 183

第三章 二程与心学 / 187

一、仁与万物一体 / 187

二、仁与尽心 / 191

三、仁与天理 / 194

四、理即内有之心:心学原理 / 199

五、余论:程氏后学与心学 / 203

第四章 陆九渊的天人学思想——兼论其与唯心主义的关系 / 206

一、万物一体之"宇宙" / 206

二、心即理 / 208

三、心与事(物):本与末 / 211

四、"此道充塞宇宙" / 214

五、自然、简易方法与学道 / 218

六、结语:陆九渊的生成哲学与唯心主义 / 221

第五章 传统心学之主体性问题——以方以智心学为中心 / 225

一、"心即天地"的万物一体世界观 / 225

二、"皆归一心"的形而上学 / 230

三、大我即人性 / 236

四、结语:"心宗"与个体我的缺席 / 240

后记 / 243

前言

公元1175年，北宋名儒吕祖谦将理学大家朱熹与心学大家陆九渊等召集到信州的鹅湖寺，举办了一次影响深远的学术讨论会，史称"鹅湖之会"。这场鹅湖之会在当时好像没有形成什么共识，似乎也未分输赢。2017年前后，当我们聚集在上饶重温朱陆之辩时，我突发奇想，追问了当时一同参加会议的蔡家和教授：朱陆之辩，谁赢了？我们俩得出一个共同的结论：陆九渊赢了。以陆九渊为代表的心学虽然未能赢得当时之辩，但是他们赢得了历史、赢得了未来。随后，阳明心学的兴盛和长盛不衰，以及朱子学向心学的转向均标志着陆九渊心学思想的完胜。从此，传统儒家从程朱理学转向陆王心学，心学成为宋明理学的最终归宿。

然而，从王阳明的角度来看，朱熹也赢了。从朱熹与王阳明的关系，和陆九渊与王阳明的关系比较来看，王阳明似乎更加肯定朱熹，而非陆九渊。在王阳明看来，陆九渊的学说终究是"粗些"。从其编定的《朱子晚年定论》来看，王阳明似乎更愿意将自己视为朱子学的传承与发展。事实上，王阳明的学说既继承了陆九渊的心本论，也充分吸纳了朱熹的理本论，是心理合一的心本论。在这种心本论视域下，王阳明不仅汇通了狭义的程朱理学与象山心学，而且将宋明理学乃至中国传统哲学推向了巅峰。至此，王阳明哲学成为中国传统哲学的集大成者，并因此成为历朝历代广大学者关注的哲学家，今天也是如此。阳明学的研究方兴未艾，在倡导文化自信的今天，阳明学研究迎来了好时光。

但是，作为哲学的阳明学研究依然存在着一些风险与难题。哲学是一门特殊的科学。从康德的立场来看，哲学是一门科学，有自己特殊的研究对象、方法乃至专业语言或术语。这类专业语言属于人工语言，有特定的指称内容，如理学家区别了体，意味形体之体"不是'体用'之'体'，恰似说'体质'之'体'，犹云'其质则谓之易'"[①]。朱熹所说的体用之"体"并非体质之"体"。体用

[①] 黎靖德编：《性情心意等名义》，《朱子语类》卷五，王星贤点校，中华书局1986年版，第84页。

之"体"是专业语言，仅仅指"性体"或"本体"，不包括形体之体。哲学家的概念有特定的指称或内容。王阳明所说的"心""良知""性"等便属于专业术语，有特定或固定的意谓。从维特根斯坦的立场来看，哲学是一种行为，哲学活动常常表达为一种日常语言。此时，哲学的语言常常表现为日常生活的自然语言。哲学语言既是专业语言，也是自然语言。这种人工语言与自然语言的混合常常给哲学研究带来了很多麻烦：我们不知道这些语言究竟是日常表达还是专业表达？这种混淆常常让我们无法精确地、科学地处理它们。这种麻烦也出现在阳明学研究中。王阳明在著述这些作品或讲述这些道理时，常常使用日常语言。但是，就其所说的知识内容来说，这些语言又属于专业语言，有其自身的特殊规定性或意谓（meaning）。比如"天"字，其意谓是天空，这种指称关系是固定的、确定的。这种确定关系不仅构成了知识，而且让交流成为可能。这便是语言学中的语义。

但是，语言并非僵死的符号。它常常在使用中获得生机与活力。这种语言的使用所产生的效果与意义便是意味（sense），语言学称之为语用。语言的意谓是固定的，但是其意味即使用却是开放的，即，在不同的语言使用中，其意味是不同的。如，"莫之为而为者，天也"①。这里的"天"不再是名词，而是被当成形容词使用，其特定的效果与意义是：自然而然的状态。许多人常常将此处的"天"当成名词或概念来理解，其实差矣。此时的"天"字不再是名词，而是形容词，并产生了特定的意味。这种名词"天"与形容词"天"的混淆常常为我们的理解带来了麻烦，究其原因便是意谓与意味不分。意谓与意味不分所造成的理解难点提醒我们：阳明学的研究任重而道远。

要想深化和提高阳明学乃至中国传统哲学的研究水平，我们必须借助于科学手段，即，将中国哲学史研究科学化。科学化的方法之一便是弗雷格的指称理论，即，区别意谓和意味。其中，意谓即

---

① 杨伯峻译注：《离娄章句下》，《孟子译注》，中华书局2008年版，第171页。

概念所蕴含的知识信息，意味指概念使用时的作用和价值。科学研究的对象只能是意谓即语义。比如"性"字，孟子所言之性和荀子所说之性，其意谓是确定的，即，孟子所说之性的意谓是"人的本质"，荀子所说之性的意谓是人的自然禀赋或生物的本质。在孟子和荀子那里，其各自的性概念的意谓或指称对象是确定的。它们皆属于专业术语。王阳明有"性之性"的表述。在这个表述中，两个"性"字的意谓或指称虽然不同，但是却是固定的，即，第一个性指气质的自然禀赋，第二个性指超越之性。在王阳明这里，性字的两项意谓是明确的，也是特定的、专有的。它不同于朱熹的性概念，即，在朱熹那里，性仅仅指超越之性，而不指气质禀赋。性字的确定意谓标志着科学地研究中国哲学是可能的。借助于弗雷格的指称理论或分析哲学，我们完全可以让中国哲学研究走向科学化。Was sich überhaupt sagen lässt, lässt sich klar sagen（把能够说清楚的东西说清楚）。这便是作为科学的哲学该有的面貌。

沈顺福

2023年5月5日

第一编 存在论视域中的阳明学

第一章　王阳明的良知观[①]

王龙溪说："阳明夫子之学，以良知为宗……"[②]良知是王阳明哲学的核心概念。对这个概念的内涵，学术界已经展开了充分而高质量的研究，也取得了较多的成果。这些成果大体上可以被归结为两种观点。其一，以为良知是意识，即良知是为一种"所有我们的善恶意向之道德本身的或多或少清晰的当下意识"[③]，也有人称之为"先验的是非准则"[④]等；也有一些学者提出"王阳明既把天赋的道德情感、知善知恶，好善恶恶的价值判断标准和虚灵明觉之知都包笼在良知之内，良知在阳明这里，就几乎囊括了精神活动的全部内容"[⑤]。还有一些学者以为良知是"自心与普遍之理的统一，为主体提供了内在的权衡"[⑥]。这些观点都将良知看作意识或道德意识。其二，将良知视为一个气质活动的主体或能力。如，在吴汝钧看来，良知是一种"超越地作价值判断，主要是判断善恶的能力"[⑦]；钱穆曰："若舍掉良知，又何从见天理？"[⑧]良知似乎成为识别天理的主体官能或能力。这种能力，最终属于气质活动。故，良知被视为"灵气、精灵之气"[⑨]。这种气的活动是"创造之精神……能够自然地知晓孝，比如见到父母自然知孝，并付诸行动中"[⑩]。作为生命体的良知接近于气质之物，即良知被视为一种气或气的活动。

这些观点或研究从不同方面深化了人们对于良知的认识，揭示了良知的内涵。然而，在笔者看来，尽管目前的研究成果丰硕，但学术界依然没有将良知的本质内涵讲清楚，比如良知是不是道德意识？良知是不是气、能否感应？这些问题依然有待于进一步的研

[①] 曾刊发于《中国文化论衡》2016年第1期。
[②] 王畿：《天泉证道纪》，《王畿集》卷一，吴震编校整理，凤凰出版社2007年版，第1页。
[③] 耿宁：《论王阳明"良知"概念的演变及其双重涵义》，《鹅湖学志》1995年第15期。
[④] 陈来：《有无之境——王阳明哲学的精神》，人民出版社1991年版，第167页。
[⑤] 张学智：《明代哲学史》，中国人民大学出版社2012年版，第109页。
[⑥] 杨国荣：《王学通论——从王阳明到熊十力》，华东师范大学出版社2009年版，第41页。
[⑦] 吴汝钧：《王阳明的良知观念及其工夫论》，《哲学与文化》1996年第4期。
[⑧] 钱穆：《阳明学述要》，九州出版社2010年版，第58页。
[⑨] 陈立胜：《良知之为"造化的精灵"：王阳明思想中的气的面向》，《社会科学》2018年第8期。
[⑩] Cf. *A Source Book in Chinese Philosophy,* translated and compiled by Wing—Tsit Chan（Princeton:Princeton University Press,1963）,656.

究。本章将指出：良知是超越的实体，而不是气或气质之物，因此不能直接感应，也不会产生道德意识。

一、"良知即是天理"[①]

"良知即是天理。"这是王阳明对良知与天理关系的基本命题。在王阳明这里，良知和天理的关系属于同一关系，即，良知=天理。传统理学家提出天理是事物存在的终极性根据。王阳明继承了理学家这一基本立场，并借用了孟子的良知概念，对其做了创造性解释和使用。王阳明曰："夫心之本体，即天理也。天理之昭明灵觉，所谓良知也。"[②]心的本体是天理，又叫良知，天理即良知。良知或天理是事物的真面目："'不思善不思恶时认本来面目'，此佛氏为未识本来面目者设此方便。'本来面目'即吾圣门所谓'良知'。"[③]良知是"本来面目"。所谓"本来面目"，佛教用语，类似于物自体、理念或真理等。这个真理，在理学家那里便是天理。天理即真理。良知便是天理。

作为天理的良知是事物生存的根据或标准。王阳明曰："夫良知之于节目时变，犹规矩尺度之于方圆长短也。"[④]良知如同现实中衡量的尺度或规矩，是生存的标准或根据。这个根据，成为衡量生存正确与否的尺度或准则。王阳明曰："抑亦求诸其心一念之良知，权轻重之宜，不得已而为此邪？"[⑤]良知是权衡轻重、评价是非的尺度或终极标准。这种标准又叫"准则"："尔那一点良知，是尔自家底准则。尔意念着处，他是便知是，非便知非，更瞒他一些不得。"[⑥]这里所说的"准则"类似于现代术语的准则，即，表示尺度和标准。人们由此而断定是非与善恶，"合得的便是，合不得的便非。如佛家说心印相似，真是个试金石、指南针"[⑦]。良知是"试金石""指南针"，是人的道德行为的绝对根据。符合良知便

[①] 王守仁：《传习录中》，《王阳明全集》卷二，吴光等编校，上海古籍出版社1992年版，第72页。
[②] 王守仁：《答舒国用》，《王阳明全集》卷五，吴光等编校，第190页。
[③] 王守仁：《传习录中》，《王阳明全集》卷二，吴光等编校，第67页。
[④] 王守仁：《传习录中》，《王阳明全集》卷二，吴光等编校，第50页。
[⑤] 王守仁：《传习录中》，《王阳明全集》卷二，吴光等编校，第50页。
[⑥] 王守仁：《传习录下》，《王阳明全集》卷三，吴光等编校，第92页。
[⑦] 王守仁：《传习录下》，《王阳明全集》卷三，吴光等编校，第93页。

为是或善，反之则为非或恶。因此，作为根据或规则的良知是生存的主宰："这性之生理，发在目便会视，发在耳便会听，发在口便会言，发在四肢便会动，都只是那天理发生，以其主宰一身，故谓之心。"① 主宰之心，主宰了人的视、听、言、行，即，人的一切行为。心是行为的主宰。但是，心仅仅是气质之心。其自身并不足以真正主宰自己。在心的活动的背后，还有一个主宰者。这个主宰者便是藏于心中的良知。良知才是"汝之真己。这个真己是躯壳的主宰。……便须常常保守着这个真己的本体"②。人心仅仅主宰形体的活动。真正的主宰则是形体背后的、作为天理的良知，这便是"真己"、真正的主宰者。做人便是保持真己、成就本性、从而成为真我。所以说，"天地万物实以良知为主宰"③。良知是主宰。这个主宰的"良知超越了伦理范畴而为万物之本体，故本体虚而能通万物是其足以备万物之变、足以信任的本体论根据"④。作为主宰者的良知是万物生存的绝对根据，具有形而上学或本体论的意义。

科学而合理的规则能够让人明白事理，这便是"明"。故，王阳明曰："所幸天理之在人心，终有所不可泯，而良知之明……沛然若决江河而有所不可御者矣！"⑤ 知晓良知或心理合一，自然觉悟而明白、且必然能够成就圣贤事业。王阳明将良知比喻为"明镜"："圣人致知之功至诚无息，其良知之体皦如明镜，略无纤翳。妍媸之来，随物见形，而明镜曾无留染。"⑥ 良知如明镜，是人间善恶的绝对的、终极的标准，不藏一点私意或偏见。故，王阳明曰："知善知恶是良知。"⑦ 人们常常将这段文献解释为：良知本身能够知晓善恶。其实不然。它的意思是：良知是善恶的唯一的、真正的标准。符合良知的观念或行为便是善的，反之为恶。"道即是良知。良知原是完完全全，是的还他是，非的还他非，是非只依

---

① 王守仁：《传习录上》，《王阳明全集》卷一，吴光等编校，第 36 页。
② 王守仁：《传习录上》，《王阳明全集》卷一，吴光等编校，第 36 页。
③ 蒙培元：《理学的演变——从朱熹到王夫之戴震》，方志出版社 2007 年版，第 231 页。
④ 张卫红：《"信得及良知"的理论与实践内涵——从王阳明到王龙溪的论述》，《学术研究》2016 年第 2 期。
⑤ 王守仁：《传习录中》，《王阳明全集》卷二，吴光等编校，第 56—57 页。
⑥ 王守仁：《传习录中》，《王阳明全集》卷二，吴光等编校，第 70 页。
⑦ 王守仁：《传习录下》，《王阳明全集》卷三，吴光等编校，第 117 页。

着他，更无有不是处。"①良知是道，亦是是非善恶的最终标准。这个标准，完全客观而准确，故，是便是是、非便是非。王阳明曰："人若知这良知诀窍，随他多少邪思枉念，这里一觉，都自消融。真个是灵丹一粒，点铁成金。"②良知如灵丹诀窍，是判断的最终标准。有了良知，任何私心杂念都可以被克制。

"明"便是"觉"。王阳明曰："是故不欺则良知无所伪而诚，诚则明矣；自信则良知无所惑而明，明则诚矣。明诚相生，是故良知常觉常照。"③心中有了良知便是觉。觉即觉悟，是心灵的活动，也就是我们常说的明白。觉悟后的行为常常带来效力，这便是神。觉即神气之动。王阳明曰："诚是实理，只是一个良知。实理之妙用流行就是神，其萌动处就是几，诚神几曰圣人。"④神即神气，是良知借助于气的妙用。王阳明曰："夫良知一也，以其妙用而言谓之神，以其流行而言谓之气，以其凝聚而言谓之精，安可以形象方所求哉？"⑤良知是体，神是良知之气用，即，心中有了良知，知晓道理、明白而觉悟，行为自然合理而科学，也就具备了效力。这便是神或妙用。妙用如神便是灵。王阳明曰："良知是造化的精灵。这些精灵，生天生地，成鬼成帝，皆从此出，真是与物无对。"⑥王阳明将良知当作"精灵"。这一说法，常常引起误读。多数人将精灵理解为气质之物。如陈立胜教授解释曰："阳明以精灵、灵窍、灵气指点良知，说明良知本身即是一气韵生动的灵体，良知作为灵气、精灵之气，弥漫周流于宇宙之间，天地万物都是此精灵所造，这是天道创造的力量与生机……"⑦陈立胜教授把精灵当作气，以为良知是一种气质物。其实不然。王阳明曾曰："'精一'之'精'以理言，'精神'之'精'以气言。理者气之条理，气者理之运用。"⑧精指理，或者说，这里所说的"精"主要指理，"灵"指妙用，两项结合，"精灵"的意思是：理可以让人明白、

---

① 王守仁：《传习录下》，《王阳明全集》卷三，吴光等编校，第105页。
② 王守仁：《传习录下》，《王阳明全集》卷三，吴光等编校，第93页。
③ 王守仁：《传习录中》，《王阳明全集》卷二，吴光等编校，第74页。
④ 王守仁：《传习录下》，《王阳明全集》卷三，吴光等编校，第109页。
⑤ 王守仁：《传习录中》，《王阳明全集》卷二，吴光等编校，第62页。
⑥ 王守仁：《传习录下》，《王阳明全集》卷三，吴光等编校，第104页。
⑦ 陈立胜：《良知之为"造化的精灵"：王阳明思想中的气的面向》，《社会科学》2018年第8期。
⑧ 王守仁：《传习录中》，《王阳明全集》卷二，吴光等编校，第62页。

进而行动有效。王龙溪对此有解释："良知是造化之精灵，吾人当以造化为学。造者，自无而显于有；化者，自有而归于无。……吾之精灵，生天生地生万物，而天地万物复归于无。"[1]生存即从无到有的产生（"造"）以及从有到无的变化（"化"）。这些造与化都是气化生生，这些气化活动的主宰便是良知，即，良知是造化的主宰。王龙溪将良知与天地之心相并提："良知者，造化之灵机，天地之心也。"[2]良知即天地之心，天地之心即天理。"造化的精灵"的意思是：良知或天理是万物生存的指南。

二、良知是超越的实体

作为天理的良知是一种超越的实体。王阳明将良知称为"未发之中"："'未发之中'即良知也，无前后内外而浑然一体者也。"[3]"未发之中"自然是对应于已发之和，即，它不是一种已发的存在，已发存在是显现的存在。"未发之中"便是不显现的存在，不显现的存在是"无前后内外"之体：没有时间之前后、亦无空间之内外。王阳明曰："此只认良知未真，尚有内外之间。我这里功夫，不由人急心认得。良知头脑，是当去朴实用功，自会透彻。到此便是内外两忘，又何心事不合一？"[4]良知没有内与外，即良知超越于空间之内外。这种超越空间的良知是"体"："知此则知未发之中，寂然不动之体，而有发而中节之和，感而遂通之妙矣。……盖良知虽不滞于喜怒忧惧，而喜怒忧惧亦不外于良知也。"[5]未发之良知是寂然不动的实体，其用便有喜怒之情。用体用论的术语来说，良知是体，情是用。因此，良知与情感的关系属于体用关系。王阳明："盖良知只是一个天理，自然明觉发见处，只是一个真诚恻怛，便是他本体。"[6]良知是情感之"体"，情感是良知之用，它是"天然自有之中"[7]。因为有了这个良知之体，其发用

---

[1] 王畿：《东游会语》，《王畿集》卷四，吴震编校整理，第85页。
[2] 王畿：《建初山房会籍申约》，《王畿集》卷二，吴震编校整理，第50页。
[3] 王守仁：《传习录中》，《王阳明全集》卷二，吴光等编校，第64页。
[4] 王守仁：《传习录下》，《王阳明全集》卷三，吴光等编校，第105页。
[5] 王守仁：《传习录中》，《王阳明全集》卷二，吴光等编校，第65页。
[6] 王守仁：《传习录中》，《王阳明全集》卷二，吴光等编校，第84页。
[7] 王守仁：《传习录中》，《王阳明全集》卷二，吴光等编校，第85页。

便可以天下莫能承载，具有了无穷性和普遍性。这种无穷而普遍的存在体，从哲学的角度来说，是一个超越的实体，即"良知是超越的心体或主体性"[①]。

这个超越的实体，从时间来看是永恒的存在，从空间来看，是普遍的存在。"春夏此常体，秋冬此常体，皆可谓之阴、谓之静也。"[②]作为心体的良知是一年四季不可变的永恒实体。这便叫作"静"。静并非说静止，而是指确定性。"仁是造化生生不息之理，虽弥漫周遍，无处不是，然其流行发生，亦只有个渐。"[③]良知借助于仁周遍世界各处，良知是普遍的。因此，王阳明曰："良知良能，愚夫愚妇与圣人同。"[④]圣人与俗人都有良知，良知遍在于所有人，即人人皆有良知。因此，良知是普遍的。王阳明总结说："吾心之良知，即所谓天理也。"[⑤]我所说的良知，也就是"天理"——绝对而永恒之理。"盖良知之在人心，亘万古，塞宇宙，而无不同。"[⑥]良知超越于时间和空间，这种超越于时间与空间的实体，从现代哲学的角度来说，便是一个超越的实体。

具体地说，超越的实体超越于经验，比如动和静。王阳明曰："有事无事，可以言动静，而良知无分于有事无事也。寂然感通，可以言动静，而良知无分于寂然感通也。动静者所遇之时，心之本体固无分于动静也。理无动者也，动即为欲。"[⑦]动、静属于所遇即经验，即人们只能在经验中才能够知晓动与静。反过来说，我们只能用动、静等方式来经验事实。因此，动静属于经验范畴。良知不可以用动、静来描述它。这意味着：良知超越于经验之动与静。具体地说："有事而感通，固可以言动，然而寂然者未尝有增也。无事而寂然，固可以言静，然而感通者未尝有减也。动而无动，静而无静，又何疑乎？无前后内外而浑然一体，则至诚有息之疑，不待解矣。……是未尝无动静，而不可以动静分者也。"[⑧]未发的良知在

[①] 吴汝钧：《王阳明的良知观念及其工夫论》，《哲学与文化》1996年第4期。
[②] 王守仁：《传习录中》，《王阳明全集》卷二，吴光等编校，第64页。
[③] 王守仁：《传习录上》，《王阳明全集》卷一，吴光等编校，第26页。
[④] 王守仁：《传习录中》，《王阳明全集》卷二，吴光等编校，第49页。
[⑤] 王守仁：《传习录中》，《王阳明全集》卷二，吴光等编校，第45页。
[⑥] 王守仁：《传习录中》，《王阳明全集》卷二，吴光等编校，第74页。
[⑦] 王守仁：《传习录中》，《王阳明全集》卷二，吴光等编校，第64页。
[⑧] 王守仁：《传习录中》，《王阳明全集》卷二，吴光等编校，第64页。

已发之中，已发之动静自然带动了未发之良知。因此，良知本身无所谓动静，或者说，良知不可以动、静来描述。这便是良知超越于动与静。"良知本体原是无动无静的。"①良知自身没有动静之说。良知超越于动、静之经验。良知既是动的，亦是静的。从经验认识的角度来说，这种表述是非法的或无效的。在现实中，根据矛盾律，我们只能说一个事物或是动的，或是静的，而不可以两可。当我们认为其两可时，这仅仅是表述了一种可能存在方式，即，良知可能是静的，也可能是动的。这种处在可能界的存在，便是哲学中的超越的存在。因此，良知是超越于经验的、处于可能界的实体。"理无动者也。'常知常存常主于理'，即'不睹不闻、无思无为'之谓也。不睹不闻、无思无为非槁木死灰之谓也，睹闻思为一于理，而未尝有所睹闻思为，即是动而未尝动也。"②作为天理的良知动而不动，超越于动、静。

不动不静的良知便是恒照。王阳明曰："照心非动者，以其发于本体明觉之自然，而未尝有所动也。"③良知恒照而不动，不动便不起。王阳明曰："良知者，心之本体，即前所谓恒照者也。……若谓良知亦有起处，则是有时而不在也，非其本体之谓矣。"④作为超越实体的良知，超越了现实经验，比如动与静，因此是"无起无不起"⑤。良知始终存在，却不是起或不起。如果说良知有起处，那是说良知出场，良知在场便是无起无不起。牟宗三所说的"良知是即活动即存有的"⑥的观点需要三思。良知本身并不活动。良知只能借助于气质活动主体而在场。同理，有学者称："良知不是死的，它是活生生的。"⑦这一观点显然需要推敲。生死仅仅是气质主体的存在状态，即气聚为生、气散为死。生死描述，对于良知来说，是无效的，即，良知不可以说生、死论。不动不静、不生不死并非枯死之在。王阳明曰："只是一念良知，彻头彻尾，无始无终，即是

---

① 王守仁：《传习录下》，《王阳明全集》卷三，吴光等编校，第105页。
② 王守仁：《传习录中》，《王阳明全集》卷二，吴光等编校，第63页。
③ 王守仁：《传习录中》，《王阳明全集》卷二，吴光等编校，第65页。
④ 王守仁：《传习录中》，《王阳明全集》卷二，吴光等编校，第61—62页。
⑤ 王守仁：《传习录中》，《王阳明全集》卷二，吴光等编校，第61页。
⑥ 牟宗三：《从陆象山到刘蕺山》，吉林出版集团2010年版，第140页。
⑦ 蒙培元：《理学的演变——从朱熹到王夫之戴震》，第231页。

前念不灭，后念不生。"①这种前念后念的持续不灭不同于佛教的"槁木死灰之谓矣"②。良知无在无不在，生而无生，并非枯木。良知超越于生与死。

这种超越的良知是虚。王阳明曰："良知之虚，便是天之太虚；良知之无，便是太虚之无形。日月风雷山川民物，凡有貌象形色，皆在太虚无形中发用流行，未尝作得天的障碍。"③良知虚而无形，所谓虚而无形，即良知无形体，且不可以被经验所直观或认识。或者说，良知本身并不直接呈现。它仅仅通过事物之发用、日月之流行来体现其存在，它是形而上的实体。王阳明将心体或良知做了个比喻："心之理无穷尽，原是一个渊。只为私欲窒塞，则渊之本体失了。"④心之理即良知是无穷尽的实体，如同深渊。这个虚无的实体是隐微的。有人问熟睡时，良知是否在？王阳明答曰即便是熟睡时，良知亦在，否则"不知何以一叫便应"⑤？答应便是良知的作用。王阳明说，人类的日出而作、日落而息，"亦造化常理。夜来天地混沌，形色俱泯，人亦耳目无所睹闻，众窍俱翕，此即良知收敛凝一时。天地既开，庶物露生，人亦耳目有所睹闻，众窍俱辟，此即良知妙用发生时"⑥。工作和休息本身便是天理或良知的作用方式。良知无时不在，却不显现。

对这种超越的良知，王阳明以"尘尾"为喻进行了解释："昔有禅师，人来问法，只把尘尾提起。一日，其徒将尘尾藏过，试他如何设法。禅师寻尘尾不见，又只空手提起。我这个良知就是设法的尘尾。舍了这个，有何可提得？"⑦良知是看不见、说不得的实体。既然看不见、说不得，如何说它呢？人们只能借助于尘尾等方便工具言说它。良知是超越而虚无的实体，这便是"至微"："此道至简至易的，亦至精至微的。……即如我良知二字，一讲便明，谁不知得？若欲的见良知，却谁能见得？……良知即是易，其为道也屡迁，变动不居，周流六虚，上下无常，刚柔相易，不可为典

---

① 王守仁：《传习录中》，《王阳明全集》卷二，吴光等编校，第67页。
② 王守仁：《传习录中》，《王阳明全集》卷二，吴光等编校，第67页。
③ 王守仁：《传习录下》，《王阳明全集》卷三，吴光等编校，第106页。
④ 王守仁：《传习录下》，《王阳明全集》卷三，吴光等编校，第96页。
⑤ 王守仁：《传习录下》，《王阳明全集》卷三，吴光等编校，第105—106页。
⑥ 王守仁：《传习录下》，《王阳明全集》卷三，吴光等编校，第106页。
⑦ 王守仁：《传习录下》，《王阳明全集》卷三，吴光等编校，第109页。

要，惟变所适。此知如何捉摸得？见得透时便是圣人。"[1]良知虽然存在，却是精微的存在实体，即，是一种超越于我们的经验的实体。一般人看不到它。良知超越于经验的见识："盖不睹不闻是良知本体。戒慎恐惧是致良知的工夫。学者时时刻刻常睹其所不睹，常闻其所不闻，工夫方有个实落处。"[2]良知不可以被感官所闻见、所觉察，即我们无法认识它。良知超越于闻见，即，良知超越于经验的认知。"知来本无知，觉来本无觉，然不知则遂沦埋。"[3]良知超越于经验认识，既是知，又是无知，因此，良知超越于知，我们的经验认识无法认识超越的良知。

自在的良知不仅超越于认知，而且超越于判断："良知只是一个良知，而善恶自辨，更有何善何恶可思？"[4]近似于判断的善与恶，也无法描述良知。自在的良知超越于善恶。王阳明曰："性无善无不善，虽如此说，亦无大差；但告子执定看了，便有个无善无不善的性在内。"[5]良知之性，无善无不善。性或良知超越于善或恶。"性之本体原是无善无恶的，发用上也原是可以为善，可以为不善的，其流弊也原是一定善一定恶的。"[6]作为体的性或良知无善无不善，超越于善与恶。这种无善无不善的良知，王阳明称之为"至善"："无善无恶者理之静，有善有恶者气之动。不动于气，即无善无恶。是谓至善。"[7]理即良知。良知是无善无恶的，可以叫做"至善"。"至善"的良知，之所以无善无恶，那是因为善或恶皆是气之所动。良知之在，不是气之活动，因而无善恶。从今天的观点来看，善恶是价值判断。超越于善恶的良知，同样超越于价值判断。良知超越于人的经验认识和价值判断。正是这个超越的实体即良知，充当了现存在的"人的自性实体"[8]。从哲学的角度来看，"良知不但是道德实践之根据，而且亦是一切存在之存有论的根

---

[1] 王守仁：《传习录下》，《王阳明全集》卷三，吴光等编校，第125页。
[2] 王守仁：《传习录下》，《王阳明全集》卷三，吴光等编校，第123页。
[3] 王守仁：《传习录下》，《王阳明全集》卷三，吴光等编校，第94页。
[4] 王守仁：《传习录中》，《王阳明全集》卷二，吴光等编校，第67页。
[5] 王守仁：《传习录下》，《王阳明全集》卷三，吴光等编校，第107页。
[6] 王守仁：《传习录下》，《王阳明全集》卷三，吴光等编校，第115页。
[7] 王守仁：《传习录上》，《王阳明全集》卷一，吴光等编校，第29页。
[8] 董平：《王阳明主体哲学论要》，《浙江学刊》1988年第5期。

据"①。良知是万物生存的终极性根据。这个根据是终极性的，也是超越的。

三、良知非气而无感应

超越的良知之所以为超越的实体，原因之一便是它是区别于气的存在。传统理学认为，万物的生存主要依赖于形而上之理和形而下之气。理和气构成了生存的两个基础性因素。王阳明也接受了这一世界观，曰："太极生生之理，妙用无息，而常体不易。……阴阳一气也，一气屈伸而为阴阳；动静一理也，一理隐显而为动静。"②万物生生，有理有气。其中的理，王阳明叫做良知，万物的生存结构便转变为良知和气。既然良知和气构成了万物的生存，那么，良知自然不同于气，即，良知非气。王阳明曰："良知本来自明。气质不美者，渣滓多，障蔽厚，不易开明。"③良知自明，而气则有杂质，自明的良知和浑浊的气质显然不同。良知非气。

良知非气论具体体现于良知和人心的关系中。王阳明常曰："致吾心良知之天理于事事物物，则事事物物皆得其理矣。……是合心与理而为一者也。"④我心里的良知便是天理。这意味着我心与良知别为二物，良知即良知、人心是人心，二者不可混淆。准确地说，良知在心中。这便是心中的良知。从思辨哲学的角度来看，良知是超越的实体，属于形而上的存在，而人心是气质之物，属于形而下的存在。根据传统理学如朱熹等人观点，形而上的理（良知）与形而下的气或气质之心，并非日常经验中的两个不同的物体。它们属于同一个物体，这便是"统"，却分别呈现为不同的存在，这便是"别"。从超越哲学的角度来说，存在是良知；从经验的角度来说，存在是气质之物。超越的良知并不能独立地存在于现实中，它必须借助于气质之物而存在。这样，超越的良知只能依附于气质之心，即，良知在心中。这也符合理学家的理气关系理论。

形而上的良知借助于形而下的气质而存在，这便是气化流行。

---

① 牟宗三：《从陆象山到刘蕺山》，第142页。
② 王守仁：《传习录中》，《王阳明全集》卷二，吴光等编校，第64页。
③ 王守仁：《传习录中》，《王阳明全集》卷二，吴光等编校，第68页。
④ 王守仁：《传习录中》，《王阳明全集》卷二，吴光等编校，第45页。

其中，感应便是气化流行的一种方式。王阳明曰："如汝心中……此便是寂然不动，便是未发之中，便是廓然大公！自然感而遂通，自然发而中节，自然物来顺应。"①寂然不动、未发之中、廓然大公等，便指形而上的良知的存在状态。这段话似乎是说良知自然感应而动，其实不然。王阳明明确指出："寂然感通，可以言动静，而良知无分于寂然感通也。动静者所遇之时，心之本体固无分于动静也。理无动者也，动即为欲。"②感通是气质活动，有动有静。而作为天理的良知超越于动与静。良知无动静，有动静的只能是人欲。既然良知无动静，它自然没有感应。因此，上文所说的感通，并非说良知直接感通，而是说良知借助于气质活动而在场。王阳明曰："人之本体常常是寂然不动的，常常是感而遂通的。未应不是先，已应不是后。"③人之本体即良知是寂然不动的，寂然不动便不能感应。事实上，超越的良知本身超越于经验的动静或感应，它本身无所谓感应。准确地说，良知本身并不是感应的直接主体或行为主体。但是，良知可以借助于气质之心而感应："心无体，以天地万物感应之是非为体。"④气质人心可以感应。而感应的根据或主宰便是隐藏于其中的良知。良知依靠气质之心而感应。

这种因循良知的气，王阳明借用了孟子的说法，也称之为"浩然之气"："自是养得充满，并无馁歉；自是纵横自在，活泼泼地：此便是浩然之气。"⑤这种活泼泼的浩然之气，由于经历了工夫活动，实现了与良知的合一，因此是符合良知要求的"浩然之气"。这种浩然之气，类似于今天所说的合"理"的气化活动。这种合"理"的气质，王阳明又称之为"夜气"："良知在夜气发的，方是本体，以其无物欲之杂也。学者要使事物纷扰之时，常如夜气一般，就是通乎昼夜之道而知。"⑥浩然之气、夜气都是合"理"的气。这种合"理"之气，与天地之道相贯通。这种合理的气化流行，便是"天地间活泼泼地，无非此理，便是吾良知的流行

---

① 王守仁：《传习录上》，《王阳明全集》卷一，吴光等编校，第22页。
② 王守仁：《传习录中》，《王阳明全集》卷二，吴光等编校，第64页。
③ 王守仁：《传习录下》，《王阳明全集》卷三，吴光等编校，第122页。
④ 王守仁：《传习录下》，《王阳明全集》卷三，吴光等编校，第108页。
⑤ 王守仁：《传习录下》，《王阳明全集》卷三，吴光等编校，第107页。
⑥ 王守仁：《传习录下》，《王阳明全集》卷三，吴光等编校，第106页。

不息"①。天地之间活泼泼的生机流行，无非是合乎天理或良知的气化流行。良知借助于气质而存在。

这种合理的气化活动，王阳明又称之为"思"。王阳明曰："若是良知发用之思，则所思莫非天理矣。良知发用之思自然明白简易，良知亦自能知得。"②良知发用便是思。这似乎是说良知能够思，其实不然，思只能是人心的功能。在这个活动中，良知是思的终极性根据。或者说，符合良知的思才是合"理"的、合法的。这种合乎良知之思便是"精思"："天理即是良知，千思万虑，只是要致良知。良知愈思愈精明，若不精思，漫然随事应去，良知便粗了。"③精思即合乎天理或良知的人心之思，心能思。由于人心或善或恶，故而所思也不一定可靠。只有符合良知的精思才是可靠的。这种良知之精思，并非说良知能够直接思。良知是不思的，能思的只能是心。良知在心动过程中主导着它的性质与方向。

这种气质活动，传统儒家称之为仁。或者说，传统儒家的仁爱，说到底也是一种气质感应。王阳明曰："盖其心学纯明，而有以全其万物一体之仁，故其精神流贯，志气通达，而无有乎人己之分，物我之间。譬之一人之身……其元气充周，血脉条畅，是以痒疴呼吸，感触神应，有不言而喻之妙。"④一体之间，善气呼应，相互贯通，便是仁。仁即通：通过感应而贯通，进而成就一体之仁。在这个感应活动中，直接的行为主体是人心，而超越的良知则是其背后的、间接的主宰，即良知决定了人心活动的合法性。符合良知的人心活动便是合理的、道德的行为即仁。其中，良知本身并不直接感应。

四、良知非情非意

按照中国传统哲学理论，人情是人心之动，属于一种气质活动。王阳明曰："喜怒哀乐，性之情也；私欲客气，性之蔽也。"⑤

---

① 王守仁：《传习录下》，《王阳明全集》卷三，吴光等编校，第123页。
② 王守仁：《传习录中》，《王阳明全集》卷二，吴光等编校，第72页。
③ 王守仁：《传习录下》，《王阳明全集》卷三，吴光等编校，第110页。
④ 王守仁：《传习录中》，《王阳明全集》卷二，吴光等编校，第55页。
⑤ 王守仁：《传习录中》，《王阳明全集》卷二，吴光等编校，第68页。

人的喜怒哀乐等是情。情的主体是气质人心，其载体是气。王阳明曰："七情顺其自然之流行，皆是良知之用，不可分别善恶，但不可有所着。"[1]人七情的行为主体是气质，它的活动方式便是自然流行。这种自然流行便是用。气质之情的活动主宰便是良知。王阳明曰："只是一个良知，一个真诚恻怛。若是从兄的良知不能致其真诚恻怛，即是事亲的良知不能致其真诚恻怛矣，事君的良知不能致其真诚恻怛，即是从兄的良知不能致其真诚恻怛矣。"[2]良知只有一个，其发用可以多样，比如孝悌恻隐等。其中有情，七情便是良知的自然流行，情即心之所动，这便是传统理学家的性体情用。用是一种活动方式，其行为主体则是气，而非性或良知。有学者称"良知只是一个真诚恻怛"[3]，显然混淆了良知之体与恻怛之用的关系。这段论述的意思应该是：良知借助于情或情感而呈现自身。但是，良知本身不是气、不是情。

良知之体借助于气的活动不仅表现为情，而且也表现为意。所谓意，类似于今天所说的意识。意乃是心的活动。由于心是气质之物，因此，作为心的活动的意，也是一种气质活动。王阳明曰："以其理之凝聚，则谓之性；以其凝聚之主宰而言，则谓之心；以其主宰之发动而言，则谓之意；以其发动之明觉而言，则谓之知；以其明觉之感应而言，则谓之物。"[4]心是主宰。主宰之心的背后是作为理的性或曰良知。心的活动便是意。因此，意，作为气质人心的活动，自然也是一种气化活动。其落实处便是物。这个物便是感应之物。意是气化活动。王阳明明确指出："心者身之主也，而心之虚灵明觉，即所谓本然良知也。其虚灵明觉之良知应感而动者，谓之意。"[5]人心是人的生存主宰。其背后的主宰者便是良知，其活动便是气化活动之意。这种气质活动，我们可以称之为"气之动"："无善无恶者理之静，有善有恶者气之动。不动于气，即无善无恶，是谓至善。"[6]意便是气的活动。这种气的活动，在良知未曾参与之前有善有恶。无良

---

[1] 王守仁：《传习录下》，《王阳明全集》卷三，吴光等编校，第111页。
[2] 王守仁：《传习录中》，《王阳明全集》卷二，吴光等编校，第84页。
[3] 容肇祖：《明代思想史》，《民国丛书》，上海书店1990年版，第88页。
[4] 王守仁：《传习录中》，《王阳明全集》卷二，吴光等编校，第76—77页。
[5] 钱德洪：《年谱三》，王守仁：《王阳明全集》卷三十五，吴光等编校，第1295页。
[6] 王守仁：《传习录上》，《王阳明全集》卷一，吴光等编校，第29页。

知的意是有善有恶的、气的活动。

王阳明高足王龙溪专著《意识解》，解释了意的本质："夫心本寂然，意则其应感之迹；知本浑然，识则其分别之影。万欲起于意，万缘生于识。……意统于心，心为之主，则意为诚意，非意象之纷纭矣。识根于知，知为之主，则识为默识，非识神之恍惚矣。"①意是人心的气化感应活动及其结果，即，意识活动转化为意识现象。刘宗周明确指出："心藏神，脾藏意，肾藏志，肝藏魂，肺藏魄，合之皆心之神也。而惟脾肾一直，上中下通心为一体，故意志字，皆不离心字。意者，心之中气；志者，心之根气。"②意、志等意识活动皆产生于人心。这便是意、志概念字形所蕴含之义：二者皆含心。意、志是人心的活动。人心是气质之心，故，意、志活动均属于气质活动。其中，志是根本之气，意则是中间之气。刘宗周甚至提出："气者，知觉运动也。"③意等人类意识活动便是气的活动。这便是中国古代意识产生的机制或原理。

王阳明明确地区别于意与良知："意与良知当分别明白。凡应物起念处，皆谓之意。意则有是有非，能知得意之是与非者，则谓之良知。依得良知，即无有不是矣。"④良知是意的活动背后的主宰者。良知是体，意是其用。体用无间而分别。良知与情、意的区别表明：良知既不是情感，也不是意识或道德意识。将良知理解为道德意识的流行观点显然有问题。

五、结语：辨证思维中的良知

良知能否感应、良知是不是道德意识等问题，最终归结到良知与气的关系。如果良知是气，它便成为一种能力而产生感应，并进而出现道德意识等。反之，良知便与能力、感应以及意识等无直接关联。在王阳明这里，良知是未发之中，超越于动静，不能够被直接觉察和认识。这种超越于经验之动与静的存在体，哲学上通常称

---

① 王畿：《意识解》，《王畿集》卷八，吴震编校整理，第192页。
② 刘宗周：《商疑十则，答史子复》，《刘宗周全集》（第2册），吴光主编，浙江古籍出版社2007年版，第343页。
③ 刘宗周：《浩然章》，《刘宗周全集》（第5册），吴光主编，第545页。
④ 王守仁：《答魏师说》，《王阳明全集》卷六，吴光等编校，第217页。

之为超越的实体。这种超越的实体，常常是形而上的实体，如柏拉图的理念等。与此同时，气或气质之物，按照传统理学的观点，属于形而下的实体。由气以及由此而衍生的质，最终形成万物。气质与万物，从传统哲学的角度来说，是形而下的存在。形而上的良知和形而下的气质合起来，构成了合法的存在。这便是事或物。其中，作为超越实体的良知超越于经验的动和静、生与死、起与不起等。这并不是说，良知寂如死灰，而是说我们不可以用动或静等经验思维来描述它或定义它。良知并非不动不静。它所表达的内涵仅仅是：我们不可以用形而下的气或感应等来描述超经验的良知。这便是良知非气、非感应。良知便是良知，气便是气，二者之间存在着一个绝对的隔阂，即，前者是形而上的存在，后者为形而下的存在。正是从这个意义上来说，良知不是气。

良知不是气，并不意味着良知可以独立地存在于现实中。相反，良知必须借助于气质之心的活动而产生感应。在这个活动中，良知是间接主体，而气质之物则是该活动的直接主体。作为超越（transcendent）存在，在现实经验中，良知并不直接呈现。它只能借助于经验的气、感应等形态而在世。或者说，在现实中，我们只能够看到气质存在，并知晓它们的活动即感应或动静等。该活动的直接主体是气。在这些活动的背后隐藏着一个间接的主宰者，这便是良知或天理。良知本身不是活动的直接主体，它只是间接主体。现实活动的直接主体是气或气质，这些气质活动有许多不同的表现形式，比如情和意，情近似于情感，意类似于意识。按照中国传统的情感理论和意识理论，情与意等都是气质之心的活动。既然情感属于气质活动，那么，形而上的良知便不同于形而下的气质性情感。因此，良知不是道德情感。同理，良知也不是道德意识。从现代哲学的角度来看，所有的意识包括道德意识，作为名词，都是已发的存在：意识通常指人们意识到某物之后的形态。名词的意识一定是已发，且是可以描述的，这是自明的结论。可以意识到、可以描述的东西，属于经验的、形而下的存在。这些特征和良知的内涵相差万里。因此，良知不是意识。

第二章　王阳明之理[①]

从思想主题来说，王阳明首先是一位理学家：他的主要任务便是解释理的内涵。随着他"以心释理"的节奏，才逐渐诞生了有别于传统理学的心学。作为理学家的王阳明，其理字内涵的重要性丝毫不逊于心字的内涵。长期以来，学术界大多关注于心字，对于理字，鲜有关注。少数论述这类主题的篇章，大多不得要领。那么，王阳明之理的内涵究竟是什么呢？这是本章所要回答的中心问题。

一、理是条理、道理和本体

和大多数理学家们一样，王阳明也将理定义为"条理"："以其条理而言谓之理。"[②]理即"条理"。那么，什么是"条理"呢？所谓"条理"，王阳明解释：条理便是道理、如此行为的理由，比如人的身体，有手足四肢等，人们通常用自己的四肢来保护自己的脑袋，而不是相反。这便是理由或道理。又比如人们救人，总是先救亲人，再救路人等等，这种行为的依据便是道理、条理："《大学》所谓厚薄，是良知上自然的条理，不可逾越，此便谓之义；顺这个条理，便谓之礼；知此条理，便谓之智；终始是这条理，便谓之信。"[③]"条理"便是"良知""自然"的道理。不可违背（"逾越"）的条理是绝对的原理，比如亲疏远近和厚薄之分，便是绝对的道理。它是日常行为的内在规定、道理。王阳明指出："理者气之条理，气者理之运用；无条理则不能运用，无运用则亦无以见其所谓条理者矣。"[④]理即气或行为的"条理"，它是人们日常道德行为的道理。所谓"道理"，王阳明指出：道理便是"天理之发见"[⑤]。道理是客观的法则。

历史记载，王阳明曾经倾心于朱熹的格物，格"竹子的道

[①] 曾刊发于《中国文化论衡》2016年第1期。
[②] 王守仁：《传习录中》，《王阳明全集》卷二，吴光等编校，上海古籍出版社1992年版，第43页。
[③] 王守仁：《传习录下》，《王阳明全集》卷三，吴光等编校，第108页。
[④] 王守仁：《传习录中》，《王阳明全集》卷二，吴光等编校，第62页。
[⑤] 王守仁：《传习录下》，《王阳明全集》卷三，吴光等编校，第118页。

理"①。所谓竹子的道理,便指竹子的"所以然者"。道理即事物的"所以然者",比如温暖的道理,王阳明举例曰:"冬时自然思量父母的寒,便自要去求个温的道理;夏时自然思量父母的热,便自要去求个凊的道理。"②关心父母的冷暖、孝顺父母的道德行为,必有一个道理。道理即合理的、合法的、道德的行为的根本依据、行为的法则。有了这个道理,自然知道关心父母。道理是根、源头、依据。

对于儒家来说,仁义行为便有仁义的道理。王阳明指出:"故必仁极仁,而后谓之能穷仁之理;义极义,而后谓之能穷义之理。仁极仁则尽仁之性矣,义极义则尽义之性矣。"③假如我们将仁义视作道德的行为,那么这些行为的背后皆有自己的理。仁之理为仁、义之理为义。所谓极仁极义便是穷极仁义之理。仁义便有了体用,其体为理,其用为行。仁贯通体用,即体即用。

事物的"条理""道理""所以然者",王阳明称之为"本体":"知是理之灵处。就其主宰处说,便谓之心,就其禀赋处说,便谓之性。孩提之童无不知爱其亲,无不知敬其兄,只是这个灵能不为私欲遮隔,充拓得尽,便完;完是他本体。"④本体指事物原来的东西,比如孩童的仁敬之性便是本体。比如意,它的本体便是知:"心者身之主宰,目虽视而所以视者心也,耳虽听而所以听者心也。口与四肢虽言动而所以言动者心也。"⑤意即思想、思维、意识。它的本体则应该指意识的源头、本原。按照王阳明的立场,这个本原当然是良知。故,意的本体便是良知。王阳明曰:"知是心之本体,心自然会知:见父自然知孝,见兄自然知弟,见孺子入井自然知恻隐,此便是良知不假外求。若良知之发,更无私意障碍。"⑥良知是根本,也是意识的源头。有了这个源头,自然会产生分流。

本体便是原来的存在或本源,对于中国哲学来说,本源便是人

---

① 王守仁:《传习录下》,《王阳明全集》卷三,吴光等编校,第120页。
② 王守仁:《传习录上》,《王阳明全集》卷一,吴光等编校,第3页。
③ 王守仁:《传习录中》,《王阳明全集》卷二,吴光等编校,第46页。
④ 王守仁:《传习录上》,《王阳明全集》卷一,吴光等编校,第34页。
⑤ 王守仁:《传习录下》,《王阳明全集》卷三,吴光等编校,第119页。
⑥ 王守仁:《传习录上》,《王阳明全集》卷一,吴光等编校,第6页。

性。故，人性也是本体："人性皆善，中和是人人原有的，岂可谓无？但常人之心既有所昏蔽，则其本体虽亦时时发见，终是暂明暂灭，非其全体大用矣。……惟天下之至诚，然后能立天下之大本。"①性即天下大本。常人之性由于受到世俗的蒙蔽，通常会被遮蔽。故，本体之性"暂明暂灭"。人性是人类共有的本性，它因此是公："须是廓然大公，方是心之本体。知此即知未发之中。"②本体之性为"廓然大公"。王阳明曰："良知即是未发之中，即是廓然大公，寂然不动之本体，人人之所同具者也。但不能不昏蔽于物欲，故须学以去其昏蔽，然于良知之本体，初不能有加损于毫末也。"③"廓然大公"的人性便是人人都有的、具有公共性的良知。

儒家将这种本体叫做"真己"："以其主宰一身，故谓之心。这心之本体，原只是个天理，原无非礼，这个便是汝之真己。这个真己是躯壳的主宰。若无真己，便无躯壳，真是有之即生，无之即死。汝若真为那个躯壳的己，必须用着这个真己，便须常常保守着这个真己的本体。"④真己即真实的自己。真实的自己，按照王阳明的说法便是人类本有的良知。良知即真己，真己便是人性，人性是理。故，有学者指出："理是真己"⑤"真己"即真实的、能够持守自身本性的存在，它便是本体。理即真己、本体。王阳明认为，本体、真己常常遭遇蒙蔽："人心是天渊。心之本体无所不该，原是一个天。只为私欲障碍，则天之本体失了。"⑥因为私欲而失去本体。本体即本有之性，性因为私欲而被蒙蔽，从而失去自己。克去私欲，本体、本性便能复得。以天为例，房子所见之天与空旷视野中的天，部分所知之天与全体之知的天，原来都是一个天。这个天便是真实之天，被叫做本体。本体即真实之性。

修身便是本体呈现或本体明白："圣人无所不知，只是知个天理；无所不能，只是能个天理。圣人本体明白，故事事知个天理所在，便去尽个天理。不是本体明后，却于天下事物都便知得，便做

---

① 王守仁：《传习录上》，《王阳明全集》卷一，吴光等编校，第23页。
② 王守仁：《传习录上》，《王阳明全集》卷一，吴光等编校，第30页。
③ 王守仁：《传习录中》，《王阳明全集》卷二，吴光等编校，第62—63页。
④ 王守仁：《传习录上》，《王阳明全集》卷一，吴光等编校，第36页。
⑤ 钟彩钧：《王阳明思想之进展》，（台湾）文史哲出版社1983年版，第44页。
⑥ 王守仁：《传习录下》，《王阳明全集》卷三，吴光等编校，第95—96页。

得来也。"①圣人知道天理、修得真性，不是说圣人能够遍知万事，而是能够做到本体明白，即做原来的、真实的、本有的自己。圣人本有真性便是"本体明白"，"本体明白"便是本性呈现、自足。本体便是性。

二、理是超越者

理是事物的道理、条理、本体，是事物的所以然者，是事物存在的法则。这个所以然的法则是超越的（transcendent）。其超越性质主要表现在如下方面。

首先，理超越于动静。王阳明对动静做了界定："定者心之本体，天理也，动静所遇之时也。"②动和静指天理在时间中的存在状态或方式，或者说，从时间的角度来看，天理存在于动静中。如果我们结合西方哲学，即时空中的存在主要指现象，那么，动静可以被理解为超越的天理存在于经验中，是超越者的经验形态。或者说，只有经验之物才能够有动与静。王阳明曰："格物无间动静，静亦物也。孟子谓'必有事焉'，是动静皆有事。"③动或静指现象事物的存在状态，即只有经验现象才有动、静。王阳明指出："'未发之中'，即良知也，无前后内外而浑然一体者也。有事无事，可以言动静，而良知无分于有事无事也。寂然感通，可以言动静，而良知无分于寂然感通也。动静者所遇之时，心之本体固无分于动静也。理无动者也，动即为欲。"④动静是人们利用时间范式观察世界的方式，属于时间中的存在方式。时间中的存在物属于现象。良知之理超越于经验，也无时间和空间的限定，因此不可以动、静而言。超验者无动静。无动静便是无出入："若论本体，元是无出入的。……出入亦只是动静，动静无端，岂有乡邪？"⑤出入属于动。无动静自然无出入，无出入便是超越于时间、超越于现象。故，良知、理、本体是超越的。

---

① 王守仁：《传习录下》，《王阳明全集》卷三，吴光等编校，第97页。
② 王守仁：《传习录上》，《王阳明全集》卷一，吴光等编校，第16页。
③ 王守仁：《传习录上》，《王阳明全集》卷一，吴光等编校，第25页。
④ 王守仁：《传习录中》，《王阳明全集》卷二，吴光等编校，第64页。
⑤ 王守仁：《传习录上》，《王阳明全集》卷一，吴光等编校，第18页。

其次，理无善恶。王阳明首先对善恶做了自己的独到解读，指出：天地生物本来并无善恶之义，也无"善恶之分"。善恶完全在于主观之人，即"子欲观花，则以花为善，以草为恶；如欲用草时，复以草为善矣。此等善恶，皆由汝心好恶所生，故知是错"[1]。善恶乃是人的主观作为，具有主观性，因而具有相对性，王阳明甚至说是"错"，从而揭示了善恶判断的局限性。善恶之所以是相对的、局限的，源于它的经验性。对善恶相对性的揭示和批判，多见于道家，如《庄子》，在儒家思想史上倒是不多见。

既然善恶是相对的，那么，超越于善恶的存在便是可能的、合法的。于是，王阳明认为理是无善无恶的："无善无恶者理之静，有善有恶者气之动。不动于气，即无善无恶，是谓至善。……佛氏着在无善无恶上，便一切都不管，不可以治天下。圣人无善无恶，只是无有作好，无有作恶，不动于气。"[2]无善无恶即超越于善或恶。作为超越者的理，自然超越于善恶，故，理无善恶。无善无恶便是至善、最高善。至善的原义指作为终点的善；到达善，即善是终点。到了这个终点便成功了，这便是"成"。至善仅仅是善的一种形式，假如我们将善做些分解，即在不同的阶段，善处于不同的等级，那么，至善便是那个最后的等级。善与至善之间仅仅是程度上的差异。对此，王阳明做了新的解读："问：'知至善即吾性，吾性具吾心，吾心乃至善所止之地，则不为向时之纷然外求，而志定矣。定则不扰扰而静，静而不妄动则安，安则一心一意只在此处，千思万想，务求必得此至善，是能虑而得矣。如此说是否？'先生曰：'大略亦是。'"[3]至善、性、良知、本体同一所指。至善便是本心、良知。至善便是本体："于事事物物上求至善，却是义外也。至善是心之本体，只是'明明德'到'至精至一'处便是。然亦未尝离却事物。"[4]本体、良知、天理便是至善。"至善只是此心纯乎天理之极便是，更于事物上怎生求？且试说几件看。"[5]至善是天理，是无善恶的存在，即超越于善与恶。善恶是

---

[1] 王守仁：《传习录上》，《王阳明全集》卷一，吴光等编校，第29页。
[2] 王守仁：《传习录上》，《王阳明全集》卷一，吴光等编校，第29页。
[3] 王守仁：《传习录上》，《王阳明全集》卷一，吴光等编校，第25页。
[4] 王守仁：《传习录上》，《王阳明全集》卷一，吴光等编校，第2页。
[5] 王守仁：《传习录上》，《王阳明全集》卷一，吴光等编校，第3页。

源于人心的经验判断。至善不再是善的某种等级，而是超越于善的存在。从此，在中国哲学史上，善分成了两类，即善恶之善与无善恶之善，前者统称为善，后者叫做至善。无善无恶的至善是超越于经验现实的存在，具有超越性质。

最后，理既无经验性，却又具有实在性。王阳明将理比作天、渊。所谓天，即昭昭之天、苍苍之天。如果待在房子里面，便不见了天。如果撤了墙壁，还是有一个天在。昭昭之天因为房子而不遮蔽、成为虚无。同样，心之理如同一个无穷尽的深渊，是空洞的。人的私欲等填塞其中，空洞便成为实有，而人的本体却失去了。心、理如天、渊。天即广大无限、无所不容的存在。渊指虚空、无性质，如同空洞的容器。理是虚空、虚灵。故，王阳明指出："'虚灵不昧，众理具而万事出。心外无理，心外无事。'"[1]虚空并非指虚无，而是指从经验来看为虚无，它是超越于经验的存在。同时，虚空的理并非虚无，而是精微的实体，或曰"事理之精微"[2]，广大无垠性与精微性意味着理的不可知性。不可知的实体因此是不可分割的整体之一，故，理是一："恐亦未尽。此理岂容分析，又何须凑合得？圣人说精一自是尽。"[3]整体性即不可分割性，不可分割便是不可分析、不可认识。理便是不可认识的精一之物。

这种超越于现实经验的、不可认知的、精微单一之物便是理。我们把这种属性的存在称之为超越存在，即超越于经验与现实的实在。理是超越的实在。如果将王阳明之理理解为"普遍的规范"[4]，便忽略了它的超越性质。准确地说，理应该是普遍规范所指称的、超越的客观法则。

三、理是本原之心

理是事物存在的道理、所以然者，是事物存在的法则。按理说，既然是事物的根据，自然应该存在于事物自身。这便是朱熹的理解。但是，王阳明却反其道而行之，提出：此理不仅在物中，更

---

[1] 王守仁：《传习录上》，《王阳明全集》卷一，吴光等编校，第15页。
[2] 王守仁：《传习录下》，《王阳明全集》卷三，吴光等编校，第122页。
[3] 王守仁：《传习录上》，《王阳明全集》卷一，吴光等编校，第15页。
[4] 杨国荣：《心学之思——王阳明哲学的阐释》，生活·读书·新知三联书店1997年版，第80页。

在人心，即，理即心。

道理在心。王阳明曰："心即理也。天下又有心外之事，心外之理乎？"①王阳明举例说，这就好比忠孝之事。忠孝之理难道存在于父亲身上、君主身上？忠孝之理并不在忠孝对象的身上，而是在自己的心中。这便是心即理，它又叫做天理。如果这一天理、本心得到阐发或发展，便有了忠孝仁义。这一天理如同树木的根，有了根，自然会有许多枝条长出来。这个树根便是理。孝便有事父的道理，忠则有事君的道理。做任何事情、任何行为都有自己的原理或道理。这个道理便是仁义之理。这个道理看似在事情身上，却是源自行为者的本心。本心便是事情的道理。忠孝便源自于此心："心外无物。如吾心发一念孝亲，即孝亲便是物。"②合乎道德的行为原理或道理存在于本心，合法的事情的道理源于行为人的本心。因此，王阳明曰："身之主宰便是心；心之所发便是意；意之本体便是知；意之所在便是物。如意在于事亲，即事亲便是一物；意在于事君，即事君便是一物；意在于仁民爱物，即仁民爱物便是一物；意在于视听言动，即视听言动便是一物。所以某说无心外之理，无心外之物。"③心外无事、心外无物。道德行为的原理、道理在于人心。人心挥发自然成就德行。道理在心。"人只要成就自家心体，则用在其中。如养得心体，果有未发之中，自然有发而中节之和……成就之者，亦只是要他心体纯乎天理。其运用处，皆从天理上发来，然后谓之才。"④成人、做人便是天理自发。天理阐发，如同树木之根，最终成才。成才、成人无非树根生成、天理成就。

心理关系，在王阳明那里分为两类，即心即理和心含理。所谓心即理，阳明曰："理之发见，可见者谓之文；文之隐微，不可见者谓之理；只是一物。约礼只是要此心纯是一个天理。要此心纯是天理，须就理之发见处用功。如发见于事亲时，就在事亲上学存此天理；发见于事君时，就在事君上学存此天理。"⑤心便是天理，天理发现便是此心长成，心即是理。除了心即理之外，王阳明还提

---

① 王守仁：《传习录上》，《王阳明全集》卷一，吴光等编校，第2页。
② 王守仁：《传习录上》，《王阳明全集》卷一，吴光等编校，第24页。
③ 王守仁：《传习录上》，《王阳明全集》卷一，吴光等编校，第6页。
④ 王守仁：《传习录上》，《王阳明全集》卷一，吴光等编校，第21页。
⑤ 王守仁：《传习录上》，《王阳明全集》卷一，吴光等编校，第6—7页。

出，理在心，或，心有理。王阳明曰："然不过欲去此心之人欲，存吾心之天理耳。"①天理便是心的天理。心中含理。"虚灵不昧，众理具而万事出。心外无理，心外无事。"②理在心中。心中有理，因此，又可以说，心即是理。心理具有一致性：心含理。

心含理与心即理，最终表现为道心与人心的关系。王阳明解释："心一也，未杂于人谓之道心，杂以人伪谓之人心。人心之得其正者即道心；道心之失其正者即人心：初非有二心也。程子谓人心即人欲，道心即天理，语若分析而意实得之。今日道心为主而人心听命，是二心也。天理人欲不并立，安有天理为主，人欲又从而听命者？"③王阳明也同意道心与人心的分类，但是不同意朱熹的道心为主、人心为仆的观点，以为三者实为一心。心、人心、道心其实一心。道心含理。心中有理便是道心，无理便是人心。朱熹分别二心，阳明批评道："夫外心以求物理，是以有暗而不达之处；此告子'义外'之说，孟子所以谓之不知义也。心，一而已。以其全体恻怛而言谓之仁，以其得宜而言谓之义，以其条理而言谓之理；不可外心以求仁，不可外心以求义，独可外心以求理乎？外心以求理，此知行之所以二也。求理于吾心，此圣门知行合一之教，吾子又何疑乎？"④只有一个心，道心、人心其实为一心。二者的区别在于纯与不纯。纯的是道心，不纯的是人心。

据此，王阳明对儒家的穷理说做了改造。他首先批评了朱熹的格物说，认为朱熹的格物穷理说"即物穷理，是就事事物物上求其所谓定理者也。是以吾心而求理于事事物物之中，析'心'与'理'而为二矣。夫求理于事事物物者，如求孝之理于其亲之谓也。求孝之理于其亲，则孝之理其果在于吾之心邪？抑果在于亲之身邪？假而果在于亲之身，则亲没之后，吾心遂无孝之理欤？见孺子之入井，必有恻隐之理，是恻隐之理果在于孺子之身欤"⑤？如果物理在于物，难道仁义在于孺子、在于水井？因此万物、万事之理并不在于对象的客观之物、事中。它在于人心，即"若鄙人所谓

---

① 王守仁：《传习录上》，《王阳明全集》卷一，吴光等编校，第32页。
② 王守仁：《传习录上》，《王阳明全集》卷一，吴光等编校，第15页。
③ 王守仁：《传习录上》，《王阳明全集》卷一，吴光等编校，第7页。
④ 王守仁：《传习录中》，《王阳明全集》卷二，吴光等编校，第43页。
⑤ 王守仁：《传习录中》，《王阳明全集》卷二，吴光等编校，第44—45页。

致知格物者，致吾心之良知于事事物物也。吾心之良知，即所谓天理也。致吾心良知之天理于事事物物，则事事物物皆得其理矣。致吾心之良知者，致知也。事事物物皆得其理者，格物也。是合心与理而为一者也"①。穷理应该穷自身之心，因为理在心中。格物便是正心。王阳明曰："我解格作正字义，物作事字义，《大学》之所谓身，即耳目口鼻四肢是也。欲修身，便是要目非礼勿视，耳非礼勿听，口非礼勿言，四肢非礼勿动。要修这个身，身上如何用得工夫？心者身之主宰，目虽视而所以视者心也，耳虽听而所以听者心也，口与四肢虽言动而所以言动者心也，故欲修身在于体当自家心体，常令廓然大公，无有些子不正处。主宰一正，则发窍于目，自无非礼之视；发窍于耳，自无非礼之听；发窍于口与四肢，自无非礼之言动：此便是修身在正其心。"②格物便是正心，正心便是穷理、知道，格物穷理便转向端正自身之心。

四、理是天理

王阳明强调了心的主观作用，指出，心并非仅指血肉之心，而是指心灵，即"凡知觉处便是心，如耳目之知视听，手足之知痛痒，此知觉便是心也"③。心指心灵，它能够知晓事物、事情。或者说，认知是心的主要功能。王阳明曰："仁、义、礼、智，也是表德。性一而已：自其形体也谓之天，主宰也谓之帝，流行也谓之命，赋于人也谓之性，主于身也谓之心，心之发也，遇父便谓之孝，遇君便谓之忠。"④主观的心和客观之性、理、命等是统一的。心与理的区别在于心能够主宰人身，或者说，心具有主宰功能。这便是王阳明以心解理的最终意图：突出人类的主宰性。这个意图最终体现在天理观上。王阳明曰："心之本体即是天理，天理只是一个，更有何可思虑得？天理原自寂然不动，原自感而遂通，学者用功虽千思万虑，只是要复他本来体用而已，不是以私意去安排思索

---

① 王守仁：《传习录中》，《王阳明全集》卷二，吴光等编校，第 45 页。
② 王守仁：《传习录下》，《王阳明全集》卷三，吴光等编校，第 119 页。
③ 王守仁：《传习录下》，《王阳明全集》卷三，吴光等编校，第 121 页。
④ 王守仁：《传习录上》，《王阳明全集》卷一，吴光等编校，第 15 页。

出来。"①良知、本体，便是天理。这是天理的第一个内涵，即，天理也是理，是事物的本体、道理、所以然者。

天理又被叫做"中""本"："曰：'天理何以谓之中？'曰：'无所偏倚？'曰：'无所偏倚是何等气象？'曰：'如明镜然，全体莹彻，略无纤尘染着。'曰：'偏倚是有所染着。如着在好色、好利、好名等项上，方见得偏倚；若未发时，美色名利皆未相着，何以便知其有所偏倚？'曰：'……而此心全体廓然，纯是天理，方可谓之喜怒哀乐未发之中，方是天下之大本。'"②天理是未发之中。所谓未发之中，即超越于经验的动静的存在，即无所偏倚、无所喜好，古人称之为未发之中。这种未发之中，便是存在之本或天下大本。所谓天下大本，即天地世界的终极性本源。未发之中才是世界的本源，未发之中突出了超越性，天下大本则强调了终极性。理既是未发之中，又是天下大本。终极之"本"与超越之"中"便是超验之理的基本属性。这是天理的基本性质。

天理的第二个内涵便是宇宙之理，即，天理指包括人类在内的整个宇宙的道理。这一内涵的一个理论前提是万物一体：宇宙间所有生物体合成一个生命体。这也是张载的世界观。王阳明接受了这个世界观："你只在感应之几上看，岂但禽兽草木，虽天地也与我同体，鬼神也与我同体的。"③我与天下万物同筑一个身体、同为生命体。这样，"天地万物，本吾一体者也"④。因为万物一体，我自然泛爱万物。那么，这个宇宙生命体的存在道理是什么呢？宇宙生命体叫做天，它的道理自然便是天理。天理是宇宙生命体生存的原理、存在的道理，这便是天理的基本内涵。

天理是宇宙的生存原理。它首先是宇宙生存的基础（"本"）。王阳明指出："而此心全体廓然，纯是天理，方可谓之喜怒哀乐未发之中，方是天下之大本。"⑤天理是天下之大本，即，世界万物都遵循的道理、存在的依据。王阳明曰："致吾心良

---

① 王守仁：《传习录中》，《王阳明全集》卷二，吴光等编校，第58页。
② 王守仁：《传习录上》，《王阳明全集》卷一，吴光等编校，第23页。
③ 王守仁：《传习录下》，《王阳明全集》卷三，吴光等编校，第124页。
④ 王守仁：《传习录中》，《王阳明全集》卷二，吴光等编校，第79页。
⑤ 王守仁：《传习录上》，《王阳明全集》卷一，吴光等编校，第23页。

知之天理于事事物物,则事事物物皆得其理矣。"①万事万物即事事物物的理便是天理。天理蕴含于所有的行为中。天理即良知。故,王阳明曰:"若鄙人所谓致知格物者,致吾心之良知于事事物物也。吾心之良知,即所谓天理也。"②事事物物的理便是天理。天理即良知,比如"天地间活泼泼地,无非此理,便是吾良知的流行不息"③。天地生存皆是良知流行。故,阳明曰:"夫我则不暇。公且先去理会自己性情,须能尽人之性,然后能尽物之性。"④自己之性即为良知。它是天理,便因此成为物之性。天理、良知是包括人在内的所有生物体的生存之道。

早在二程时代便已经指出:宇宙生物体之理是仁。仁便是天理。王阳明完全接受了这一立场:"所谓汝心,却是那能视听言动的,这个便是性,便是天理。有这个性才能生。这性之生理便谓之仁。"⑤天理便是仁。"理是生生不息之仁。"⑥仁是天理。所谓仁即理并非说二者之间是等同关系,而是指二者之间的关联,准确地说,仁中有理。因此,含理之仁不仅是人道,而且是宇宙之道,是宇宙万物所共同遵循的原理。鉴于仁字的生意,阳明对此进行了一番改造,曰:"仁是造化生生不息之理,虽弥漫周遍,无处不是,然其流行发生,亦只有个渐,所以生生不息。如冬至一阳生,必自一阳生,而后渐渐至于六阳,若无一阳之生,岂有六阳?阴亦然。惟其渐,所以便有个发端处;惟其有个发端处,所以生;惟其生,所以不息。"⑦好比一棵树,仁便是其生意,良知为树木之根、生长的发端处,生长然后有树干,然后生树叶。人类的道德行为也有发端处。这个发端处便是良知。

王阳明将良知视为天理,而天理又是宇宙生物体的生存之道。这意味着:宇宙生存之道完全在于我的良知,人类因此成为宇宙的主

---

① 王守仁:《传习录中》,《王阳明全集》卷二,吴光等编校,第45页。
② 王守仁:《传习录中》,《王阳明全集》卷二,吴光等编校,第45页。
③ 王守仁:《传习录下》,《王阳明全集》卷三,吴光等编校,第123页。
④ 王守仁:《传习录上》,《王阳明全集》卷一,吴光等编校,第34页。
⑤ 王守仁:《传习录上》,《王阳明全集》卷一,吴光等编校,第36页。
⑥ 钟彩钧:《王阳明思想之进展》,第43页。
⑦ 王守仁:《传习录上》,《王阳明全集》卷一,吴光等编校,第26页。

宰。这便是"人者，天地之心"①思想的实质。"人者，天地之心"的提法最早产生于《礼记》。它也有自己的特点的含义。王阳明借用了这一提法，并进行了发挥："夫人者，天地之心。天地万物，本吾一体者也，生民之困苦荼毒，孰非疾痛之切于吾身者乎？不知吾身之疾痛，无是非之心者也。是非之心，不虑而知，不学而能，所谓良知也。良知之在人心，无间于圣愚，天下古今之所同也。世之君子惟务致其良知，则自能公是非，同好恶，视人犹己，视国犹家，而以天地万物为一体，求天下无治，不可得矣。"②万物一体，天下万物都属于同一个生命体。这个生命体的主宰不再是原先的天，而是人类，即人是这个生物体的主宰（"心"）。从此，人类与天地自然的关系从早先的天生人、天主人的立场彻底转向，从而实现了"以人统天"③的理想。人类不再是自然的仆从，而是一跃成为自然的主人。

人类是宇宙的主宰。人类的主宰性体现在两个方面。其一，宇宙间的一切生物都以良知为本。这便是经典的观花之喻："你未看此花时，此花与汝心同归于寂。你来看此花时，则此花颜色一时明白起来。便知此花不在你的心外。"④生物生存之理也在于人类的良知或天理。故，万物因人而生存。人的主宰便是灵明的良知："可知充天塞地中间，只有这个灵明，人只为形体自间隔了。我的灵明，便是天地鬼神的主宰。天没有我的灵明，谁去仰他高？地没有我的灵明，谁去俯他深？鬼神没有我的灵明，谁去辩他吉凶灾祥？"⑤天地万物都以天理为本。按照传统儒家的立场，天地鬼神主宰人类。但是王阳明却完全颠倒，认为天地鬼神依赖于人而存在。如果没有人的存在，便不会有天地鬼神等。天地万物的生生不息无非良知的发用与呈现。万物以良知、天理为本。如果没有人类的天理、良知，万物便不复存在，比如死去的人，"他这些精灵游散了，他的天地万物尚在何处"⑥。生物之理内在人类。含理之心生出万物，因此是万物之本、依据。

---

① 郑玄注，孔颖达等正义：《礼运》，《礼记正义》卷二十二，《十三经注疏》（下），上海古籍出版社1997年版，第1424页。
② 王守仁：《传习录中》，《王阳明全集》卷二，吴光等编校，第79页。
③ 张学智：《论王阳明思想的逻辑展开》，《北京大学学报（哲学社会科学版）》1989年第4期。
④ 王守仁：《传习录下》，《王阳明全集》卷三，吴光等编校，第108页。
⑤ 王守仁：《传习录下》，《王阳明全集》卷三，吴光等编校，第124页。
⑥ 王守仁：《传习录下》，《王阳明全集》卷三，吴光等编校，第124页。

很多人因此将阳明心学与禅学、唯心主义、现象学等思潮相类比，比如"西安郑德夫将学于阳明子，闻士大夫之议者以为禅学也，复已之"①；又如耿宁将良知理解为"一种对意念的当下直截的觉察"②的"自知"；陈少明从意义论的角度出发，提出："'心外无物'更确切的含义便是：任何事物离开人心的关照，意义得不到确认，与人的价值关系无法确立。换句话说，心不是万物存在的前提，而是其意义呈现的条件，甚至根源。"③他提出心为价值之源等。这些见解有些道理，但是终究还是一种误解。王阳明的真正意图还是为生存奠基，即下文。

其二，人类行为或道德的行为都遵循天理或良知。王阳明曰："要此心纯是天理，须就理之发见处用功。如发见于事亲时，就在事亲上学存此天理；发见于事君时，就在事君上学存此天理；发见于处富贵贫贱时，就在处富贵贫贱上学存此天理。"④天理是人类实践原理。据此，王阳明将"物"改造为"事"，提出"物"便是"事"："知非意之体乎？意之所用，必有其物，物即事也。如意用于事亲，即事亲为一物；意用于治民，即治民为一物；意用于读书，即读书为一物；意用于听讼，即听讼为一物；凡意之所用无有无物者，有是意即有是物，无是意即无是物矣。"⑤物便是事。于是，"夫求理于事事物物者，如求孝之理于其亲之谓也。求孝之理于其亲，则孝之理其果在于吾之心邪？抑果在于亲之身邪"⑥？物便是事。格物便是格事。事主要指人类的道德实践。事物便专注于道德实践。事事物物的"理"便转化为道德行为的理或原理。

事物之理向实践之理的转化，标志着理的内涵的转变，即，王阳明的理或天理，不是泛指一般事情、事物、存在物的道理，而是专指生存的道理。这个生存的道理既包括人类的生存之道，也囊括生物的生存之道。它是宇宙生物普遍遵循的道理。对于人类来说，它的生存之道的主要形态便是道德实践的道理或"伦理规范"⑦，比如仁义忠

---

① 王守仁：《赠郑德夫归省序》，《王阳明全集》卷七，吴光等编校，第238页。
② 耿宁：《心的现象：耿宁心性现象学研究论文集》，商务印书馆2012年版，第305页。
③ 陈少明：《"心外无物"：从存在论到意义建构》，《中国社会科学》2014年第1期。
④ 王守仁：《传习录上》，《王阳明全集》卷一，吴光等编校，第6—7页。
⑤ 王守仁：《传习录中》，《王阳明全集》卷二，吴光等编校，第47页。
⑥ 王守仁：《传习录中》，《王阳明全集》卷二，吴光等编校，第45页。
⑦ 杨国荣：《心学之思——王阳明哲学的阐释》，第79页。

孝之理等。更重要的是，这个道理不仅作用于人类社会，而且也是宇宙生存之道，比如，心是"造化的精灵。这些精灵，生天生地，成鬼成帝，皆从此出"①。心生万物、心外无物。其意思是：万物生存都遵循天理，或者说，儒家的天理不仅是人类行为之法，而且是自然界的生物生存之法。儒家理论既不关心存在的本质，也无关乎意义。因此，用唯心论、意义论等来解读王阳明不太恰当。

五、结语："心即理"与人类主导地位的确立

可以这样说，对理的理解是王阳明的核心使命。朱熹以为理在物，从而主张格物而穷理。王阳明反对朱熹的解读，主张心即是理，以为心外无事、心外无物。他所说的理，和朱熹的理类似，指事物的所以然者、事物生存法则。这种法则是超经验的、绝对的、终极性存在。

和朱熹多理观不同，王阳明更强调一理，即，世界上只有一个天理。"故我说个心即理，要使知心理是一个，便来心上做工夫，不去袭义于义，便是王道之真。此我立言宗旨。"②天地一物，如何有二道、二理？故，王阳明曰："好色则一心在好色上，好货则一心在好货上，可以为主一乎？是所谓逐物，非主一也。主一是专主一个天理。"③主一便是专注于唯一的天理，故，"圣人说精一自是尽"④。王阳明的理专指天理。它贯通于自然与人类社会，属于普遍于宇宙万事万物的天理。从人类实践的角度来说，这个天理便是人类道德实践所应该遵循的基本原理或法则。这便是心外无事、心外无物。所有的道德行为皆以之为本。从宇宙万物的存在来说，它是宇宙生命体的生存原理，同时也是宇宙万物生存法则。这个贯通人类与自然的共有的天理的活动便是仁。在王阳明看来，自然界也遵循人类的仁道，奉行仁道的人类因此成为天地的主人。至此，在长达数千年的天人争权中，人类终于掌握了话语权。

---

① 王守仁：《传习录下》，《王阳明全集》卷三，吴光等编校，第104页。
② 王守仁：《传习录下》，《王阳明全集》卷三，吴光等编校，第121页。
③ 王守仁：《传习录上》，《王阳明全集》卷一，吴光等编校，第11页。
④ 王守仁：《传习录上》，《王阳明全集》卷一，吴光等编校，第15页。

第三章 "心外无物"新论：基于生存论的视角①

作为确切表述的"心外无物"命题是王阳明回答弟子提问时提出来的，所谓"心外无物。如吾心发一念孝亲，即孝亲便是物"②。类似表述在《传习录》中还有多处，如"某说无心外之理，无心外之物"③，等等。对此，学者从各个视角的解读、诠释从未中断。如王阳明《赠郑德夫归省序》提道："西安郑德夫将学于阳明子，闻士大夫之议者以为禅学也，复已之。"④这说明在王阳明生活的时代，就有不少人将其思想比附于佛学。佛学倡"万法唯心""三界所有，唯是一心"，意在阐明性空之"心"作为世界本体或本原之义，而阳明学的"心外无物"命题的确在形式上与此极为相似。近代以来，学者的解释视角更加多元。李泽厚从认识论视角出发，提出阳明心学属于"主观唯心论"："从宇宙论、认识论说，由张载到朱熹到王阳明，是唯物论（'气'）到客观唯心论（'理'）到主观唯心论（'心'）。"⑤也有学者视王阳明"心外无物"命题与英国十七至十八世纪哲学家乔治·贝克莱（George Berkeley）"存在就是被感知"⑥命题异曲同工。还有学者从现象学意义论视角出发，认为"心外无物"的确切含义是："任何事物离开人心的关照，意义得不到确认，与人的价值关系无法确立。换句话说，心不是万物存在的前提，而是其意义呈现的条件，甚至根源。如果保留唯心论这个词，心学便是意义论上的唯心论。"⑦除此之外，还有许多其他视角的解读。

以上种种理解和诠释，皆有一定道理，但都不够确切，因其普遍忽视了中国传统哲学中"天人合一"这一重要的思想背景。本章拟从"天人合一"视角出发，对王阳明"心外无物"命题的核心概

---

① 主要内容曾以《论王阳明"心外无物"：一个生存论的视角》刊发于《贵州大学学报（社会科学版）》2017年第4期，此次编入有所修订。
② 王守仁：《传习录上》，《王阳明全集》卷一，吴光、钱明、董平等编校，上海古籍出版社2011年版，第28页。
③ 王守仁：《传习录上》，《王阳明全集》卷一，吴光、钱明、董平等编校，第7页。
④ 王守仁：《赠郑德夫归省序》，《王阳明全集》卷七，吴光、钱明、董平等编校，第265页。
⑤ 李泽厚：《中国古代思想史论》，生活·读书·新知三联书店2017年版，第226页。
⑥ 乔治·贝克莱：《人类知识原理》，关文运译，商务印书馆1973年版，第21页。
⑦ 陈少明：《"心外无物"：从存在论到意义建构》，《中国社会科学》2014年第1期。

念及其哲学意蕴展开新的解读，以期说明"心外无物"更多是一个生存论（theory of living）意义上的命题。

一、心：思虑之官还是行动之源

"心"是阳明学的核心概念。就像中国哲学史上许多重要概念一样，"心"在具体文本中往往表现出多义性。如杨国荣曾指出，"王阳明所说的心，含义较广，指知觉、思维、情感、意向等等，从为学与为道的角度看，首先应当注意的则是心体的概念"[①]。由此，恰当地理解王阳明之"心"的真实意旨是理解"心外无物"及阳明学其他重要观念的第一步。

（一）心是主宰

在《传习录》中，王阳明用四句话言简意赅地阐述了身、心、意、知、物诸概念之间的关系："身之主宰便是心，心之所发便是意，意之本体便是知，意之所在便是物。"[②]这几句话因颇类似于王门"四句教"[③]而被后人称为"四句理"。类似表述在《传习录》中还有多处，如："身之主为心，心之灵明是知，知之发动是意，意之所着为物，是如此否？"先生曰："亦是。"[④]先生曰："……无心则无身，无身则无心。但指其充塞处言之谓之身，指其主宰处言之谓之心，指心之发动处谓之意，指意之灵明处谓之知，指意之涉着处谓之物：只是一件。"[⑤]尽管这几处表述在字句上略有不同，但王阳明视心为人身主宰之意是显而易见的。这种主宰主要体现在心对五官的统领、统辖上。王阳明说："人君端拱清穆，六卿分职，天下乃治。心统五官，亦要如此。今眼要视时，心便逐在色上；耳要听时，心便逐在声上。如人君要选官时，便自去坐在吏部；要调军时，便自去坐在兵部。如此，岂惟失却君体，六卿亦皆不得其

[①] 杨国荣：《心学之思：王阳明哲学的阐释》，华东师范大学出版社 2020 年版，第 59 页。
[②] 王守仁：《传习录上》，《王阳明全集》卷一，吴光、钱明、董平等编校，第 6 页。
[③] 指王阳明"无善无恶是心之体，有善有恶是意之动，知善知恶是良知，为善去恶是格物"相关表述，又称"心学四诀"。参见王守仁：《传习录下》，《王阳明全集》卷三，吴光、钱明、董平等编校，第 133 页。
[④] 王守仁：《传习录上》，《王阳明全集》卷一，吴光、钱明、董平等编校，第 27 页。
[⑤] 王守仁：《传习录下》，《王阳明全集》卷三，吴光、钱明、董平等编校，第 103 页。

职。"①王阳明用类比的方式形象地阐述了心如何主宰身，即身体不能任由五官肆意作为，五官的视、听、言、动等各种活动的内容必须由心来决定和支配。

在此基础上，王阳明进一步提出："心者，天地万物之主也。心即天，言心则天地万物皆举之矣，而又亲切简易。"②又言："心虽主乎一身，而实管乎天下之理，理虽散在万事，而实不外乎一人之心。"③心不仅是一身之主宰，而且可以超越个体，而成为整个世界的主宰。

事实上，以"心"为世界之主宰是整个宋明理学的重要传统。无论是程朱学派"心是神明之舍，为一身之主宰"④的说法，还是陆王学派"宇宙便是吾心，吾心即是宇宙"⑤的表述，尽管心的内涵、特征各有侧重，但其视心为主宰的观念是共通的，王阳明的"心即天""心者，天地万物之主"等观念显然也在这一思想传统中产生。但是，后文将指出，王阳明所言之"心"不仅明显区别于程朱学派尤其是朱熹的表述，即便与陆九渊相比也有其独特之处，正是这些独特之处使其展现出了鲜明的生存论色彩。

（二）心是天理

王阳明不仅视心为个体的主宰，而且以其为天地万物的主宰，这其中隐含的问题是：个体之心如何能超越自身而主宰世界？或者换一种方式发问：心所具有的何种内涵使之可以超越对于个体的主宰而实现对于整个世界的主宰？对此，王阳明曾说过这样一段话："所谓汝心，亦不专是那一团血肉。若是那一团血肉，如今已死的人，那一团血肉还在，缘何不能视听言动？所谓汝心，却是那能视听言动的，这个便是性，便是天理。有这个性，才能生这性之生理，便谓之仁。这性之生理，发在目便会视，发在耳便会听，发在口便会言，发在四肢便会动，都只是那天理发生，以其主宰一身，

---

① 王守仁：《传习录上》，《王阳明全集》卷一，吴光、钱明、董平等编校，第25页。
② 王守仁：《答季明德》，《王阳明全集》卷六，吴光、钱明、董平等编校，第238页。
③ 王守仁：《传习录中》，《王阳明全集》卷二，吴光、钱明、董平等编校，第48页。
④ 朱熹：《张子文书一》，《朱子全书》（第17册），朱杰人、严佐之、刘永翔主编，上海古籍出版社2010年版，第3305页。
⑤ 陆九渊：《杂说》，《陆九渊集》卷二十二，钟哲点校，中华书局1980年版，第273页。

故谓之心。"①可见，王阳明所说的"心"并不单单指生理学意义上的"心脏"这种器官，更是一种确保人能够正确地进行视、听、言、动等各种活动的能力、驱动力，而这些能力无疑是人与生俱来的。正是在这个意义上，王阳明称心便是性，便是天理。

当然，"即心言性"并非王阳明的创举，这一传统最早创发于思孟学派。孟子通过经验性的生命体验得出了"心善"（人心有四个善端）的结论，进而以"心善"来论证"性善"，这一方面使"心"具有了先验意义，另一方面也使主体的道德实践成为可能。在思孟学派那里自天命而来的一元之"性"，至宋明时期研辨得越来越精细，最终一分为二。张载开"分性为二"之先河，他说："形而后有气质之性，善反之则天地之性存焉。故气质之性，君子有弗性者焉。"②此即是说，君子当以"天地之性"为性。二程亦区分天命之性与生质之性，进而严分"性""气"，并直以"理"言"性"，所谓"性即理也，所谓理，性是也"③。对此，朱熹大加赞佩："如'性即理也'一语，直自孔子后，惟是伊川说得尽。这一句，便是千万世说性之根基。"④至此，孟子的气质"善性"被新的概念"理"所置换，"理"在天而言是天命、天理，在人而言是人性。"论天地之性则专指理言，论气质之性则以理与气杂而言之。"⑤天地之性纯之又纯，气质之性则理气驳杂、质地不纯，需要变化。相应地，"心"也被程朱学派分说：一曰道心，一曰人心。道心"觉于理"，人心"觉于欲"，"必使道心常为一身之主，而人心每听命焉"⑥。

陆王学派是在对程朱学派的反思批判中发展起来的，陆王意识到"分性为二""分心为二"可能带来人心外求、物欲横流等不良后果，于是重新返回孟子，以求将性、心合而为一。陆九渊说："盖心，一心也，理，一理也，至当归一，精义无二，此心此理，实不容有二……仁即此心也，此理也。求则得之，得此理也；先知

---

① 王守仁：《传习录上》，《王阳明全集》卷一，吴光、钱明、董平等编校，第41页。
② 张载：《正蒙一》，《张子全书》，林乐昌编校，西北大学出版社2015年版，第15页。
③ 程颢、程颐：《伊川杂录》，《二程集》，王孝鱼点校，中华书局2004年版，第292页。
④ 朱熹：《孔孟周程》，《朱子全书》（第17册），朱杰人、严佐之、刘永翔主编，第3107—3108页。
⑤ 朱熹：《答郑子上》，《朱子全书》（第23册），朱杰人、严佐之、刘永翔主编，第2688页。
⑥ 朱熹：《中庸章句序》，《朱子全书》（第6册），朱杰人、严佐之、刘永翔主编，第29页。

者，知此理也；先觉者，觉此理也。"①王阳明继承了陆九渊的思想传统，他曾专门针对朱熹"人心听命于道心"的说法批评道："心一也，未杂于人谓之道心，杂以人伪谓之人心。人心之得其正者即道心，道心之失其正者即人心，初非有二心也。程子谓'人心即人欲，道心即天理'，语若分析而意实得之。今曰'道心为主，而人心听命'，是二心也。天理、人欲不并立，安有天理为主，人欲又从而听命者？"②王阳明并不否认朱熹"明天理、灭人欲"的主张，但他反对将"心"一分为二，认为"人欲"只是"人心"的障蔽，涤除"人欲"之后，纯之又纯的"人心"就是"天理"，它们是一回事，不存在谁听命于谁。

总之，强调"心"的一元性是王阳明作为陆王学派集大成者与程朱学派的重要分歧，心"即性""即理"的超越性内涵及其通贯不二的特征使其得以超越对个体的主宰而成为整个世界的主宰。

（三）心是良知

"心"是世界的主宰。那么，这种主宰是以何种方式实现的？

一般而言，传统存在论命题基于一种"主体—客体"二元认识架构，即首先要承诺有一个认识的主体和客体，主体通过各种手段如观察、实验、归纳、演绎等，对客体进行认识。这一认识过程的实现，极有赖于主体的思考。与此形成鲜明对比，被王阳明视为世界主宰的"心"并不主要作为认识主体而存在，其实现主宰的方式并不主要在于思考。

首先，"心"发之为意。受朱熹对"心"作出已发、未发区分的影响，王阳明也认为心有所发，"心之所发便是意"，"心之发动处谓之意"，"心者身之主也，而心之虚灵明觉，即所谓本然之良知也。其虚灵明觉之良知，应感而动者谓之意"③。王阳明举例说，人人都有"欲食之心"，在"欲食之心"的主宰下才知道去进食，这个"欲食之心"就是典型的"意"。"意"就是"意向""意欲"的意思。

---

① 陆九渊：《与曾宅之》，《陆九渊集》卷一，钟哲点校，第4—5页。
② 王守仁：《传习录上》，《王阳明全集》卷一，吴光、钱明、董平等编校，第8页。
③ 王守仁：《传习录中》，《王阳明全集》卷二，吴光、钱明、董平等编校，第53页。

其次，"心"无需思考。如前所述，王阳明以"欲食之心"作为心、意的一个经验性例证。很显然，"欲食之心"是不需要思考的，如果一个人在感受到饥饿时竟然没有自然而然地萌发"欲食之心"，那恐怕是他的生命机能出现了问题。不仅"欲食之心"无需思考，整个的"心"都无需思考。王阳明指出，"意之本体便是知"，"意之灵明处谓之知"，"心之灵明是知"，"知是心之本体"①，即将良知确认为"心"的本体，良知即心、即性、即理。良知即"自然会知"，如王阳明说："心自然会知：见父自然知孝，见兄自然知弟，见孺子入井自然知恻隐，此便是良知，不假外求。"②在这一点上，王阳明不仅明显区别于朱熹"格物致知"的向外逐求的致思路径，而且也比陆九渊走得更远一些，后者在这一问题上略嫌语焉不详。

最后，"心"是行动之源。无需思考的"心"对世界的主宰一方面体现于知（良知），另一方面则体现于行（行动）。王阳明说："某尝说知是行的主意，行是知的功夫；知是行之始，行是知之成。"③又说："未有知而不行者。知而不行，只是未知。"④这是王阳明最突出的贡献之一——"知行合一"思想。"欲行之心即是意，即是行之始矣"⑤，无思无虑的"心"自然生发而外化为"行"，没有不"行"的"知"，也没有不"知"的"行"，二者贯通不二，不可遽分，其源头都是那颗至纯澄明之"心"。

通过以上论述，似乎可以给王阳明的"心"下这样一个定义："心"既是贯通天人、纯乎天理的道德律令，又是无思无虑、知行合一的行动源头，而"源头为主，本源即主宰"⑥，它既是一身之主宰，亦是世界之主宰。

二、物：客观实存还是心之所用

无论是在中国哲学史还是西方哲学史中，"物"这一概念首先

---

① 王守仁：《传习录上》，《王阳明全集》卷一，吴光、钱明、董平等编校，第 6、7 页。
② 王守仁：《传习录上》，《王阳明全集》卷一，吴光、钱明、董平等编校，第 7 页。
③ 王守仁：《传习录上》，《王阳明全集》卷一，吴光、钱明、董平等编校，第 5 页。
④ 王守仁：《传习录上》，《王阳明全集》卷一，吴光、钱明、董平等编校，第 4 页。
⑤ 王守仁：《传习录中》，《王阳明全集》卷二，吴光、钱明、董平等编校，第 47 页。
⑥ 沈顺福：《本源论与传统儒家思维方式》，《河北学刊》2017 年第 2 期。

都提示着"本然的存在"[①]或"实然世界"[②],亦即指向一种独立于或外在于主体(意识)的客观存在。于此,王阳明并未否认,比如他在回答弟子"先儒谓'一草一木亦皆有理,不可不察',如何"提问时说:"夫我则不暇,公且先去理会自己性情,须能尽人之性,然后能尽物之性。"[③]在批评朱熹"即物穷理"时,王阳明说:"即物穷理,是就事事物物上求其所谓定理者也,是以吾心而求理于事事物物之中……谓之玩物丧志,尚犹以为不可欤?"[④]在《答顾东桥书》中,王阳明说"礼乐名物之类无关于作圣之功"[⑤]。可见,"本然"或"实然"之"物"并非不存在,只是因其使人"丧志","无关于作圣之功",才不能进入"心外无物"命题的论域,王阳明所论另有所指。

(一)万物有灵

"本然"或"实然"的客观实存所具有的哪一种特性或潜质,使之转化成了王阳明"心外无物"论域中的"物"?

王阳明的弟子朱本思曾经问过一个问题:"人有虚灵,方有良知。若草、木、瓦、石之类,亦有良知否?"王阳明回答道:"人的良知,就是草、木、瓦、石的良知。若草、木、瓦、石无人的良知,不可以为草、木、瓦、石矣。岂惟草、木、瓦、石为然,天地无人的良知,亦不可为天地矣。"[⑥]也就是说,王阳明承认草、木、瓦、石等"本然"或"实然"的客观存在物和人一样有"良知",这"良知"实际上就是人的"良知"。既然有"良知",这些客观存在物便区别于它们曾经所是的"本然"或"实然"存在状态,而变得和人一样有"虚灵明觉",这"虚灵明觉"的源头不在别处,正在人心。

这一观念背后实际上隐含着一种"万物有灵论"(animism,又称"泛灵论"或"物活论")的思维方式。"万物有灵论"是人

[①] 杨国荣:《心学之思:王阳明哲学的阐释》,第81页。
[②] 陈来:《有无之境——王阳明哲学的精神》,生活·读书·新知三联书店2009年版,第67页。
[③] 王守仁:《传习录上》,《王阳明全集》卷一,吴光、钱明、董平等编校,第39页。
[④] 王守仁:《传习录中》,《王阳明全集》卷二,吴光、钱明、董平等编校,第50—51页。
[⑤] 王守仁:《传习录中》,《王阳明全集》卷二,吴光、钱明、董平等编校,第60页。
[⑥] 王守仁:《传习录下》,《王阳明全集》卷三,吴光、钱明、董平等编校,第122页。

类前现代时期以及个体生命早期认识外部世界的一种方式,简单地说,它认为不仅人有生命、是"活"的,日月星辰、山川河流、草木瓦石等也都是"活"的。随着人文精神的开显以及自然科学的发展,"万物有灵"思维的领地在不断萎缩,但直到今天,仍能从一个人的童年期明显地看到"万物有灵"思维的影子,比如儿童会下意识地与草木瓦石对话,与草木瓦石游戏,视它们为与自己无本质差别的生灵。即便是成年人,这"影子"也时常隐现。可以说,"万物有灵"观念不仅与宗教有关,更与人类的每一个个体有关,它是一种纯粹的生命体验和感受。

从这一视角来看王阳明对"物"的理解,就会发现,王阳明对于"万物有灵"的感受和体验尤为深刻,他将人心的"一点灵明"发用贯彻到整个世界,于是"本然"或"实然"之客观存在物便有了"虚灵明觉",没有贯彻人心那"一点灵明"的客观存在物自然也就没有"虚灵明觉",没有"虚灵明觉"便不成其为"物",也就不能进入王阳明的论域。

(二)"物即事也"

更进一步说,王阳明论域内的"物"不仅是"活的",而且最终呈现为"事"。徐爱在问学时说:"爱昨晓思'格物'的'物'字即是'事'字,皆从心上说。"对此,王阳明的回应是"然"。[1]在《答顾东桥书》中,王阳明也曾明确提出:"意之所用,必有其物,物即事也。"[2]王阳明举例说:"温清之事,奉养之事,所谓'物'也。"[3]他同时严格区分了"物"与"格物"的关系:"必其于温清之事也,一如其良知之所知,当如何为温清之节者而为之,无一毫之不尽;于奉养之事也,一如其良知之所知,当如何为奉养之宜者而为之,无一毫之不尽,然后谓之'格物'。"[4]也就是说,嘘寒问暖、侍奉赡养可称之为"物",而只有按照良知的要求,发自内心地、一丝不苟地去完成嘘寒问暖、侍奉赡养的行动,才可以称得上是"格物","格物"的实现也就是"致良知"。

---

[1] 参见王守仁:《传习录上》,《王阳明全集》卷一,吴光、钱明、董平等编校,第6页。
[2] 王守仁:《传习录中》,《王阳明全集》卷二,吴光、钱明、董平等编校,第53页。
[3] 王守仁:《传习录中》,《王阳明全集》卷二,吴光、钱明、董平等编校,第55页。
[4] 王守仁:《传习录中》,《王阳明全集》卷二,吴光、钱明、董平等编校,第55页。

训"物"为"事"并非王阳明首创。"格物"最早出自《大学》，是修身"八条目"之首，"欲诚其意者，先致其知；致知在格物"，"物格而后知至，知至而后意诚"。早在东汉末年，郑玄就对"格物"作出了"格，来也。物，犹事也"的解释。这一解释一直延续下来。程颐曾明确表示："物则事也，凡事上穷极其理，则无不通。"①朱熹亦曾表示："格，至也。物，犹事也。"②可见训"物"为"事"其来有自。

无论是郑玄还是程朱，他们训"物"为"事"更多是出于这样一种考虑，即把认识、考察的对象从单纯的自然界的客观存在物扩展出去，将人类活动也纳入其中，但不管是自然界中的客观存在物还是人类的实践活动，都更多是指外在于人心的客观实存。如朱熹曾表示："致知，是自我而言；格物，是就物而言。若不格物，何缘得知。而今人也有推极其知者，却只泛泛然竭其心思，都不就事物上穷究。如此，则终无所止。"③"心"与"事物"存在一定区隔。

而王阳明所论之"物"不是独立于"心"的客观实存，它和"心"是贯通的，它就是"心"的一部分。徐爱说王阳明解"物"是"从心上说"，这正是指出了王阳明论"物"的特色。

（三）"意之所用"

"物"如何能成为"心"的一部分？王阳明贯通"心""物"所借助的工具是"意"这一概念。

首先，"物"是意之所在。如前所述，王阳明主张"心"发之为"意"，而"意之所在便是物"，"意之所着为物"，"意之涉着处谓之物"，即"物"是"意"之指向与归宿。如此，王阳明便以"意"为桥梁，沟通了"心"与"物"。"物"是"心"发动后所指向、涉着的那些事物，是"心"得以实现的最终载体。如果再进一步追问，这些由人心发动而指向、涉着的事物究竟是什么样的？王阳明亦有详论："如意在于事亲，即事亲便是一物；意在于

---

① 程颢、程颐：《入关语录》，《二程集》，王孝鱼点校，第143页。
② 朱熹：《大学章句》，《朱子全书》（第6册），朱杰人、严佐之、刘永翔主编，第17页。
③ 朱熹：《朱子语类》，《朱子全书》（第14册），朱杰人、严佐之、刘永翔主编，第473页。

事君，即事君便是一物；意在于仁民爱物，即仁民爱物便是一物；意在于视听言动，即视听言动便是一物。"①可见，王阳明主要是从伦理道德层面来界定"物"（"事"）的具体内涵，或可直截了当地说，王阳明所论之"物"（"事"）主要就是指人类的道德实践。②

其次，"物"是意之所用。如果说"意之所在"表征心与物的"本—末"关系，那么"意之所用"则使王阳明对心物关系的论述呈现出了鲜明的体用论色彩。王阳明说："有知而后有意，无知则无意矣。知非意之体乎？意之所用，必有其物，物即事也。如意用于事亲，即事亲为一物；意用于治民，即治民为一物；意用于读书，即读书为一物；意用于听讼，即听讼为一物：凡意之所用无有无物者，有是意即有是物，无是意即无是物矣。物非意之用乎？"③在王阳明这里，"知为意之体"，"物为意之用"，良知（即心、即理）是本体，"意—物"是良知的发用流行，它们贯通不二。这正是典型的"体—用"思维。体用论是中国传统哲学发展到宋明时期，在借鉴了佛教的相关观念之后逐渐成熟起来的思维范式。按照体用论的思考方式，"事物之体不仅仅是事物之本原，更是事物的所以然者。它既可以是具体的事物，比如载体，也可以是完全抽象的东西，比如道、理"④。体用论的运用标志着中国哲学达到了一个较高的思辨程度。

综上，王阳明所论之"物"既区别于"本然"或"实然"之客观存在，又区别于人类无意识的感官感觉，它是人心发动的产物，它就在人的心中。

三、心外无物：生存论意蕴

通过以上对"心""物"两个概念的辨析，不难发现，王阳明一方面将不思不虑的"心"外化，另一方面又使客观实存之"物"内化，"心"与"物"合而为一，成为一个贯通的、连续的生命行

---

① 王守仁：《传习录上》，《王阳明全集》卷一，吴光、钱明、董平等编校，第7页。
② 参见沈顺福：《论王阳明之理》，《中国文化论衡》2016年第1期。
③ 王守仁：《传习录中》，《王阳明全集》卷二，吴光、钱明、董平等编校，第53—54页。
④ 沈顺福：《体用论与传统儒家形而上学》，《哲学研究》2016年第7期。

动之过程，这就明显区别于"主客二分"的传统存在论哲学思维架构，而呈现出"主客一如"的生存论哲学色彩。

（一）视角：天人合一

就"心"而言，它是世界主宰；就"物"而言，万物皆有灵明。王阳明对"心""物"这两个概念的理解背后，隐含着中国传统哲学中一个独特的思维视角——"天人合一"。

事实上，对天人关系的探索贯穿了整个中国传统哲学的始终，笼统地说可以分为四个阶段。一是上古及至商朝的"天人杂糅"阶段。"人"融身于世界，但对世界无甚认知，对自身命运无甚觉解，只是、只能将命运系于"天"，"天"的意志决定了"人"的生存状态。二是以"绝地天通"思想史事件为主要标志，自周朝开始进入"天人相分"阶段。"天"固然还有些神学色彩的遗存及其在道德伦理领域的转换，但它毕竟不同于"天人杂糅"时期了，"人"在"天"以外发现了新的影响乃至决定自身命运的力量，或者说"人"从旧式"天即人"状态中走出来了。孔子、孟子、荀子等对性与天道等问题的探讨都是在这一观念背景下展开的。三是魏晋时期朴素的"天人合一"阶段。从王弼到郭象，以自然与名教之辨为具体形式的天人之辨，逐步由"名教出于自然"走向"名教即自然"，天人之辨也逐步由旧式"天即人"走向"人即天"，这既是对秩序的渴望，也是对自身命运的进一步觉解。郭象直言"天者，万物之总名也"[①]，"物无非天也。［天也］者，自然（者）也"[②]，这是万物一体观念的初步形成。四是宋明时期"天人合一"成为成熟而普遍流行的重要观念，"性即理""心即理"相关命题的提出标志着天人关系实现了"人即天"的高阶相合。[③]

作为一种哲学思维视角的"天人合一"，首先意味着一种整体观念，即视世界为一个整体，人是这个整体的一部分。具体到宋明理学内部，对于"天人合一"的理解和表达也不尽相同。张载是第

---

① 郭象注，成玄英疏：《齐物论》，《庄子注疏》，曹础基、黄兰发点校，中华书局2011年版，第26页。
② 郭象注，成玄英疏：《大宗师》，《庄子注疏》，曹础基、黄兰发点校，第126页。
③ 详见张恒：《走向"天的人化"：人学视域中的天人之辨——从"类型说"与"阶段说"的困难谈起》，《管子学刊》2022年第2期。

一位明确使用"天人合一"表述的学者,《正蒙·乾称》言:"儒者则因明致诚,因诚致明,故天人合一。"①又说:"天地之塞,吾其体;天地之帅,吾其性。民,吾同胞;物,吾与也。"②至二程,"天人合一"是"仁者以天地万物为一体,莫非我也"③。在朱熹,"天人合一"是"天地万物,本吾一体,吾之心正,则天地之心亦正矣"④,"只是此一个理,万物分之以为体"⑤。在陆九渊,"天人合一"是"宇宙便是吾心,吾心即是宇宙"。至王阳明,"天人合一"是"天地万物,本吾一体者也"⑥,"天地万物与人原是一体"⑦。

其次,"天人合一"是有机的整体观,而非机械的整体观。也就是说,人与天地万物不仅是一个整体,而且是彼此贯通、不可分割的整体,而非简单的组合。笼统而言,在宋代以前传统儒学那里贯通天人的是至实之"气",在程朱学派那里是抽象之"理",而在陆王学派那里则是既经验又抽象的"心"。

如果说朱熹的"理"更多是外在于人心的客观标准、客观道理,那么王阳明的"心"则把客观的标准和道理纳入到了人心之中,使人不假外求亦可获得。如果说朱熹在经验世界之外又构建了一个"理"世界,王阳明则把这两个世界又化约为"一个世界",即只有一个世界,亦即"天人合一"的这个世界,"心"最终成为天人合一的活生生的整全世界的本原与主宰。从这个意义上说,王阳明将中国传统哲学中"天人合一"观念发挥到了极致。

(二)内涵:心物合一

从"天人合一"视角出发,结合此前对"心""物"两个主要概念的辨析,王阳明"心外无物"这一命题的内涵便逐渐清晰。

首先,"心外无物"意指"心物合一"。在王阳明的观念中只有一个世界,即人身处其中的这个"天人合一"的世界,除此之外

---

① 张载:《正蒙二》,《张子全书》,林乐昌编校,第56页。
② 张载:《正蒙二》,《张子全书》,林乐昌编校,第53页。
③ 程颢、程颐:《论道篇》,《二程集》,王孝鱼点校,第1179页。
④ 朱熹:《中庸章句》,《朱子全书》(第6册),朱杰人、严佐之、刘永翔主编,第33页。
⑤ 朱熹:《太极图》,《朱子全书》(第17册),朱杰人、严佐之、刘永翔主编,第3126页。
⑥ 王守仁:《传习录中》,《王阳明全集》卷二,吴光、钱明、董平等编校,第89页。
⑦ 王守仁:《传习录下》,《王阳明全集》卷三,吴光、钱明、董平等编校,第122页。

别无世界。在这唯一的世界中，人心不仅是一身之主，更是整个世界的主宰；人心不仅是孟子自始至终力倡的作为"心之所同然者"的人性，也是程朱学派孜孜以求的外在的宇宙法则——天理。人心知善知恶，无思无虑，它只需遵循"天理"源源不断地涌现出各种意向、意欲。意向、意欲的指向便是"物"，"物"因此在"天人合一"的整全世界中分享了人心那一点灵明，由此区别于它们曾经所是的那种"本然"（"实然"）或"自在"的客观存在。"物"作为"事"的完成，同时也是"心"之所发——"意"的实现。由此，"心""物"乃是一气流行、不可分离、不可分割的一次生命活动，简单地说即是"心物合一"。"心外无物"的具体内涵即在于此。

其次，"心外无物"并非存在论命题。如前所述，学界从佛学、认识论、意义论等角度对"心外无物"命题作了各种解读，多数都在存在论意义上展开。存在论最根本的任务是思考存在（本体），西方哲学史上由柏拉图发端、经笛卡尔显化、至黑格尔鼎盛的哲学传统正是一个追寻存在的历程，其背后隐含的思维模式是"主体—客体"二分架构，而实质是"本质主义"。如果用这一思考范式来解读王阳明的心物关系论题，那就只能理解为"心""物"彼此独立，"心"处于"物"之外对其进行考察和认识，这不符合王阳明的意旨。王阳明所谓"心外无物"是反本质主义的。

最后，"心外无物"是生存论命题。王阳明有个非常著名的"岩中花树"话头："先生游南镇，一友指岩中花树问曰：'天下无心外之物，如此花树，在深山中自开自落，于我心亦何相关？'先生曰：'你未看此花时，此花与汝心同归于寂。你来看此花时，则此花颜色一时明白起来。便知此花不在你的心外。'"[1]对于这个"话头"，学界作了意义论等各种角度的理解。实际上，王阳明既不是在谈花树的存在问题，也不是在谈花树的意义问题，更不是在谈植物学问题，他强调的是"人心"对于"花树"的主宰："人心"一经发动（"来看此花"），那"花"就不再仅仅是"本然""实然"或"自在"之存在，它成了与人心合一、受人心主宰

---

[1] 王守仁：《传习录下》，《王阳明全集》卷三，吴光、钱明、董平等编校，第122页。

的"自为"之存在,它的"明白""不明白"只能由人心来决定,而人心"只是一个灵明"①。

由"岩中花树"话头扩展开去,"天没有我的灵明,谁去仰他高?地没有我的灵明,谁去俯他深?鬼神没有我的灵明,谁去辩他吉凶灾祥?天地鬼神万物离却我的灵明,便没有天地鬼神万物了"②。天地鬼神万物,就是人身处其中的世界,这个世界的"高""深""吉凶灾祥"等各种方式的存在,都仰仗于人心这一点灵明。或者说,是人心这一点灵明为"宇宙生物体"提供了"生存之道",人类因此成为宇宙的主宰。从这个意义上说,"王阳明的真正意图还是为生存奠基"③。

当然,如前所述,王阳明提供的"生存之道"更多是从道德实践的角度来说的,他所要治的是当时社会人人急功近利、向外逐求的生存境况。因此,"心外无物"实际上是在强调人类道德法则对于整个世界的主宰。这个道德法则,一言以蔽之,就是"仁"。王阳明说:"所谓汝心,却是那能视听言动的,这个便是性,便是天理。有这个性,才能生这性之生理,便谓之仁。"④

(三)工夫:知行合一

"心外无物"所蕴含的生存论意义——即"心"作为行动之源主宰、收摄着天地万物,"心""物"根本上是一气流通的,是一个完整的生命行动过程——使得王阳明比以往任何哲学家都更加强调行动的力量,强调"知"与"行"的须臾不可分离。

在知行关系问题上,程朱学派的集大成者朱熹提出:"知、行常相须,如目无足不行,足无目不见。论先后,知为先;论轻重,行为重。"⑤有学者指出,朱熹从知行相互依赖、知先行后、以行为重三个角度论证了知与行的关系。⑥陆王学派的开山学者陆九渊也曾提出:"吾知此理即《乾》,行此理即《坤》。知之在先,故曰

---

① 王守仁:《传习录下》,《王阳明全集》卷三,吴光、钱明、董平等编校,第141页。
② 王守仁:《传习录下》,《王阳明全集》卷三,吴光、钱明、董平等编校,第141页。
③ 沈顺福:《论王阳明之理》,《中国文化论衡》2016年第1期。
④ 王守仁:《传习录上》,《王阳明全集》卷一,吴光、钱明、董平等编校,第41页。
⑤ 朱熹:《论知行》,《朱子全书》(第14册),朱杰人、严佐之、刘永翔主编,第298页。
⑥ 魏义霞:《"知在先"与"行为重":朱熹知行观探究》,《合肥学院学报(社会科学版)》2008年第6期。

《乾》知太始。行之在后，故曰《坤》作成物。"①

王阳明的批评实际上不只针对朱熹，也针对陆九渊，他说："今人却就将知行分作两件去做，以为必先知了然后能行。我如今且去讲习讨论做知的工夫，待知得真了方去做行的工夫，故遂终身不行，亦遂终身不知。此不是小病痛，其来已非一日矣。某今说个知行合一，正是对病的药。又不是某凿空杜撰，知行本体原是如此。"②知与行没有先后、轻重之别，它们原是一体。

由此可见，王阳明对朱熹和陆九渊的批评并不仅仅是"知先行后"的问题，而是将知和行"分作两件"的问题，王阳明是想从根本上阐明"知行合一"的观念，这与其"心外无物"的基本哲学命题是一致的。"知行合一"是"心外无物"必然的工夫论要求。

四、结语

作为阳明学的重要命题，"心外无物"需要站在"天人合一"视角下去理解和思考。宇宙是一个整全的生命体。"心外无物"之"心"不是"主体—客体"二分架构下的思虑主体，而是"天人合一"思维范式下的行动之源；"心外无物"之"物"也不是"本然""实然""自在"的客观存在物，而是"活的物"，是"事"，是"心中之物"，是生命行动须臾不可分割的一部分。

"心外无物"意在阐明人类对于宇宙生命体的主宰，而这主宰的实现在于人心，在于天理，也就是永恒的道德律令。无怪乎李泽厚提出："尽管王阳明个人主观上是为'破心中贼'以巩固传统秩序，但客观事实上，王学在历史上却成了通向思想解放的进步走道。它成为明中叶以来的浪漫主义的巨大人文思潮（例如表现在文艺领域内）的哲学基础。"③事实也正是如此，心学传统不仅开辟了儒家形下学的现代性道路，例如黄宗羲对君主专制的批判；而且开辟了儒家形上学的现代性道路，例如王船山对儒家传统的先验人性论的批判，戴震视人情、人欲为天理的思想，等等。④但需要指

---

① 陆九渊：《语录上》，《陆九渊集》卷三十四，钟哲点校，第401页。
② 王守仁：《传习录上》，《王阳明全集》卷一，吴光、钱明、董平等编校，第5页。
③ 李泽厚：《中国古代思想史论》，第231页。
④ 参见黄玉顺：《论儒学的现代性》，《社会科学研究》2016年第6期。

明的是，这种主宰并非康德意义上的"自律"，而主要是一种"他律"，因为"心"本身即是道德律令，即是行动源头，它只需呈现，无需思考。

总而言之，王阳明"心外无物"命题所展现的对心物关系的理解，不可单纯从存在论等角度进行考察和分析，更应该看到它所展现的生存论意义。同时，对于王阳明心学的考察，应该放在宋明理学乃至整个中国哲学史的大坐标内进行，看到它对于后世思想解放的启示，挖掘其对当今应对现代性挑战的重要意义。

第四章　王阳明"万物一体"观探析[①]

"万物一体"是王阳明哲学的重要观念。目前学术界对阳明"万物一体"观念的研究大致形成了以下两种观点。其一，以陈来教授为代表的学者认为，"万物一体"是存有之实然、心体之本然与境界之应然三者的统一。从存有论的角度来看，"万物本来就处于'一气流通'的联系之中"；从本体论的角度来看，心之本体"原本是以万物为一体的"；在"明明德"与"亲民"交互为用的道德实践中，"小人"便突破"形气之私"从而进入到"把整个世界看成自己的家庭"（万物一体）的"大人"境界。[②]吴震教授则进一步指出"万物一体"的本体依据与根本旨趣在于"一体之仁"，"'一体之仁'不必借助'流行统体'的'气'这一'基本介质'而直接就是宇宙本体"[③]。其二，以陈立胜教授为代表的学者认为，万物一体之仁指"天地生物之心""造化生生不息之理"[④]。万物一体之可能的基础应诉诸作为"灵气"的良知。"因为是'气'，所以弥漫周身（无之则'麻木不仁'），同时又与天地万物一气贯通，所以能与天地万物相感相应；因为是'灵'，所以能'觉知'天地生物之心，或者说天地生物之心得以在这里得到'自觉'，同时又能'主宰'躯壳之身，进而发于形色。"[⑤]这些观点颇具洞见但可能未必符合阳明本意。前者忽略了古代哲学家思想发生的部分背景与预设，如气与生、气与心的关联等，陈来教授虽然注意到了阳明将宇宙看作一个"有机系统"，但其并未对此"有机系统"的具体形态展开讨论。[⑥]后者将良知解读为"灵气"的观点则可能并不符合阳明哲学的实情。

王阳明在《答顾东桥书》中最后一节对其万物一体的思想作了

[①] 曾刊发于《贵阳学院学报（社会科学版）》2021年第6期。
[②] 参见陈来：《仁学本体论》，生活·读书·新知三联书店2014年版，第296—299页。
[③] 吴震：《论王阳明"一体之仁"的仁学思想》，《哲学研究》2017年第1期。
[④] 陈立胜：《王阳明"万物一体"论：从"身—体"的立场看》，北京燕山出版社2018年版，第317页。
[⑤] 陈立胜：《"视""见""知"——王阳明一体观中的体知因素之分析》，《孔子研究》2006年第4期。
[⑥] 参见陈来：《仁学本体论》，第301页。

十分精到的阐述。文中，他通过宇宙全体与一人之身的类比对万物一体的具体形态作了一番生动的描述，他说："譬之一人之身，目视、耳听、手持、足行，以济一身之用。目不耻其无聪，而耳之所涉，目必营焉；足不耻其无执，而手之所探，足必前焉；盖其元气充周，血脉条畅，是以痒疴呼吸，感触神应，有不言而喻之妙。"①这种表达除了在语言文字上颇具感染力以外，也折射出万物一体理论背后的某种类推的思维方式。沿着这一思路前进，不难发现，在阳明看来，万物一体并非仅仅是某种想象、感受抑或境界，而更多的是一种客观实在的存有。本章以一人之身与宇宙全体的类比为线索，从"一气流通""气质心""心之体"三个维度展开讨论，试图指出"万物一体"指宇宙是一个整全的生命体，或者说，宇宙与人类构成为一个整全的生命体。

一、生机：一气流通

如果我们试着抛弃现代科学观念的影响，回到阳明的生活世界，很可能会得出这样的观点，即从一人之身的角度看，气的充盈与流通是人"活"着的充要条件。首先，人禀气而生。周敦颐曰："无极之真，二五之精，妙合而凝。'乾道成男，坤道成女'，二气交感，化生万物。万物生生，而变化无穷焉。惟人也，得其秀而最灵。"②人因得气之秀而灵。王阳明虽然很少讨论宇宙与人的生成过程，但其对人禀气而生的观念却与宋儒完全一致。王阳明在强调"为学须有本原"时指出："仙家说婴儿，亦善譬。婴儿在母腹时，只是纯气，有何知识？出胎后方始能啼，既而后能笑，又既而后能识认其父母兄弟，又既而后能立能行、能持能负，卒乃天下之事无不可能：皆是精气日足，则筋力日强，聪明日开，不是出胎日便讲求推寻得来。"③婴儿在母腹中只是纯气，而其出生之后的生长发育则是一个精气不断充足的过程。其次，古代医学认为，人体的精、气、津、液、血、脉皆由"一气"所分。黄帝曰："余闻人有

---

① 王守仁：《传习录中》，《王阳明全集》卷二，吴光等编校，上海古籍出版社1992年版，第55页。
② 周敦颐：《太极图说》，《周敦颐集》卷一，陈克明点校，中华书局1990年版，第5页。
③ 王守仁：《传习录上》，《王阳明全集》卷一，吴光等编校，第14页。

精、气、津、液、血、脉，余意以为一气耳，今乃辩为六名，余不知其所以然。……何谓气？歧伯曰：上焦开发，宣五谷味，熏肤、充身、泽毛，若雾露之溉，是谓气。"[1]由"一气"所分之"气"又具有将五谷精微散布全身，从而滋养皮肤、形体、毛发等重要生理功能。历代医家都反复强调气对人体的重要性。《难经·八难》："故气者，人之根本也。根绝则茎叶枯矣。"[2]李杲在《脾胃论》中指出："气乃神之祖，精乃气之子，气者精神之根蒂也。大矣哉！积气以成精，积精以全神，必清必静，御之以道，可以为天人矣。"[3]在相对完善的古代医学系统中，人体之气可分为元气、宗气、营气、卫气、脏腑之气、经络之气等多种类型，不同类型的气又承担着不同的生理功能。[4]总而言之，气对于维持人体各方面机能正常运转至关重要。"气"的观念十分丰富与复杂，不能对其做一种简单的处理。但我们至少可以肯定，某种正向的、积极的、流动的气与"生"有密切关联。比如道教便以养气作为养生的重要方法。王阳明对道教颇有研究，《年谱》中记载阳明曾于新婚之夜在铁柱宫同道士彻夜谈论养生之道。[5]湛甘泉在为王阳明所写的墓志铭中也指出其曾溺于神仙之习。[6]王阳明的学生陆原静曾因体弱多病而痴迷养生之术，在与陆原静的书信中，阳明多次谈及养生话题，在《答陆原静书》中，其便指出"精一"之"精"以理言，"精神"之"精"以气言[7]。《传习录》中陆原静所录一卷也有相关对话："问仙家元气、元神、元精。先生曰：'只是一件：流行为气，凝聚为精，妙用为神。'"[8]在辛巳年《与陆原静》中，阳明亦曰："大抵养德养身，只是一事，原静所云'真我'者，果能戒谨不

---

[1] 张隐庵集注：《决气》，《黄帝内经灵枢集注》卷四，上海科学技术出版社1958年版，第224页。
[2] 滑寿：《〈难经本义〉校注》，周发祥、李亚红校注，河南科学技术出版社2015年版，第17页。
[3] 李东垣：《省言箴》，《脾胃论》，张年顺校注，中国中医药出版社2007年版，第96页。
[4] 参见孙广仁主编：《中医基础理论》，中国中医出版社2002年版，第135—139页。
[5] "孝宗弘治元年戊申，先生十七岁，在越。七月，亲迎夫人诸氏于洪都。外舅诸公养和为江西布政司参议，先生就官署委禽。合卺之日，偶闲行入铁柱宫，遇道士趺坐一榻，即而叩之，因闻养生之说，遂相与对坐忘归。诸公遣人追之，次早始还。"见钱德洪：《年谱一》，王守仁：《王阳明全集》卷三十三，吴光等编校，第1222页。
[6] "五溺之说"是为"初溺于任侠之习，再溺于骑射之习，三溺于辞章之习，四溺于神仙之习，五溺于佛氏之习。正德丙寅，始归正于圣贤之学"。见湛若水：《阳明先生墓志铭》，王守仁：《王阳明全集》卷三十八，吴光等编校，第1401页。
[7] 王守仁：《传习录中》，《王阳明全集》卷二，吴光等编校，第62页。
[8] 王守仁：《传习录上》，《王阳明全集》卷一，吴光等编校，第19页。

睹，恐惧不闻，而专志于是，则神住气住精住，而仙家所谓长生久视之说，亦在其中矣。"①精、气、神是一气在不同状态下的不同形态，养生之关键便在于守住精、气、神。最后，气的枯竭往往意味着生命体的死亡。英国人类学家爱德华·泰勒指出："古代的灵魂为生命之源的学说把生命的机能看作是灵魂的作用。这种学说用所有的灵魂飞走或构成灵魂的某些精灵飞走的理论来解释许多肉体和精神状态。"②这一判断对于中国人的观念同样具有一定的解释效力，且在阳明的思想中也有所体现。问："天地鬼神万物，千古见在，何没了我的灵明，便俱无了？"曰："今看死的人，他这些精灵游散了，他的天地万物尚在何处？"③人的生命随着"精灵"（气）的游散而消失。这样的观念在现代汉语中仍有所保留，如我们常常用"咽气"一词指称人的死亡。

从宇宙全体的角度看，王阳明认为，宇宙间是一气流通的。阳明曰："风、雨、露、雷、日、月、星、辰、禽、兽、草、木、山、川、土、石，与人原只一体。故五谷禽兽之类，皆可以养人；药石之类，皆可以疗疾：只为同此一气，故能相通耳。"④动物、植物、无机物甚至于自然现象都与人"原只一体"。"原"字突出了"一体"之原始性、真实性，即并非仅仅通过某种修养工夫所产生的主观体验或境界。问："人心与物同体，如吾身原是血气流通的，所以谓之同体。若于人便异体了。禽兽草木益远矣，而何谓之同体？"先生曰："你只在感应之几上看，岂但禽兽草木，虽天地也与我同体的，鬼神也与我同体的。"⑤王阳明将此"一体"之可能的基础诉诸气。气是联系万物的纽带，沟通万物的媒介，如五谷禽兽养人、药石疗疾等。感应是气的活动的基本形式，如善人有福报、恶人遭天谴等，因此阳明说"一体"应从"感应之几"上看。另外，如前文所述，气与生俱有密切而复杂的关联，因此含气的存在往往是有灵的存在。宇宙间一气流通的观念便自然而然地引出了

---

① 王守仁：《与陆原静》，《王阳明全集》卷五，吴光等编校，第187页。
② 爱德华·泰勒：《原始文化：神话、哲学、宗教、语言、艺术和习俗发展之研究》，连树声译，广西师范大学出版社2005年版，第357页。
③ 王守仁：《传习录下》，《王阳明全集》卷三，吴光等编校，第124页。
④ 王守仁：《传习录下》，《王阳明全集》卷三，吴光等编校，第107页。
⑤ 王守仁：《传习录下》，《王阳明全集》卷三，吴光等编校，第124页。

"万物有灵"的观念。泰勒指出："万物有灵观构成了处在人类最低阶段的部族的特点，它从此不断地上升，在传播过程中发生深刻的变化，但自始至终保持着一种完整的连续性，进入高度发展的现代文化之中。……事实上，万物有灵观既构成了蒙昧人的哲学基础，同样也构成了文明民族的哲学基础。虽然乍一看它好像是宗教的最低限度的枯燥无味的定义，但在实际上我们发现它是十分丰富的，因为凡是有根的地方，通常都有支脉产生。"[1]中国人在数千年的生存实践中同样形成了独特的、丰富的万物有灵观，其与气的观念相互纠缠且相互印证，在一定程度上构成了生活于明代中叶的哲学家王阳明的思想底色与背景。具体而言，在王阳明看来，宇宙间自然生成的物，包括日月星辰、山川草木等都是有生命的存在，即活的物，阳明曰："今夫茫茫堪舆，苍然喷然，其气之最粗者欤？稍精则为日月、星宿、风雨、山川；又稍精则为雷电、鬼怪、草木、花卉；又精而为鸟兽、鱼鳖、昆虫之属；至精而为人，至灵至明而为心。"[2]至少从气的层面来看，天地、万物与人只是品质精粗之不同而并无本质差别。综合气之生生、一气流通与万物有灵的观念来看，可以合理地认为，在王阳明看来，宇宙是一个整全的生命体。天地万物分别对应这一生命体的不同器官，各司其职且相互协调。各器官间血气相通，本能地相互信任与配合，人类与宇宙间非人的存在同气连枝，共同维系着宇宙大生命的生存。

二、气质心：自然性本源与主宰

对于一人之身而言，出于本能，其首要的任务便是生存。生存需要周身各器官相互配合与协调，在所有的器官中，气质心处于最重要的位置。一方面，气质心是生命体周身气血流通的动力之源，生机、生意的发生全部维系于气质心的跳动，气质心停止跳动常常意味着生命体的死亡。另一方面，在古人看来，气质心具有思维的功能，"心之所发便是意"，意可以指挥一部分器官的活动。王阳

---

[1] 爱德华·泰勒：《原始文化：神话、哲学、宗教、语言、艺术和习俗发展之研究》，连树声译，第349页。
[2] 束景南、查明昊辑编：《语录》，《王阳明全集补编》，上海古籍出版社2021年版，第485—486页。

明曰："心不是一块血肉，凡知觉处便是心，如耳目之知视听，手足之知痛痒，此知觉便是心也。"①知视知听与知痛知痒都属于自然性的感知，感知的获得一方面要求认知主体是一"活"的存在，即一气贯通的存在。程明道对此阐发颇多，如程颢曰："医书言手足痿痹为不仁……如手足不仁，气已不贯，皆不属己。"②又曰："医家以不认痛痒谓之不仁。"③又："医书有以手足风顽谓之四体不仁，为其疾痛不以累其心故也。夫手足在我，而疾痛不与知焉，非不仁而何。"④又："人之一肢病，不知痛痒，谓之不仁。"⑤罹患痿病的人，气在其某一器官中的流通受到阻碍与滞涩，这一器官与此人便"不是一体"，从而失去痛痒知觉。感知往往表现为一种双向互动的过程，其大致包含主体接受外在刺激与对刺激作出反应两个环节。对接受的刺激作出反应又通常存在两种情况，其一是诉诸本能的反应，如大部分动物的行为；其二是在经过思维、意识活动处理后做出的反应，如人的交流等。总而言之，"知"与"觉"是气质心功能的综合运用。王阳明曰："人君端拱清穆，六卿分职，天下乃治。心统五官，亦要如此。今眼要视时，心便逐在色上；耳要听时，心便逐在声上，如人君要选官时，便自去坐在吏部；要调军时，便自去坐在兵部：如此岂惟失却君体，六卿亦皆不得其职。"⑥视、听等行为由气质心所控制，心之于身，好比人君之于六卿。君臣关系的类比突出了气质心对于身体的主宰性与权威性。通过以上讨论，可以合理地认为，气质心是个人行为的发起者、支配者与决定者，气质心主宰个人的生存。

如果说宇宙也是一个生命体的话，气质心便是其必不可少的器官。那么，宇宙有没有心呢？王阳明曰："夫人者，天地之心。"⑦人类便是宇宙这个大生命的心。又曰："人者，天地之心也；民

---

① 王守仁：《传习录下》，《王阳明全集》卷三，吴光等编校，第 121 页。
② 程颢、程颐：《元丰己未吕与叔东见二先生语》，《二程集》，王孝鱼点校，中华书局 1981 年版，第 15 页。
③ 程颢、程颐：《元丰己未吕与叔东见二先生语》，《二程集》，王孝鱼点校，第 33 页。
④ 程颢、程颐：《游定夫所录》，《二程集》，王孝鱼点校，第 74 页。
⑤ 程颢、程颐：《陈氏本拾遗》，《二程集》，王孝鱼点校，第 366 页。
⑥ 王守仁：《传习录上》，《王阳明全集》卷一，吴光等编校，第 22 页。
⑦ 王守仁：《传习录中》，《王阳明全集》卷二，吴光等编校，第 79 页。

者，对己之称也；曰民焉，则三才之道举矣。"①民泛指人类，人类是成就天、地、人三才之道的关键，人类主宰宇宙大生命的生存。阳明曰："向晦宴息，此亦造化常理。夜来天地混沌，形象俱泯，人亦耳目无所睹闻，众窍俱翕，此即良知收敛凝一时。天地既开，庶物露生，人亦耳目有所睹闻，众窍俱辟，此即良知妙用发生时。可见人心与天地一体，故上下与天地同流。"②人类与天地本来一体，其间并无限隔，人心便是天地的心。因此人的感官之翕辟与昼夜之变化状态相同步。日出而作，日入而息便是造化之常理。阳明门人钱绪山在嘉靖二十九年（1550）的"《天成篇》揭嘉义堂示诸生"中，忠实地贯彻了阳明的这一思想，绪山曰："吾人与万物混处于天地之中，为天地万物之宰者，非吾身乎？其能以宰乎天地万物者，非吾心乎？心何以能宰天地万物也？……是天地万物之声非声也，由吾心听，斯有声也；天地万物之色非色也，由吾心视，斯有色也；天地万物之味非味也，由吾心尝，斯有味也；天地万物之变化非变化也，由吾心神明之，斯有变化也；然则天地万物也，非吾心则弗灵矣。吾心之灵毁，则声、色、味，变化不得而见矣。声、色、味变化不可见，则天地万物亦几乎息矣。故曰：'人者，天地之心，万物之灵也，所以主宰乎天地万物者也。'"③人类能够承担"主宰者"这一角色的根据在于气质人心，气质心赋予了人类主宰天地万物的资格。具体而言，天地万物的声、色、味、变化等生存状态都依赖于以气质心为首的耳、目、口、四肢等器官的感知与分辨，在这个意义上，天地万物皆需要在人类气质心的活动中从混沌走向澄明，因此人类是"万物之灵"。

但是，作为一人之身与宇宙全体之主宰的气质人心并不可靠，"人心惟危"。首先，"心之所发便是意"，气质心是意识活动产生的根源。其次，"有善有恶是意之动"，自然性的意识活动本身并不可靠，其难以摆脱于本能、欲望、情感、偏好以及个人生活经验的局限而常常为外物所迁，"牵于毁誉得丧"，从而既可能走向善，也可能流于恶。恶念又常常感召恶念，"有一毫在，则众恶相

---

① 王守仁：《亲民堂记》，《王阳明全集》卷七，吴光等编校，第251页。
② 王守仁：《传习录下》，《王阳明全集》卷三，吴光等编校，第106页。
③ 钱德洪：《年谱附录一》，王守仁：《王阳明全集》卷三十六，吴光等编校，第1338页。

引而来"①，如滚雪球般不断扩大，将人拖入深渊。但不可靠的意在人类的生存活动中却承担着极其重要的功能，"意之所在即是物"，意是连接心与身、心与物、心与事的中间环节。"如意在于事亲，即事亲便是一物；意在于事君，即事君便是一物；意在于仁民爱物，即仁民爱物便是一物；意在于视听言动，即视听言动便是一物。"②意识活动的产生往往伴随着行为与事。不可靠的"意"有可能将人与事导向错误的道路，造成严重的后果。最后，面对"意"所带来的困境，阳明延续宋儒的道路，选择"向上突破"，从一种超越的视角观察、理解并安排宇宙造化与人类生活，并进一步指点出"良知"二字，"意之本体便是知"，将"天理"概念打开的"绝对域"彻底收入人心。

三、心之体：终极性本原与主宰

"吾心之良知"是个人生存活动与宇宙生生造化的终极性本原与主宰，具有为个人与宇宙之生存奠基的功能。王阳明曰："人孰无根？良知即是天植灵根，自生生不息。"③又诗曰："人人自有定盘针，万化根源总在心。却笑从前颠倒见，枝枝叶叶外头寻。无声无臭独知时，此是乾坤万有基。"④"根"字与"基"字的使用便形象地指出了这一点。此外，良知亦具有为个人与宇宙之生存立法的功能。良知一方面为人类与宇宙生存指明了方向（指南针），消解了由不可靠的人心所造成的"随波逐流"式的困境。"指南针"所代表的"指引"功能意味着其能够将人类与宇宙变动不居、无始无终的生存活动导向正确的道路。另一方面则提供了检验宇宙中万事万物是否合理合法的绝对标准（试金石）。⑤王阳明曰："尔那一点良知，是尔自家底准则。尔意念着处，他是便知是，非便知非，更

---

① 王守仁：《传习录上》，《王阳明全集》卷一，吴光等编校，第20页。
② 王守仁：《传习录上》，《王阳明全集》卷一，吴光等编校，第6页。
③ 王守仁：《传习录下》，《王阳明全集》卷三，吴光等编校，第101页。
④ 王守仁：《咏良知四首示诸生》，《王阳明全集》卷二十，吴光等编校，第790页。
⑤ 先生曰："这些子看得透彻，随他千言万语，是非诚伪，到前便明。合得的便是，合不得的便非。如佛家说心印相似，真是个试金石、指南针。"（王守仁：《传习录下》，《王阳明全集》卷三，吴光等编校，第93页）

瞒他一些不得。"①良知是分辨是非善恶的绝对标准。无论是个人萌生的想法还是宇宙间的万事万物，只要意念所及，良知便能对其做出价值判断。王阳明曰："夫良知之于节目时变，犹规矩尺度之于方圆长短也。节目时变之不可预定，犹方圆长短之不可胜穷也。故规矩诚立，则不可欺以方圆，而天下之方圆不可胜用矣；尺度诚陈，则不可欺以长短，而天下之长短不可胜用矣；良知诚致，则不可欺以节目时变，而天下之节目时变不可胜应矣。"②方圆长短虽然无法穷尽，但只要有规矩尺度，便能对其做出裁定，加以使用。节目时变虽然常常变化，但只要有良知，便能对其做出判断，加以应对。良知提供了可以完全信赖的、绝对的规矩、尺度与标准。"试金石"所代表的"判断"功能意味着其能够赋予个人生活与天地万物合理的秩序与安排。良知、天理、性以及仁等在阳明哲学中是同属形上序列的概念，这些概念出于经典来源的限制以及具体情境中言说的需要而表现出不同的形态、功能与品格，相互之间可能存在一些差异。但单从以超越之姿为个人与宇宙之生存奠基、立法的层面来看，这些概念是完全一致的，笔者在这里将其统称为心之体。

从一人之身的角度来看，心之体（性、天理、仁、良知）为个人的生存活动奠基。王阳明曰："所谓汝心，亦不专是那一团血肉。若是那一团血肉，如今已死的人，那一团血肉还在，缘何不能视听言动？所谓汝心，却是那能视听言动的，这个便是性，便是天理。有这个性才能生。这性之生理便谓之仁。这性之生理，发在目便会视，发在耳便会听，发在口便会言，发在四肢便会动，都只是那天理发生，以其主宰一身，故谓之心。这心之本体，原只是个天理，原无非礼，这个便是汝之真己。这个真己是躯壳的主宰。若无真己，便无躯壳，真是有之即生，无之即死。"③阳明说心"不专是那一团血肉"，并不是要将"血肉"的要素从"心"中彻底剔除，而是说，心的内涵溢出了"血肉"所能涵盖的范畴，在"血肉"以外，心还包含有其他的内容。在"血肉"背后，还有一个更根本的终极性的主宰，这主宰便是心之体。溢出"血肉"的心之体是"能

---

① 王守仁：《传习录下》，《王阳明全集》卷三，吴光等编校，第92页。
② 王守仁：《传习录中》，《王阳明全集》卷二，吴光等编校，第50页。
③ 王守仁：《传习录上》，《王阳明全集》卷一，吴光等编校，第36页。

视听言动的"，即视听言动之所以然，视听言动之根据，是内在于躯壳却超越于躯壳之"真己"。心之体与性、天理、仁同符合契，是个人生命生意发生、生机流转之根据。王阳明曰："所谓心者，非今一团血肉之具也，乃指其至灵至明、能作能知者也，此所谓'良知'也。"[1]"良知"是"能作能知者"，即"作"与"知"之所以然，"作"与"知"之根据，因此良知亦为个人生存奠基。

心之体（天理、仁、良知、性）为个人的生存活动立法。王阳明曰："大抵七情所感，多只是过，少不及者。才过便非心之本体，必须调停适中始得。就如父母之丧，人子岂不欲一哭便死，方快于心。然却曰'毁不灭性'，非圣人强制之也，天理本体自有分限，不可过也。人但要识得心体，自然增减分毫不得。"[2]天理提供了衡量个人情感及行为是否过与不及的尺度与分限。不仅仅是天理，仁同样含有标准的意蕴。阳明曰："然爱之本体固可谓之仁，但亦有爱得是与不是者，须爱得是方是爱之本体，方可谓之仁。"[3]仁是"爱之本体"，仁在爱中嵌入了"是与不是"的价值判断，规定了爱的界限。良知亦具有同样的功能。阳明曰："凡处得有善有未善，及有困顿失次之患者，皆是牵于毁誉得丧，不能实致其良知耳。若能实致其良知，然后见得平日所谓善者未必是善，所谓未善者却恐正是牵于毁誉得丧，自贼其良知者也。"[4]在朗然呈现的良知面前，一切善恶是非都变得清楚明白，伪善与自欺无所遁形，正当行为的选择便无需纠结、思索与安排。相比之下，性则更多地与德目联系在一起。阳明曰："仁、义、礼、智，也是表德。性一而已：自其形体也谓之天，主宰也谓之帝，流行也谓之命，赋于人也谓之性，主于身也谓之心；心之发也，遇父便谓之孝，遇君便谓之忠，自此以往，名至于无穷，只一性而已。犹人一而已：对父谓之子，对子谓之父，自此以往，至于无穷，只一人而已。人只要在性上用功，看得一性字分明，即万理灿然。"[5]性以否定的方式对待差异，在差别中自身等同，是伴随着差别，在差别中保持自身的

---

[1] 束景南、查明昊辑编：《语录》，《王阳明全集补编》，第486页。
[2] 王守仁：《传习录上》，《王阳明全集》卷一，吴光等编校，第17页。
[3] 王守仁：《与黄勉之二》，《王阳明全集》卷五，吴光等编校，第195页。
[4] 王守仁：《传习录中》，《王阳明全集》卷二，吴光等编校，第59页。
[5] 王守仁：《传习录上》，《王阳明全集》卷一，吴光等编校，第15页。

一。仁、义、礼、智等道德条目是性在不同境遇与对待中展现自身的不同方式,天、帝、命、性、心则是从不同角度对性"强为之"的言说。性是人的本质,人是性的代表,人的天职与使命便是"复性"。

从宇宙全体的角度来看,心之体(天理、性、仁、良知)为宇宙的生生造化奠基。王阳明曰:"无所不中,然后谓之大本;无所不和,然后谓之达道;惟天下之至诚,然后能立天下之大本。……中只是天理。……而此心全体廓然,纯是天理,方可谓之喜怒哀乐未发之中,方是天下之大本。"[①]又曰:"道也者,性也,不可须臾离也。……然后喜怒哀乐之未发谓之中,发而皆中节谓之和,道修而性复矣。致中和,则大本立而达道行,知天地之化育矣。"[②]阳明通过对《中庸》文本的创造性诠释来阐发他自己的思想,在阳明看来,天理或性便是大本,即天理或性是"天地之化育"的终极根据。个人通过修养工夫达到"纯是天理""性复"的状态便能"知天地之化育"。同天理、性一般,仁亦是本。阳明曰:"仁是造化生生不息之理……譬之木,其始抽芽,便是木之生意发端处;抽芽然后发干,发干然后生枝生叶,然后是生生不息。若无芽,何以有干有枝叶?能抽芽,必是下面有个根在。有根方生,无根便死。"[③]仁是造化生生的终极依据,根之于树的比喻强调了仁对造化生生的奠基意义。此外,良知亦是本,阳明曰:"人的良知,就是草木瓦石的良知。若草木瓦石无人的良知,不可以为草木瓦石矣。岂惟草木瓦石为然,天地无人的良知,亦不可为天地矣。盖天地万物与人原是一体,其发窍之最精处,是人心一点灵明。"[④]"窍"对于人而言,指耳、目、口、鼻等器官之孔,"发窍"即这些器官功能的发用,如视听言动等。个人的身体其周身各种器官相因为用,"痒疴呼吸,感触神应,有不言而喻之妙",而此"发窍""妙用"之所以然便是"人心一点灵明",即良知。人的良知便是宇宙大生命的良知,良知为天地万物的生存提供了本体依据,是天地万物的"所以然之故",因此良知之发用流行是"发窍之最精处"。先生曰:

[①] 王守仁:《传习录上》,《王阳明全集》卷一,吴光等编校,第23页。
[②] 王守仁:《修道说》,《王阳明全集》卷七,吴光等编校,第265页。
[③] 王守仁:《传习录上》,《王阳明全集》卷一,吴光等编校,第26页。
[④] 王守仁:《传习录下》,《王阳明全集》卷三,吴光等编校,第107页。

"良知是造化的精灵。这些精灵，生天生地，成鬼成帝，皆从此出，真是与物无对。人若复得他完完全全，无少亏欠，自不觉手舞足蹈，不知天地间更有何乐可代。"①良知是超越的宇宙本体，是主宰造化、与无物对的存在，对良知的体悟会带来巨大的精神愉悦。另外，这里的"精灵"一词由于文学色彩浓厚而颇难以理解，部分学者亦通过对这一表述的解读而得出良知是气的观点。②笔者则更倾向于将其理解为阳明对良知的叹美之辞，"像灵魂、精灵这样的词，有时会在语言中失去它们纯粹的哲理意味，语言能够使它们作为传达超验情感中神秘感觉的措辞，与宗教思想的这种倾向完全一致"③。

心之体（仁、天理、性、良知）为宇宙的生生造化立法。王阳明曰："天地气机，元无一息之停；然有个主宰，故不先不后，不急不缓，虽千变万化，而主宰常定：人得此而生。若主宰定时，与天运一般不息，虽酬酢万变，常是从容自在，所谓'天君泰然，百体从令'，若无主宰，便只是这气奔放，如何不忙？"④宇宙与人类"同此一气"，气的流动、变化与生生虽鬼出电入、变幻莫测、不可穷极，但其背后却有一昭昭然的主宰，主宰给予宇宙造化与个人生活合理的安排。阳明有时用"仁"来指称这一主宰，王阳明曰："仁是造化生生不息之理，虽弥漫周遍，无处不是，然其流行发生，亦只有个渐，所以生生不息。"⑤从发生的角度来讲，造化之生生是一个循序渐进的过程，仁规定了造化发生的方向与发展的进程。阳明有时也用"理"来指称这一主宰，王阳明曰："理者气之条理，气者理之运用；无条理则不能运用，无运用则亦无以见其所谓条理者矣。"⑥理与气不离不杂，理赋予气以某种规定性，表现为气之条理。这一主宰内在于人心，阳明称之为"性"或"良知"，阳明曰："天命之性具于吾心，其浑然全体之中，而条理节目森然

---

① 王守仁：《传习录下》，《王阳明全集》卷三，吴光等编校，第104页。
② 参见陈立胜：《良知之为"造化的精灵"：王阳明思想中的气的面向》，《社会科学》2018年第8期。
③ 爱德华·泰勒：《原始文化：神话、哲学、宗教、语言、艺术和习俗发展之研究》，连树声译，第686页。
④ 王守仁：《传习录上》，《王阳明全集》卷一，吴光等编校，第30页。
⑤ 王守仁：《传习录上》，《王阳明全集》卷一，吴光等编校，第26页。
⑥ 王守仁：《传习录中》，《王阳明全集》卷二，吴光等编校，第62页。

毕具，是故谓之天理。"①性即是理，其内在地具有"条理节目"。阳明曰："若鄙人所谓致知格物者，致吾心之良知于事事物物也。吾心之良知，即所谓天理也。致吾心良知之天理于事事物物，则事事物物皆得其理矣。致吾心之良知者，致知也。事事物物皆得其理者，格物也。是合心与理而为一者也。"②格物致知是将已呈现的良知推致于万事万物进而为其立法的过程，这一解读与朱子有所不同，概而言之，朱子对格物致知的理解侧重于"由用而见体"，阳明的理解则侧重于"明体以达用"。阳明曰："我的灵明，便是天地鬼神的主宰。天没有我的灵明，谁去仰他高？地没有我的灵明，谁去俯他深？鬼神没有我的灵明，谁去辩他吉凶灾祥？天地鬼神万物离却我的灵明，便没有天地鬼神万物了。我的灵明离却天地鬼神万物，亦没有我的灵明。"③将"吾心之良知"推致于万事万物，天之于高、地之于深、鬼神之于吉凶灾祥便一一对应，各就各位，各尽其责，秩序井然，有条不紊。离开了良知，天地万物便失序而陷入混沌。王阳明曰："故万象者，吾心之所为也；天地者，万象之所为也；天地万象，吾心之糟粕也。要其极致，乃见天地无心，而人为之心。心失其正，则吾亦万象而已；心得其正，乃谓之人。此所以为天地立心，为生民立命，惟在于吾心。"④"心得其正"即"合心与理而为一"的结果，"合心与理而为一"是一种超越性活动，在这一过程中，人的本质（心之体）得到确认，人因此与万象、天地区别开来，成为宇宙的主宰。

四、余论：变化气质与大人之学

就个人而言，对"万物一体"之切身体会需要一番变化气质的工夫，"由清来换却浊"。一方面，使宇宙间一气在"这里"得到流通；另一方面，使本体得以呈现。在《大学问》中，阳明将其"万物一体"思想作了一番总结性的阐述。这番表达，大含细入，无所不包，发人深省。阳明曰："大人者，以天地万物为一体者

---
① 王守仁：《博约说》，《王阳明全集》卷七，吴光等编校，第266页。
② 王守仁：《传习录中》，《王阳明全集》卷二，吴光等编校，第45页。
③ 王守仁：《传习录下》，《王阳明全集》卷三，吴光等编校，第124页。
④ 束景南、查明昊辑编：《语录》，《王阳明全集补编》，第486页。

也，其视天下犹一家，中国犹一人焉。若夫间形骸而分尔我者，小人矣。大人之能以天地万物为一体也，非意之也，其心之仁本若是，其与天地万物而为一也。岂惟大人，虽小人之心亦莫不然，彼顾自小之耳。是故见孺子之入井，而必有怵惕恻隐之心焉，是其仁之与孺子而为一体也；孺子犹同类者也，见鸟兽之哀鸣觳觫，而必有不忍之心焉，是其仁之与鸟兽而为一体也；鸟兽犹有知觉者也，见草木之摧折而必有悯恤之心焉，是其仁之与草木而为一体也；草木犹有生意者也，见瓦石之毁坏而必有顾惜之心焉，是其仁之与瓦石而为一体也；是其一体之仁也，虽小人之心亦必有之。是乃根于天命之性，而自然灵昭不昧者也，是故谓之'明德'。小人之心既已分隔隘陋矣，而其一体之仁犹能不昧若此者，是其未动于欲，而未蔽于私之时也。及其动于欲，蔽于私，而利害相攻，忿怒相激，则将戕物圮类，无所不为，其甚至有骨肉相残者，而一体之仁亡矣。是故苟无私欲之蔽，则虽小人之心，而其一体之仁犹大人也；一有私欲之蔽，则虽大人之心，而其分隔隘陋犹小人矣。故夫为大人之学者，亦惟去其私欲之蔽，以自明其明德，复其天地万物一体之本然而已耳；非能于本体之外而有所增益之也。"[1]从"一气流通"的角度来看，宇宙本来是一体的，天地万物本来是相通的。但小人常常囿于私欲，陷于"分隔隘陋"，表现为对瓦砾、草木、鸟兽、他人等"活的物"的遭遇漠不关心，甚至"戕物圮类"。私欲便是浊气，被浊气遮蔽便是不通，不通便不是一体，不是一体便无痛痒关切，便无所不为。好比罹患痿病的人，其某一器官筋肉萎缩，丧失痛痒知觉，不能举动，这一器官虽长在他身上，但却失去了和其他器官的联系，不能发挥应有之功能，此器官相对于患者而言便不是"一体"，待医家对症施药，痿病痊愈，便又恢复"一体"。变化气质的工夫正是一剂去私欲之蔽的良药，"药效"便是使人与宇宙一气贯通，因通而生，而为一体。从"心之体"的角度来看，大人与小人在本质上是一样的，即在"本然"的层面上，二者没有区别。而之所以有大人与小人的不同，则只在于作为其"心之体"的"仁""性""明德"等遮蔽与否，大人被遮蔽便为小人，小人能去蔽则为大人。因此成就大人还是沦为小人是个人可以

---

[1] 王守仁：《大学问》，《王阳明全集》卷二十六，吴光等编校，第968页。

自主决定的事情，其关键依然在于是否愿意去作一番变化气质的工夫。变化气质的工夫有消极与积极两个面向，消极的面向在于"善念发而知之，而充之"[1]，即存养清气；积极的面向在于"恶念发而知之，而遏之"[2]，即瓦解浊气。工夫活动的结果是气质清明，使"心之体"得以呈现，"复其心体之同然"，从而与天地万物成为真实的一体，"非意之也"。阳明提供了一套人人可以操作的成就大人的方法与程序，内在地包含了某种"平民精神"，在中国思想史发展的进程中，客观上成了通向思想解放的进步走道。[3]

---

[1] 王守仁：《传习录上》，《王阳明全集》卷一，吴光等编校，第22页。
[2] 王守仁：《传习录上》，《王阳明全集》卷一，吴光等编校，第22页。
[3] 参见李泽厚：《中国古代思想史论》，生活·读书·新知三联书店2017年版，第231页。

第二编 阳明学与中国思想史

第一章　天人之辨与传统儒家思想史的主题[①]

人类文化或文明的重要形态是思想。讲述人类文化史或文明史的最直接、最典型的方式便是思想史。中国人所说的思想史，西方人称之为history of intellectual或history of ideas。直译的话，前者为学说史，后者为观念史。思想史，作为一门学科，自然有自身的特殊主题或研究对象，它因此区别于哲学、经济学、法学等专门科学，否则的话，思想史便无法区别于文化史或文明史等。那么，哪些思想可以进入思想史关注的视野呢？哪些思想又成为中国古代儒家思想史关注的主题呢？这是本章将要讨论的主要问题。本章将试图指出：天人关系是中国传统思想史的基本主题。儒家思想史便是儒家的天人关系理论史。

一、思想史主题的重要性

思想史是一种观念史。观念，作为某种意识形式，在任何一个历史时期都具有复杂的形态和丰富的内容。康有为的观念与"祥林嫂"的想法通常会迥然不同。由于普通人数量巨大，其所持有的观点也因此极为丰富，甚至是浩瀚如海。从技术的角度来说，我们几乎不可能将这些数量巨大的普通人的想法穷尽并记载。也就是说，不是每一个人的观念或想法都可以进入思想史研究的视域。那么，思想史关注哪类想法或观念呢？思想史学家只能够选择某些类别的观念，对其进行整理和描述。

被思想史专家们所关注的观念至少具备两个基本特征，即"重要性"与"延续性"[②]。这些思想一定具有重要地位并产生了重要的作用，无论好坏。比如尼采的思想，弗里德里希·希尔说："所有存在的事物中，最危险的是精神，尼采自认为是'炸药'，实在不假。"[③]思想史上的思想不仅影响到国家与民族的命运和前途，甚至

[①] 曾刊发于《管子学刊》2022 年第 2 期。
[②] 弗里德里希·希尔：《作者前言》，《欧洲思想史》，赵复三译，香港中文大学出版社 2003 年版，第 XVII 页。
[③] 弗里德里希·希尔：《作者前言》，《欧洲思想史》，赵复三译，第 XX 页。

对人类的前途和命运产生一定的影响。所以，思想史上的观念或精神一定关乎大问题、大事情，甚至关乎人类的命运。"有文化有历史的民族，必然能对宇宙人生中某几件大事，某几个问题，认真思索。"[①]这些观念或精神聚焦于某些大问题、大事件上。比如中国历史上的董仲舒提出"天不变，道亦不变"，其关注的中心乃是人类的前途问题：人类及其所创造的文明在宇宙生存体系中具有怎样的地位？这些问题关系到人类的命运问题。而作为思想家的康德提出"人是目的"，从而将人的尊严提到了前所未有的高度，即，每一个人都是目的，都值得尊重。这不仅影响到伦理学，更揭开人类理解的新篇章。

这些思想，在其开始阶段，可能仅仅是相对的专业视角，比如属于政治思想、经济思想甚至是哲学思想等。可是，随着这些思想的延伸与影响，它们不仅对自己的专业领域产生了影响，而且进而影响到其他领域，甚至对人类社会的进程与发展产生革命性影响。正是这些具有重要地位的思想，才是思想史关注的重点。比如霍布斯，最初仅仅是一位哲学家和政治思想家，"他的政治理论表现出他展望世界时所感到的恐惧。他认为：人的自然状态就是生活在每个人反对其他一切人的战争中。如果一个总体国家——即利维坦——不能经由法律维持理性、和平、社会交往和财富的统治，人们就将退回到野蛮混乱的状态中去。利维坦乃是清教徒共和政体的再现，是世俗化的上帝之城"[②]。霍布斯的政治学说不仅对当时的政治产生了影响，而且影响到整个人类政治体制与人类文明。现代政治文明的核心理念由此而建立。同样，亚当·斯密最初是一位国民经济学家。他在《国富论》中"欢呼'自由经济的统治'是地上的乐园。经济自由成为神圣的世界秩序和社会生活的最终意义和目标"[③]。这种自由经济学说通过影响经济而改变了整个社会基本形态，将人类社会带入了一个竞争的时代，从而影响到整个人类社会发展的进程。思想家的作用绝不仅限于某个领域或某些领域。他们的思想或观念通常会影响到国家与民族甚至人类的命运和前途。

---

① 钱穆：《中国思想史》，台湾学生书局1988年版，第2页。
② 弗里德里希·希尔：《欧洲思想史》，赵复三译，第477页。
③ 弗里德里希·希尔：《欧洲思想史》，赵复三译，第484页。

"思想史最关注的,正是在重大历史事件的形成过程中,思想和行为之间的互动。"①思想史与重大历史事件相关。在关注或解决某些重大事件中,这些观念成为时代的主旋律:"思想史研究者通常坚信,任何一个时代(各个时代不同)都有一种时代精神,这种时代精神影响着思想和表达的所有领域。柯勒律治写道:'任何时代都存在着这样一种思考精神,这应该是宗教和道德的精神和基调,甚至是艺术、习俗和时尚的精神。'最近一位学者宣布:'思想史学者的首要任务就是勾画每一历史时代的思想前提,解释这些思想前提在不同时代的变化。'"②思想史家关注的是时代精神,是能够成为其他思想的基础的观念。

从中国思想史来看,比如孔子"是中国思想史上有最高领导地位的人。……世界上的一切宗教,似乎都想根据人死问题来解决人生问题,孔子则认为明白了人生问题,才能答复人死问题。世界上一切宗教都把奉事鬼神高举在奉事人生之上,孔子则认为须先懂得奉事人,才能讲到奉事鬼。这一态度,使孔子不能成为一宗教主,也使中国思想史之将来,永远走不上宗教的道路"③。孔子最初仅仅是一位老师,讲授一些专业知识与理论,比如六艺和婚丧嫁娶的礼仪等。孔子不仅教授这些知识,而且对其进行了理论阐述并逐渐形成了以仁为核心的理论体系。这一体系化学说逐渐对整个时代的思想与观念产生了根本性影响。孔子的仁学思想逐渐转换为"一种近乎平均值的知识、思想和信仰"④,成为普通人的信念与观念。孔子也因此而成为中国儒家思想史上的领袖级人物。大人物之所以为大人物并非生来如此。大人物的盛名产生于时代与社会。因此,思想史"决不能抹杀大思想家的关键地位"⑤。

有学者曰:"中国历史上的政治思想、经济思想、哲学思想、科学思想、法律思想、军事思想等等,都是中国思想史的研究对

---

① 斯特龙伯格:《导论》,《西方现代思想史》,刘北成、赵国新译,中央编译出版社2004年版,第4页。
② 斯特龙伯格:《导论》,《西方现代思想史》,刘北成、赵国新译,第5页。
③ 钱穆:《中国思想史》,第8页。
④ 葛兆光:《导论》,《中国思想史》,复旦大学出版社2016年版,第11页。
⑤ 王汎森:《序》,《思想是生活的一种方式——中国近代思想史的再思考》,北京大学出版社2018年版,第3页。

象。"①他们将思想史看作是学说史、文化史的综合。从出发处来看，这一说法不无道理，即，所有的思想家必定开始于某个领域。但是，这仅仅是起点，而不是全部。他们的观点开始于某个专业领域，进而对其他领域产生巨大的影响，最终成为影响一个时代甚至整个人类历史进程的观点。这些影响完全超出了其专业范围。只有这类能够产生如此广泛影响的思想或观念才能够成为思想史研究的对象。影响力仅限于本专业的思想常常不能成为思想史关注的对象。思想史仅仅关注那些产生跨领域影响力的思想。

由于思想史和哲学史都研究观念，人们常常将思想史等同于哲学史。如钱穆曰："西方思想，大体可分三系。一为宗教。二为科学。三为哲学。此三系思想，均以探讨真理为目标。"②由此来看，钱穆将思想史与哲学史不加区别。后来的胡适也这样做。虽然哲学史与思想史有时候会有些重合处，但是二者之间不仅研究对象不同，而且研究方法也有较大的区别。在西方哲学传统来看，哲学关注于存在（being），比如理念、实体、理性、思维方式、上帝等都是西方人对存在的解读。这个存在，在中国哲学传统看来便是本源，比如人性、天理、本心等。因此，哲学关注本源或追问本源。而思想史关注于现实中的大问题、大事情，它具有直接的重要性，而未必属于本源。尽管本源的东西通常具有重要地位和作用，但是二者不可等同。西方历史上有个学者叫弗雷格，西方哲学史通常会提到他，而西方思想史界可能很少关注他。在中国历史上，韩愈、李翱、柳宗元、刘禹锡、梁启超、严复等，思想史界比较关注他们。但是哲学史却不怎么待见他们。没有人会否认佛学是中国传统文化的重要组成部分。这种文化，哲学史家十分重视，而思想史家却常常不重视。一般的中国思想史著作如程艾蓝先生的《中国思想史》③谈论华严宗与天台宗的内容比较简略。而华严宗和天台宗对于宋明理学具有十分重要的地位和作用。所以，思想史不同于哲学史。如果强行等同，其结果便是哲学史变得不像哲学史。当然，思想史并不绝对排除哲学史。只有重要的、能够产生深远和广泛影响

---

① 张岂之：《原序》，《中国思想史》，西北大学出版社1993年版，第3页。
② 钱穆：《序言》，《中国思想史》，第1页。
③ 程艾蓝：《中国思想史》，冬一、戎恒颖译，河南大学出版社2017年版。

的哲学思想才可能成为思想史研究的对象，如康德哲学常常也是思想史关注的对象之一，中国古代的禅宗不仅是哲学史讨论的内容之一，也常常是思想史关注的对象之一。原因在于禅宗不仅对佛教产生了重要影响，而且通过传播，对中国古代文学观念、生活方式等均产生了较大的影响，并因此而成为重要的观念。这种重要的观念自然被纳入思想史的视域中、成为思想史的基本内容。

二、思想史主题的继承性

思想史不仅关注大问题、具有主旨性，而且具有继承性，即，这个问题或这个问题所反映的主题贯穿于历史的始终。比如，"在欧洲的精神史上，从来都存在着'上层'和'下层'的斗争。'上层'文化包括基督教、有教养的人文主义和理性主义，始终与人民大众的'下层'文化进行着斗争。这个文化的底层包括人民大众的个人的深层人格和大众的风尚、信仰、生活方式等"[1]。在西方思想史上，上帝、教会等神圣存在与世俗人的关系开始于古希腊，一直延续至今，成为西方历史上的一个永恒的主题。"鲍默（Franklin L.Baumer）在其《西方近代思想史》（*Modern European Thought:Continuity and Change in Ideas,1600—1950*）中，认为欧洲有一些'永恒问题'应当作为思想史研究的中心，它们主要是'上帝''自然''人''社会''历史'，这很有意思。"[2]这些主题，可能在不同的时期具有不同的形态，但是终究还是这个主题的某种形态。能够成为思想史研究对象的主题一定具有持久性与继承性，即，它在不同时期表现为不同的形态。

赵吉惠先生提出"社会思潮说"，认为思想史应该侧重以社会思潮为自己的研究对象："所谓'社会思潮'，就是指那些反映某个历史时期思想斗争焦点和中心的社会思想潮流。……质言之，'中国思想史'这门学科，主要研究中国历史上各个时期存在着的各种不同的社会思潮产生、发展、演变的历史过程和规律，研究社会思潮与各种社会意识形态之间的关系及其在历史发展中的地位与

---

[1] 弗里德里希·希尔：《作者前言》，《欧洲思想史》，赵复三译，第 XVII 页。
[2] 葛兆光：《什么才是"中国的"思想史？》，《文史哲》2011 年第 3 期。

作用，通过这种研究，从历史发展的纵横联系和总体上去揭示社会意识形态的本质及其发展的历史规律性。"①虽然社会思潮说其实什么也没有说，但是，它揭示了思想史的重要特征，即观念发展的延续性。思想史关注社会思潮的发展和演变，关注该社会思潮产生、发展、演变的历史过程与规律、关注思潮的持续性关系等。从中国儒家思想史来看，两汉经学、魏晋玄学、隋唐佛学、宋明理学等足以称之为思潮。这些思潮不仅具有时代性、历史性，而且具有一致性、关联性与继承性，比如先秦子学、两汉经学、魏晋玄学、隋唐佛学等与宋明理学之间的内在联系。我们可以将这一贯穿始终的性质叫作思想史对象的继承性，即思想史的研究对象，可能在不同时期具有不同的形态，但是它终究属于同一类存在。只是这一同一类存在本身并不直接呈现。它仅仅是一种隐形而"一般的知识、思想和信仰"②。正是这种隐形的内容构成了各种思想话题的"背景"或底色。它也可以被叫作"平均值"③。这个"平均值"贯穿于思想史的始终。

  思想史关注的问题既有历史性、时代性，更有逻辑性与持续性。它决不能够局限于某个时代、成为某个时代专有的问题。比如魏晋时期的一个重要思想史问题是人才问题，即，如何认识人才、选拔人才等。这个问题在当时成为一个重要的议题或主题。但是人才问题，只能是当时的话题，却不足以演化为贯穿于历史的重要议题。思想史的主题必须具有延续性或继承性。麻天祥先生说："思想史研究，不仅要注重思想生成、存在、发展变化的社会背景、历史条件、生存方式等外在环境，尤其要注重思想的内在特征和逻辑必然性，即其与社会符契、反映时代精神的内涵，体现思维深度的逻辑框架以及昭示未来并与时俱进的厚度和张力。我是这样理解、应用或者说实践'历史和逻辑相结合'的原则的。"④也就是说，思想史的发展具有内在特征和逻辑必然性。这些内在特征与逻辑必然性表明思想史对象自身的继承性或一致性，即，它们延续了同一个

---

① 赵吉惠：《试论中国思想史的研究对象与方法》，《西北师范大学学报（社会科学版）》1984年第2期。
② 葛兆光：《导论》，《中国思想史》，第11页。
③ 葛兆光：《导论》，《中国思想史》，第11页。
④ 麻天祥：《中国思想史研究的理念与方法》，《史学月刊》2012年第12期。

线索演化而来。思想史的主题具有自身的谱系。

三、思想史主题的实在性与抽象性

在现有的学术体系中，思想史属于专门史，属于历史学。在历史学研究中，史料自然是最重要的材料，甚至成为研究对象。张荣明先生认为："思想史研究有两重对象：直接对象与间接对象。直接对象，就是研究者所面对的客观实在。与物理学家、生物学家不同，思想史家在研究室或图书馆面对的不是过去的历史，而是历史资料，史料是研究者直接面对的研究对象。间接对象，就是史料所投射的已然逝去的历史事件。历史事件一去不返，研究者永远无法面对消逝的过去。"①这一论断，将思想史的研究对象固化为历史资料，似乎书面文献才是思想史家们的研究对象。应该说这一观点揭示了历史与历史资料之间的关系。思想史是时代史或当代史。过去史实已然过去，无法直接在场。以往的历史史料是这些史实的再现，现在的历史研究何尝不是如此呢？尽管思想史家所面论的直接对象是史料，我们并不能因此否认客观事实的在场或曾经在场。

史料反映了客观的事实或史实。所谓的史实，具有两个特征，第一，确实存在；第二，已经成为历史，如同川上之流。当我们去阐述一个已经成为历史的史实时，这个所谓的客观史实其实只能够通过思想史专家的思维与推理而被给出。这便是勾勒或建构出某种实在的史实。所以，思想史的对象并不能够被直观到。它只能够被想到并因此而成为史实，并进而成为事实。这如同人们对红楼梦的理解：厨师眼中的红楼梦是一部美食大全。其中所记载的美食美味等客观而实在，但是并非一般人所知晓。只有懂得美食的人才能够根据一些文本推测出某些美食。不懂得美食的人是看不出其中的美食与美味的。美食与美味需要人们的思维与推理。所以，丁为祥先生说："实际上，哲学史与思想史虽然要面对同一对象，但其区别则主要在于不同的研究视角、解读方法与不同的诠释方向上；哲学的概念虽然源自西方，但哲学的方法却并不为西方所独有，而是中国传统文化中本来就存在

---

① 张荣明：《思想史研究指要》，《天津师范大学学报（社会科学版）》2017年第3期。

的。"①丁为祥教授强调思想史家与哲学史家的研究视角和方法的差异。此言不无道理。按照现象学理论,不同的视角或方法会产生不同的内容。这些被给出的内容便是其对象。

思想史主题的重要性依赖于建构。什么是主题的重要性?主题的重要性不在于话题本身,比如论述天人关系、论述神人关系等,而在于对这些问题的论述所产生的结论与这个结论所带来的影响。后来的影响决定了主题的重要性,或者说,后来的存在事实"给予"主题的重要性。没有一个议题天生重要。同理,思想史主题的继承性也依赖于建构。历史本身仅仅如川流而不息。只有在人类的主观建构中,川流的史实逐渐演变为逻辑的事实与有序的历史。在这些逻辑的事实中,首当其冲的便是思想史的主题。思想史的主题也依赖于人们对复杂材料的整理与勾勒。同一部《庄子》,哲学家读出哲学思想,文学家读出文采,而历史学家则读出历史事实等。我们不能因此而说《庄子》是哲学家的研究对象、却不是历史学家的研究对象。《庄子》文本并不是研究对象,能够作为研究对象的只能是文本中所包含的某些东西(object)。在哲学家看来,《庄子》是齐万物、齐是非。这是哲学家关注的对象。在历史学家看来,《庄子》是"尧让天下于许由"的"史实"。这些所谓的对象隐含于陈述中、却需要思想者来找出或勾勒。这便是思想。

作为思想史研究对象的史实只能够存在于思想史专家的思维视野中。在这些专家的推理中,人们或许可以勾勒出这些逝去的史实。没有人们的主观建构,史实可能永远是秘密。大多数历史学家都太迷信客观材料了。材料也是人们整理后的产物,是一种主观建构。当然,我们说建构或勾勒,并不是说思想史专家可以任意虚构史实。我们承认史实的客观存在,同时也不得不承认它的非现实性。史实指事件。这些事件尽管是客观而实在的,但是,在它产生的瞬间便随着时间而流失或消失于我们的经验。它只存在于可能界。我们可以通过反思那些史料而让史实逐渐呈现。葛兆光先生曰:"并不是说我们不准备写精英和经典的思想史了,我只是说,要注意那些精英和经典的知识、思想与信仰背景有些什么,直截了当地说就是,过去的思想史只是思想家的思想史或经典的思想史,

---

① 丁为祥:《简议哲学史与思想史之别——兼与葛兆光先生商榷》,《文史哲》2013年第3期。

可是我们应当注意到在人们的生活的实际的世界中，还有一种近乎平均值的知识、思想和信仰，作为底色或基石而存在，这种一般的知识、思想和信仰真正地在人们判断、解释、处理面前的世界中起着作用，因此，似乎在精英和经典的思想与普通的社会和生活之间，还有一个'一般知识、思想与信仰的世界'，而这个知识、思想与信仰世界的延续，也构成一个思想的历程，因此它也应该在思想史的视野中。"[1]这个所谓的"一般知识、思想与信仰的世界"便是所谓的"史实"，即确实存在着某种被当作历史进程中的基石或主流、却常常为人所忽略、所无视的存在。它虽然客观而实在，却从未直接成为人们关注的对象。史实从未成为现实界的存在者。它仅仅是可能界的存在。当人们注意到它、将其纳入了自己的视野时，这个史实瞬间转化为现实，并从可能存在转化为现实存在。

四、天人之辨是中国儒家思想中的大事

在中国儒家历史上，哪些话题不仅是最重要的、而且是最持久的主题呢？司马迁《太史公自序》曰："究天人之际，通古今之变，成一家之言。"[2]思想史家所言不外乎天人之际和古今之辨。宋儒邵雍曾曰："学不际天人，不足以谓之学。"[3]天人之际即天人关系，是中国古代儒家学术史的最重要的主题。它不仅是中国儒家思想上的大事情、大问题，而且是贯穿中国儒家思想史始终的老问题，并因此成为中国儒家思想史的基本主题或研究对象。需要澄清的是，这里所讲的天人概念有其特定的含义，即，"中国古代学者提出的'天人关系'问题，是中国思想史研究中的一项重要课题。就今天的科学水平来说，这个问题当然不见得怎么复杂，不过是一个人与自然的关系问题而已"[4]。本章所讨论的天人关系中的天主要指以天空为主的自然界，人主要指人类及其所创造的文明。换一句话说，天人关系说主要探讨人类与自然界的关系。

从中国古代文明思想体系来看，探讨天人关系无疑是天大的事

---

[1] 葛兆光：《导论》，《中国思想史》，第11页。
[2] 班固撰，颜师古注：《司马迁传》，《汉书》卷六十二，中华书局1962年版，第2735页。
[3] 邵雍：《观物篇》，上海古籍出版社1992年版，第53页。
[4] 李锦全：《中国思想史上的"天人关系"问题——兼与刘节先生商榷》，《学术研究》1963年第3期。

情。天人关系理论所反映的问题，说到底乃是人类与自然界的关系问题。它不仅包括人类在宇宙中的地位和作用、人类如何与自然界相处等问题，更重要的是，它同时直接关注人间事务，即，人类事务究竟由谁来做主？在早期的古人看来，天主宰宇宙间的一切，包括人类事务。天不仅是人类的主宰，而且是宇宙万物生存的主宰。人类只能够听命于天。这便是天命。天命观不仅认为天能够直接决定人的生死寿命，而且涉及人间事务和人类事务，比如，朝代的产生与更迭。《诗经》曰："天命玄鸟，降而生商。宅殷土芒芒。古帝命武汤，正域彼四方。……景员维河，殷受命咸宜，百禄是何。"[1]不仅商朝的出现出于天意，而且后来发生的诸多事实也是受命于天。天是人类历史事件的主宰者。

从政治角度来看，人类必定是一个群体的存在。群体存在，至少在政治学和社会学的角度来看，需要一个领袖来组织这个群体。古人称之为君或王。现代人知道君王出自民主选举。中国古人并不采用这一方式。他们相信天意，认为不仅王朝的更迭决定于天，而且谁作君主也由天定。古人将王称为天子。董仲舒曰："故王者有不易者、有再而复者、有三而复者、有四而复者、有五而复者、有九而复者，明此通天地、阴阳、四时、日月、星辰、山川、人伦，德侔天地者称皇帝，天佑而子之，号称天子。故圣王生则称天子，崩迁则存为三王，绌灭则为五帝，下至附庸，绌为九皇，下极其为民，有一谓之三代，故虽绝地，庙位祝牲，犹列于郊号，宗于代宗。"[2]天子即苍天的孩子。君王是苍天的孩子，能够通察天意。由君主所主导的政治活动也是出于天意。由此，人们相信天下政治完全决定于苍天，如"文王受命作周也"[3]。文王对周国的治理完全出自天意。从普通人的生活来看，人的生死祸福完全决定于苍天。"天保定尔，亦孔之固；俾尔单厚，何福不除？俾尔多益，以莫不庶。天保定尔，俾尔戬谷；罄无不宜，受天百禄。降尔遐福，维日不足。天保定尔，以莫不兴；如山如阜，如冈如陵，如川之方至，

---

[1] 郑玄笺，孔颖达等正义：《玄鸟》，《毛诗正义》卷二十，《十三经注疏》（上），上海古籍出版社1997年版，第622—623页。
[2] 苏舆：《三代改制质文》，《春秋繁露义证》卷七，钟哲点校，中华书局1992年版，第200—203页。
[3] 郑玄笺，孔颖达等正义：《文王》，《毛诗正义》卷十六，《十三经注疏》（上），第502页。

以莫不增。"①人的祸福决定于苍天。子夏曰："商闻之矣：'死生有命，富贵在天'。"②死生指生理寿命，而祸福则指人间遭遇。这一切，在儒家看来，完全取决于天。在天命观之下，人类只能够听从苍天的安排，从而丧失了主动性与进取心。后来的人们开始反抗这一思想，最终提出"人者，天地之心"的观念，从而主张人类对宇宙万物的主宰地位。人类与天的关系由早期的从命者转身成为天地的主宰者。人类的命运因此发生了革命性的逆转。

因此，无论是国家大事，还是个人大事，真正的决定权，在早期的人们看来，几乎完全掌握在天的手上。天成为人类的主宰之天。天人关系，由于它关乎主宰权的问题，因此是人间的最大的事情。或者说，天人关系说直接关系到人类的命运，属于大事情、大问题，具有十分重要的地位。而对天人关系的论述常常直接影响到个人的生活、国家的命运与人类的前途。这些大问题经由某些思想家的论述，不仅形成了某些观念，而且因此改变了国家的前途与人类的命运，最终成为影响深远的大事件。它因此成为中国儒家思想史的主题。

五、天人之辨与中国儒家思想的发展

从中国古代学说史来看，从孔夫子到刘宗周，甚至更早或更晚，天人关系说一直都是中国古代思想家们关注的焦点。在中国社会的初期，人们根据自己的认识，逐步形成了最早的天人观。这种天人观，我把它叫作"天主人从"③论。在早期的中国儒家思想家们看来，天地生万物，人类也产生于天。天因此成为包括人在内的万物的祖先或本源。按照中国传统的本源决定存在的思维模式，天因此成为人的主宰者。这便是"天主人从"。其表现形式便是天命观的出现与流行。从现有的甲骨文、金文等材料来看，古人最重要的事情便是祭祀。祭祀的对象主要是三类，即天神、地祇和人鬼。而所谓的地祇和人鬼，其实都与天神相关。人们通常将地祇叫作地

---

① 郑玄笺，孔颖达等正义：《天保》，《毛诗正义》卷九，《十三经注疏》（上），第412页。
② 杨伯峻译注：《颜渊篇》，《论语译注》，中华书局2006年版，第140页。
③ 沈顺福：《天主人从：前孔子时期的天人观及其原因》，《湖南大学学报（社会科学版）》2017年第2期。

神。人鬼之鬼者归也，失去生命力之后的气的形态。这两种气终究归属于天。因此，天依靠神与鬼来管理这个世界。听话的人给予神助，不听话的人派鬼来惩处。古人拜天、拜地、拜先祖等，终究体现了天对人类的主宰性。这应该是人们最初的天人关系观。

从孔子开始（甚至可能更早），一些思想家便开始重新思考天人关系。以孔子为代表的先秦思想家们，一方面依然相信或承认苍天对人类的主宰地位，相信天命，另一方面，他们通过分别天人的方式，力图减少苍天对人间事务的干涉，从而试图将人类事务的主办权和主宰权逐步交还给人类自己。孔子"不语怪、力、乱、神"[1]，即，孔夫子很少谈论鬼神等问题，也很少论及"性与天道"[2]。孔子甚至明确提出："未能事人，焉能事鬼？"[3]事人远比事鬼重要。事鬼即侍奉苍天的"使者"。孟子则提出："天时不如地利，地利不如人和。"[4]信天不如信人。人类的事务最好相信人类自己。而荀子提出"明于天人之分，则可谓至人矣"[5]，自然界的运行有它自己的原理或天道。人类社会运行原理不同于它。人道不同于天道。因此，天人之间要有区别，这便是"天人之分"。既然天人有别，那么，人类的事务似乎和天道无关了。从此，在中国儒家思想史上产生了一种新的天人观。它的出现是一种"轴心突破"[6]，或开启了儒家人文主义的方向。"人一旦被天降生以后，就具有了独立的意义。人要为自己做主，要为自己立法，要证明人的价值和能力，天人相分的意义就在于此。"[7]天人相分的意义在于为人类寻找自己在宇宙中的地位提供了一定的空间。通过分别天人、尽量减少苍天对人事的干预，从而将更多的主动权赋予人类自身。"由主宰之天失落而形成的淡化神论，重人文的思潮，对于先秦天的思想

---

[1] 杨伯峻译注：《述而篇》，《论语译注》，第82页。
[2] 杨伯峻译注：《公冶长篇》，《论语译注》，第52页。
[3] 杨伯峻译注：《先进篇》，《论语译注》，第129页。
[4] 杨伯峻译注：《公孙丑章句下》，《孟子译注》，中华书局2008年版，第64页。
[5] 王先谦：《天论篇》，《荀子集解》卷十一，《诸子集成》（第2册），上海书店1986年版，第205页。
[6] 余英时：《论天人之际：中国古代思想起源试探》，（台湾）联经出版事业股份有限公司2014年版，第10页。
[7] 陈代波：《试论孟子的天人相分思想》，《华侨大学学报（哲学社会科学版）》2004年第2期。

的发展起到了至关重要的作用。"①人类自身与人类文明的地位与作用得到彰显。这便是儒家人文主义的诞生。

到了两汉时期,思想家们相信天人同类。天有仁道,人也有仁道。人类的仁道和天道一样是绝对的:"道之大原出于天。天不变,道亦不变。"②人间的仁义之道因此具有了和天道相类似的性质与地位。天道绝对,仁义之道自然也是永恒而绝对的。这便是汉代儒家对儒家的贡献:它将以儒家仁义之道为代表的人类文明的地位与作用提升到了一个前所未有的高度,即,天、地、人并为三才而挺立于宇宙世界。"三才说的人文主义面向无疑肯定了人与天、地之地位的相同或接近。"③因此,汉儒看似尊天,其实是为了崇人。其中的人不仅指人类,而且更指向人的文化。人类及其所创造的文化也是人类生存的基础性要素。这便是董仲舒的三本说:"何谓本?曰:天地人,万物之本也,天生之,地养之,人成之;天生之以孝悌,地养之以衣食,人成之以礼乐,三者相为手足,合以成体,不可一无也。"④三本说将儒家人文主义思潮推向一个新高度。

从魏晋时期开始,天人观产生了革命性变化,即,人们开始形成了万物一体的观念。阮籍曰:"天地合其德,日月顺其光,自然一体,则万物经其常,入谓之幽,出谓之章,一气盛衰,变化而不伤。是以重阴雷电,非异出也;天地日月,非殊物也。故曰:自其异者视之,则肝胆楚越也;自其同者视之,则万物一体也。"⑤大千世界的万物看似纷繁复杂而各不相同,如日月星辰、山川草木、风雷水火等各司其职、各在其位,其实它们却能够合为一个存在体,此即"万物一体"。至此,天人一体或万物一体观便正式产生。在万物一体视域下,传统的天生万物说便发生了转变。天生万物的他生说便转成自己生自己的自生说:"万物皆造于尔。"⑥万物自生说因此而产生。在万物一体体系中,人与天的关系便不再是过去的主从关系了。它们转变为手足兄弟的关系。

---

① 杨泽波:《牟宗三超越存有论驳议——从先秦天论的发展轨迹看牟宗三超越存有论的缺陷》,《文史哲》2004年第5期。
② 班固撰,颜师古注:《董仲舒传》,《汉书》卷五十六,第2518—2519页。
③ 陈来:《儒学论"人"》,《哲学动态》2016年第4期。
④ 苏舆:《立元神》,《春秋繁露义证》卷六,钟哲点校,第168页。
⑤ 阮籍:《达庄论》,《阮籍集校注》,陈伯君校注,中华书局2012年版,第139页。
⑥ 郭象:《达生》,《庄子注》卷六,《二十二子》,上海古籍出版社1986年版,第54页。

到了宋明时期,"万物一体的命题……又几乎为理学家所普遍认同"①。如张载曰:"造化所成,无一物相肖者,以是知万物虽多,其实一物。无无阴阳者,以是知天地变化,二端而已。"②世上万物繁多,却最终统一于一物。这便是万物一体说或天人一体论。二程亦明确指出:"天人本无二,不必言合。"③天地万物与人类之间本无分离,二者本来便是一体的。这便是天人一体。胡宏曰:"合以义,正合也,理不得不合也。不得不合而合,天与人一矣。合不以义,苟合也,君子不为也。"④天人合一。所谓天人合一,即包括苍天在内的万物与我合为一体。朱熹继承了张载和二程的天人观:"天便脱模是一个大底人,人便是一个小底天。"⑤天地万物如同一个人。天人是一个整体的生命存在。王阳明提出:"仁者以万物为体:不能一体,只是己私未忘。"⑥仁者以万物为一体。或者说,在儒者看来,天下万物是一体的。一体便是贯通。贯通便是仁。在仁学视域下,万物贯通一体。既然贯通一体,人与人之间便如同手足而自然亲爱。

理学家的贡献不在于万物一体说,而在于重新确定了宇宙万物的主宰者。理学家相信宇宙万物合为一个生命体。对于生命体来说,本源是其基础,更是其决定者。这个决定者,宋明理学家们称之为"天地之心"⑦。从本源决定论来看,天地之心便是宇宙的决定者。在儒家看来,这个作为决定者的"天地之心"的活动便是"仁":"仁、义、礼、智,皆天所与之良贵。而仁者天地生物之心,得之最先,而兼统四者,所谓元者善之长也,故曰尊爵。在人则为本心全体之德,有天理自然之安,无人欲陷溺之危。"⑧仁或仁义礼智等便是天地之心的活动。而仁便是人道、是人。因此,以

---

① 杨国荣:《仁道的重建与超越——理学对天人关系的考察及其内蕴》,《江苏社会科学》1993年第5期。
② 张载:《太和篇》,《正蒙》,《张载集》,章锡琛点校,中华书局1978年版,第10页。
③ 程颢、程颐:《二先生语六》,《二程集》,王孝鱼点校,中华书局2004年版,第81页。
④ 胡宏:《义理》,《胡宏集》,吴仁华点校,中华书局1987年版,第29页。
⑤ 黎靖德编:《尽其心者章》,《朱子语类》卷六十,王星贤点校,中华书局1986年版,第1426页。
⑥ 王守仁:《传习录下》,《王阳明全集》卷三,吴光等编校,上海古籍出版社1992年版,第110页。
⑦ 关于"天地之心"的起源及其内涵的演变史,参阅沈顺福:《"天地之心"释义》,《中原文化研究》2016年第4期。
⑧ 朱熹:《公孙丑章句上》,《孟子集注》卷三,《四书五经》(上),宋元人注,天津市古籍书店1988年版,第25页。

仁为心其实便是以人为主。朱熹曰:"教化皆是人做,此所谓'人者天地之心也'。"①人类及其人文活动比如教化便是天地万物生存的主宰。王阳明提出:"夫人者,天地之心。天地万物,本吾一体者也。"②万物一体,人便是这个生物体的主宰("心")。传统的天命观认为苍天主管人类。现在,即便是苍天也必须接受天理或良知的安排。天理或良知正在人的心中。至此,人类借助于其心中的良知而翻身成为宇宙的主宰,并最终实现了"以人统天"③的理想。在长达数千年的天人争权中,人类终于掌握了话语权,不仅成为自身的主宰,而且成为宇宙的主宰,从而确立了人类在宇宙中的主导性或主体性地位。此时的人不仅是自然人类,而且包括人文文化。人类正是借助于对抽象天理的追求等人文活动,最终成为宇宙的主宰者。

六、结语:儒家人文精神的形成

从重要性与继承性来看,天人关系当之无愧地成为中国儒家思想史的主题。天人关系史,表面上体现了人类与天地自然之间的关系史,其实反映了人类对自己的认识。在最初阶段,人们不太相信自己,以为在自己之外还有一种力量主宰着人间事务。从孔子时起,人类逐步自信,逐步相信人类的事务应该交由人类自己来解决。到了宋明时期,人们甚至提出"人者,天地之心"的观点,以为人类才是宇宙世界的主宰。这一命题是孔子思想发展的必然结论。或者说,这便是孔子及其所代表的儒家学说的最终归宿。这一学说的最大贡献是突出了人类主体性,即,在人类与其他种类的关系中,人类具有主导性、主宰性和决定权。人类不但能够决定自己的命运,而且能够决定宇宙万物的生存。或者说,在宇宙中,只有人类才是真正的主宰者,这便是人类主体性。人类主体性区别于以个人自由意志为核心的个体主体性。对后一个主题即个体主体性等,传统儒家选择了无视。传统儒家的重心放在人类的命运上。人

---

① 黎靖德编:《礼运》,《朱子语类》卷八十七,王星贤点校,第2243页。
② 王守仁:《传习录中》,《王阳明全集》卷二,吴光等编校,第79页。
③ 张学智:《论王阳明思想的逻辑展开》,《北京大学学报(哲学社会科学版)》1989年第4期。

类主体性便是人类存在的起点。儒家思想史便是一部人类主体性得以产生、弘扬与彰显的思想史。我们把这一思潮叫作儒家人文精神。儒家人文精神的最大贡献在于突出了人类主体性并因此而区别于西方文化传统。同时，当西方人面对人与上帝的关系时，突出人类主体性的儒家人文精神完全可能对西方人思考人神关系产生一定的影响，并由此而促生现代文明。或者说，西方文明中的人类主体性意识，可能与中国传统思想中的人类主体性思想有着莫大的关联。当西方人接触中国文化时，他们最惊讶的便是天人关系。"早期中国的基督教创始人利玛窦，允许人们用两个汉语即'上帝'和'天'来表达耶和华的'上帝'。但是他自己却用'天主'一词。后来的传教士们对这种翻译有些不同的意见，认为这些汉语有其自身的内涵，且这些内涵明显与基督教的神概念不一致。不过，这些后来的传教士也逐渐接受了利玛窦的用法，即将天主一词当作天主教神概念的官方术语。"[1]中国的天人关系类似于西方人最关心的神人关系。中国人的天人观应该对西方人思考神人关系有些启发。这可能是以儒家人文精神为代表的中国古代思想对世界思想的重要贡献。

---

[1] Daniel J.Cook and Henry Rosemont Jr., *Introduction*, Gottfried Wilhelm Leibniz, *Writings on China* (Illinois: Open Court Publishing Company, 1994), 3.

第二章　圣学即心学：儒家哲学史的心学进程[①]

哲学追问本源。本源分为两类，即生存本源和存在本原。所谓生存本源，它指事物生存的源头，如同火之苗、水之源。所谓存在本源或本原，指思辨性本原或终极性本原。在一般人眼中，本源便是本原。但是在哲学家们看来，本源之中，还有一个终极性本原。它是本源成为本源的最终根据，具有超越性。因此，本源分为两类，即，经验性生存本源和终极性存在本原。其中，经验性本源是可知的，而终极性本原则是超越的，只能够通过思辨的方式而明白。对这种终极性存在的思考与求索便是哲学的真正使命。

本源即源头。对于人类生存而言，人的生存本源便是心。心的本义是心脏（heart）。《说文解字》曰："心，人心也。土藏。在身之中，象形。"[②]心指心脏，简称心。它是人体的一种器官，和"肝、脾、肺、肾"等合为"五藏"[③]。人的心脏，在中国传统生存论看来，是人类生存之本。首先，心脏为生命体的延续提供动力。故，心是生存之本。其次，人的生存不仅仅是生命体的延续，同时还是行为或活动。此时的生存表现为人的行为。人的行为也以心为本。故《大学》指出："古之欲明明德于天下者，先治其国。欲治其国者，先齐其家，欲齐其家者，先修其身。欲修其身者，先正其心。欲正其心者，先诚其意。欲诚其意者，先致其知。致知在格物。"[④]成人的关键在于修身，即，修身是本。修身的中心在于"正心"。因此，心是人类行为的源头，也是行为的主宰者。合而言之，心是人的生存之本源。作为本源的心自然成为中国传统儒家哲学思考的中心主题。儒家哲学史可以说是一部追问本源之心的历史。儒家哲学史便是一部心学史。故古人云："圣人之学，心学

[①] 曾刊发于《孔学堂》2022年第1期。
[②] 许慎：《说文解字》，天津市古籍书店1991年版，第217页。
[③] 参见王冰注：《金匮真言论》，《补注黄帝内经素问》卷一，《二十二子》，上海古籍出版社1986年版，第879页。
[④] 郑玄注，孔颖达等正义：《大学》，《礼记正义》卷六十，《十三经注疏》（下），上海古籍出版社1997年版，第1673页。

也。"①此言不虚。在追问本源之心的内涵进程中,传统儒家经历了两个显著不同的阶段,即,从经验性本源向超越性本原的演变过程。也正是这种转折,标志着中国传统儒家哲学从经验的人生观与宇宙观向思辨的形而上学的转变。两者合起来,构成了完整的中国传统儒家心学史。

一、以性释心:先秦儒家心学及其初次转向

儒学开始于孔子。从孔子起,儒家便已经开始关注心灵问题。孔子曰:"七十而从心所欲,不逾矩。"②一方面,孔子希望能够顺心而纵欲、尊重自身的需求,另一方面,他又时时不忘规矩与社会秩序。事实上,在动乱的时代,孔子更强调了规矩与原则对人心的约束:"回也,其心三月不违仁,其余则日月至焉而已矣。"③心要时时以仁、义、礼为标准、遵从仁义之道,以礼持心。虽然孔子已经开始思考心灵问题,但是,此时的认识却相对简单。朱熹评论曰:"凡此等皆心所为,但不必更着'心'字。所以夫子不言心,但只说在里,教人做。如吃饭须是口,写字须是手,更不用说口吃手写。"④虽然孔子已经有了心的观念,但是并没有直接讲心("不言心")。《礼记·大学》已经意识到了心灵在人类生存中的重要作用和基础性地位,并说出了"一个当然"⑤。《大学》曰:"物有本末,事有终始。知所先后,则近道矣。"⑥做事都有一个先后与本末。对于儒者来说:"古之欲明明德于天下者,先治其国。欲治其国者,先齐其家,欲齐其家者,先修其身。欲修其身者,先正其心。欲正其心者,先诚其意。欲诚其意者,先致其知。致知在格物。"⑦身修才能够成就天下大事。故"自天子以至于庶人,壹是皆

---

① 王守仁:《象山文集序》,《王阳明全集》卷七,吴光等编校,上海古籍出版社1992年版,第245页。
② 杨伯峻译注:《为政篇》,《论语译注》,中华书局2006年版,第13页。
③ 杨伯峻译注:《雍也篇》,《论语译注》,第64页。
④ 朱熹:《张子之书二》,《朱子全书》(第17册),朱杰人、严佐之、刘永翔主编,上海古籍出版社2010年版,第3338页。
⑤ 牟宗三:《心体与性体》(上),上海古籍出版社1999年版,第15页。
⑥ 郑玄注,孔颖达等正义:《大学》,《礼记正义》卷六十,《十三经注疏》(下),第1673页。
⑦ 郑玄注,孔颖达等正义:《大学》,《礼记正义》卷六十,《十三经注疏》(下),第1673页。

以修身为本"①。修身最重要。而修身的主要内容便是诚意和正心。心正才能身修。"所谓修身在正其心者，身有所忿懥，则不得其正，有所恐惧，则不得其正，有所好乐，则不得其正，有所忧患，则不得其正。心不在焉，视而不见，听而不闻，食而不知其味。此谓修身在正其心。"②修身便是正心。心思合理，行为才能合法而可行。正确的心灵是合理与合法行为的基础。心是人类行为的基础性要素。心是本源。

这种本源之心，在孟子那里叫做性。孟子认为人天生有气质之心。这种天生之心，孟子从道德的角度对天生的气质人心进行了定性，即，分为善恶两类：一类是善良的本心，另一类是不好的利欲之心。孟子曰："人皆有不忍人之心。先王有不忍人之心，斯有不忍人之政矣。以不忍人之心，行不忍人之政，治天下可运之掌上。所以谓人皆有不忍人之心者，今人乍见孺子将入于井，皆有怵惕恻隐之心——非所以内交于孺子之父母也，非所以要誉于乡党朋友也，非恶其声而然也。"③人天生具有仁心，即，"仁，人心也；义，人路也。"④这种仁心，又叫恻隐之心、是非之心等四端。这种四端之心，孟子将其视为合理行为的基础："恻隐之心，仁之端也；羞恶之心，义之端也；辞让之心，礼之端也；是非之心，智之端也。人之有是四端也，犹其有四体也。有是四端而自谓不能者，自贼者也；谓其君不能者，贼其君者也。凡有四端于我者，知皆扩而充之矣，若火之始然，泉之始达。苟能充之，足以保四海；苟不充之，不足以事父母。"⑤四端之心是人类生存的根据或起点，更是人们合理或正确行为的基础。这个基础便是本。孟子又指出："无恻隐之心，非人也；无羞恶之心，非人也；无辞让之心，非人也；无是非之心，非人也。恻隐之心，仁之端也；羞恶之心，义之端也；辞让之心，礼之端也；是非之心，智之端也。"⑥作为本源或基础的恻隐之心等是人之所以为人并区别于别物的根据。这种天

---

① 郑玄注，孔颖达等正义：《大学》，《礼记正义》卷六十，《十三经注疏》（下），第1673页。
② 郑玄注，孔颖达等正义：《大学》，《礼记正义》卷六十，《十三经注疏》（下），第1674页。
③ 杨伯峻译注：《公孙丑章句上》，《孟子译注》，中华书局2008年版，第59页。
④ 杨伯峻译注：《告子章句上》，《孟子译注》，第206页。
⑤ 杨伯峻译注：《公孙丑章句上》，《孟子译注》，第59页。
⑥ 杨伯峻译注：《公孙丑章句上》，《孟子译注》，第59页。

生固有的、区别人与其他动物的本源性存在，便是孟子所说的性。生存，在孟子看来，无非是"尽其心者，知其性也。知其性，则知天矣。存其心，养其性，所以事天也。夭寿不贰，修身以俟之，所以立命也"①。尽心即尽性。成人便是成性，成性，不仅能够成圣贤，而且足够明智。性不仅是生存的基础，而且也是智慧的根基。孟子的人性论，说到底，也是一种人心论。心本论转变为性本论。或者说，性本论是心本论的一种演变形态。唐君毅称孟子"即心言性"②，毋宁说是孟子以性释心。心本论向性本论的转向标志着心学向性学的转向。心学向性学的转向，从哲学人类学的角度来说，具有里程碑式的意义。由此，儒家开始借用人性概念来思考人的本质等问题。这便是孟子的人禽之辨。关于人的本质问题的思考由此提上了议事日程。

荀子也以性释心。荀子将气质人心分为两类，一类是善心，另一类是利心。荀子并不否定人生来有善心，且在一定程度上肯定它的作用。但是，荀子很少主动讨论它。荀子更关注利欲之心。荀子曰："故人之情，口好味，而臭味莫美焉；耳好声而声乐莫大焉；目好色而文章致繁，妇女莫众焉；形体好佚，而安重闲静莫愉焉；心好利，而谷禄莫厚焉。"③人人都有好利之心。这种利欲之心，"心如虎狼，行如禽兽，而又恶人之贼己也"④。利心甚至可以发展为虎狼之心，从而祸害人类。这种能够为害的心，因其是天然的禀赋，故而荀子将其定义为性："生之所以然者谓之性；性之和所生，精合感应，不事而自然谓之性。性之好、恶、喜、怒、哀、乐谓之情。"⑤性即天性。它的活动形态便是情和欲等。荀子曰："今人之性，生而有好利焉，顺是，故争夺生而辞让亡焉；生而有疾恶焉，顺是，故残贼生而忠信亡焉；生而有耳目之欲，有好声色焉，顺是，故淫乱生而礼义文理亡焉。"⑥好利之心常常带来灾难，因此是坏的。这便是性恶论。性恶论其实也是心恶论。荀子认为，性恶

---

① 杨伯峻译注：《尽心章句上》，《孟子译注》，第233页。
② 唐君毅：《中国哲学原论·原性篇》，中国社会科学出版社2005年版，第15页。
③ 王先谦：《王霸篇》，《荀子集解》卷七，《诸子集成》（第2册），上海书店1986年版，第141页。
④ 王先谦：《修身篇》，《荀子集解》卷一，《诸子集成》（第2册），第12—13页。
⑤ 王先谦：《正名篇》，《荀子集解》卷十六，《诸子集成》（第2册），第274页。
⑥ 王先谦：《性恶篇》，《荀子集解》卷十七，《诸子集成》（第2册），第289页。

或心恶是人类不良行为的本源，这依然是一种心本论。目前的学术界常常将心和性分开，提出所谓的心善性恶论等，这些观点并不准确。在荀子这里，心和性具有部分一致性，天生的坏心便是人性，性也是心的一部分。

和孟子不同的是，荀子更倡导一种积极有为的人生哲学。这种积极有为的人生观的核心便是有为心；有为心的主要表现便是思维。荀子将心比作天君，用以主导人类的心灵活动或思维活动。荀子曰："心者，形之君也，而神明之主也，出令而无所受令。自禁也，自使也，自夺也，自取也，自行也，自止也。故口可劫而使墨云，形可劫而使诎申，心不可劫而使易意，是之则受，非之则辞。"[①]能够思考的心灵，如果没有约束，常常自行其是，以至于带来危险和风险。因此，心并不好，或曰心是坏的。对自由思考的心灵的定位，其实属于性恶论的一部分：情欲与心等都是不可靠的人性。因此，尽管荀子重视认识、重视心灵的思维作用，但是，事实上，荀子并不相信心的思维功能的合法性或合道德性。或者说，对于天然的心的活动，荀子并不放心。因此，荀子提出一种心灵之术，即，以道来规范人心。教化因此成为必然和必须。

从上述分析来看，孟子、荀子、《大学》等先秦时期的哲学家或文献逐渐开始关注心的活动，并试图从哲学的角度揭示心的性质、作用等。心被理解为人类生存的起点或本源，它具有两个向度，即正确行为的本源以及错误活动的本源。前者为善心，后者为恶心。善心或恶心，孟荀分别称之为性。孟子以善心、善性为正确生存的根基，而荀子以恶性、恶心为错误活动的本源。这便是以性释心。其中，心与性不是分别之物，而是部分重叠。在孟子那里，成人便是成德性，成德性便是尽善心；在荀子那里，修身便是化恶性，化恶性便是改造坏心。与此同时，人心的思维功能也开始显露。在这个时期，人心在人类生存与实践中的基础性地位逐步得到揭示，心学逐渐转向性学或人性论。人性论或与之相关的讨论直接引导出人的本质观念。

[①] 王先谦：《解蔽篇》，《荀子集解》卷二十一，《诸子集成》（第2册），第265页。

二、偏重有为心与汉代儒家心学

什么是人？人的本质是什么？"人"字的基础内涵是作为一种动物的生物体。由人的行为而产生"人"字的第二个内涵：人为或人文。人的活动是人类的有意行为。这种有意行为的基础便是有为心。有为心首先还是气质人心。这种气质人心，对于人类而言，其首要功能便是生存。董仲舒曰："故君子道至，气则华而上，凡气从心，心，气之君也，何为而气不随也。是以天下之道者，皆言内心其本也。故仁人之所以多寿者，外无贪而内清净，心和平而不失中正，取天地之美，以养其身，是其且多且治。"①心是生存之本，这便是心的生存功能。它的主要职能便是延续生命，养心便是养身与长寿的主要手段。从传统儒家的生存哲学来看，生命在于气。"故养生之大者，乃在爱气。气从神而成，神从意而出。心之所之谓意。意劳者神扰，神扰者气少，气少者难久矣。故君子闲欲止恶，以平意，平意以静神，静神以养气，气多而治，则养身之大者得矣。"②养生便是养心、养气、养精神。精神或人心是生命的核心。养心便能够长生。

人的生存不仅是生命的延续，而且表现为各种社会性行为。这种行为尤其是正确行为的基础便是有为心。董仲舒将这种作为本源的有为心叫做性。董仲舒曰："性有善端，动之爱父母，善于禽兽，则谓之善，此孟子之善。循三纲五纪，通八端之理，忠信而博爱，敦厚而好礼，乃可谓善，此圣人之善也。……质于禽兽之性，则万民之性善矣；质于人道之善，则民性弗及也。万民之性善于禽兽者许之，圣人之所谓善者弗许。"③董仲舒提出人性有善端。这其中至少包含两层内涵。其一，善良行为的基础是人性。这便是性有善端。其二，人性不仅有善端，而且还有恶端。人性是善恶混杂之物，其中的善端便是仁心。董仲舒曰："栣众恶于内，弗使得发于外者，心也。故心之为名栣也，人之受气苟无恶者，心何栣哉？吾以心之名，得人之诚。人之诚，有贪有仁。仁贪之气，两在于身。

---

① 苏舆：《循天之道》，《春秋繁露义证》卷十六，钟哲点校，中华书局1992年版，第448—449页。
② 苏舆：《循天之道》，《春秋繁露义证》卷十六，钟哲点校，第452页。
③ 苏舆：《深察名号》，《春秋繁露义证》卷十，钟哲点校，第303—304页。

身之名，取诸天。天两有阴阳之施，身亦两有贪仁之性。天有阴阳禁，身有情欲栣，与天道一也。"①心如栣，能够让人们扬善气而抑制恶气。据此，董仲舒高度肯定了心在生存中的积极作用，心因此获得了肯定。董仲舒曰："天之生人也，使人生义与利，利以养其体，义以养其心，心不得义不能乐，体不得利不能安，义者心之养也，利者体之养也，体莫贵于心，故养莫重于义，义之养生人大于利。"②只有义才能够和心相匹配。心的活动能够带来仁义。仁义的本源便是仁心。"何谓仁？仁者憯怛爱人，谨翕不争，好恶敦伦，无伤恶之心，无隐忌之志，无嫉妒之气，无感愁之欲，无险诐之事，无辟违之行，故其心舒，其志平，其气和，其欲节，其事易，其行道，故能平易和理而无争也，如此者，谓之仁。"③仁便是善心或仁心的扩充与完善。董仲舒曰："仁，天心。"④这并非说仁即天心，而是说仁产生于天心。天心的活动结果便是仁，心是仁的本源。这种仁心说可以说是孟子人性论的继承与发展。

人心不仅是道德仁义之本，而且是认知思维之本。这便是人心的另一个功能即认知或思维。董仲舒曰："乍哀乍乐，副阴阳也；心有计虑，副度数也；行有伦理，副天地也。此皆暗肤著身，与人俱生，比而偶之弇合，于其可数也。"⑤董仲舒意识到心具有思维功能。和以往儒家相比，董仲舒更重视智的作用："何谓之智？先言而后当，凡人欲舍行为，皆以其智先规而后为之，其规是者……智者，见祸福远，其知利害蚤，物动而知其化，事兴而知其归，见始而知其终，言之而无敢哗，立之而不可废，取之而不可舍，前后不相悖，终始有类，思之而有复，及之而不可厌。"⑥这里的智类似于今天所说的理智与智慧。重视理性必然重视心灵的理性作用。对理智心的重视，反映了董仲舒积极有为的人生观或人生态度。以理智为形态的有为心追求智慧。这种生存与智慧的结合，便是神、圣。扬雄曰："或问'神'。曰：'心。''请问之'。曰：'潜天而

---

① 苏舆：《深察名号》，《春秋繁露义证》卷十，钟哲点校，第293—296页。
② 苏舆：《身之养重于义》，《春秋繁露义证》卷九，钟哲点校，第263页。
③ 苏舆：《必仁且智》，《春秋繁露义证》卷八，钟哲点校，第258页。
④ 苏舆：《俞序》，《春秋繁露义证》卷六，钟哲点校，第161页。
⑤ 苏舆：《人副天数》，《春秋繁露义证》卷十三，钟哲点校，第357页。
⑥ 苏舆：《必仁且智》，《春秋繁露义证》卷八，钟哲点校，第258—259页。

天,潜地而地。天地,神明而不测者也。心之潜也,犹将测之,况于人乎?况于事伦乎?'敢问潜心于圣。'曰:'昔乎,仲尼潜心于文王矣,达之;颜渊亦潜心于仲尼矣,未达一间耳。神在所潜而已矣。'天神天明,照知四方。天精天粹,万物作类。人心其神矣夫?操则存,舍则亡。能常操而存者,其惟圣人乎?圣人存神索至,成天下之大顺,致天下之大利,和同天人之际,使之无间也。"①圣人存神。存神即是尽心。尽心者不仅能够长寿而神,而且能够无所不能而神。心是因,圣是果。操心而成圣,舍之而无成。这里的心类似于孟子的性。它不仅是生存的基础,而且是智慧的源头。汉儒更重视理智心或有为心。

三、无心之心与魏晋玄学心学

人类有为心的最突出表现便是理智活动。理智活动体现于人的日常生活与实践中,如国家治理等。王弼曰:"智,犹治也,以智而治国,所以谓之贼者,故谓之智也。民之难治,以其多智也,当务塞兑闭门,令无知无欲,而以智术动民。邪心既动,复以巧术防民之伪,民知其术,防随而避之,思惟密巧,奸伪益滋,故曰,以智治国,国之贼也。"②智即治,有意的行为。它以心思缜密的方式、借助于制度而治国,属于典型的理性活动。王弼曰:"心怀智而腹怀食,虚有智而实无知也。"③"心怀智"即心灵刻意思考。人类的思考活动常常体现了人的个性化的想法与欲求。郭象曰:"彼我之心,竞为先识,无复任性也。"④彼我之心即认知心。郭象将这种认知心叫作"心术":"耳目,外也;心术,内也。"⑤内在之心指导人的感觉与活动。郭象进一步指出:"夫心之足以制一身之用者,谓之成心。……人自师其成心,则人各自有师矣。人各自有师,故付之而自当。"⑥人人都有"成心"。所谓"成心"即已有之心,它主要指那种自己认可的、成为行为的指南的是非之心,它

---

① 汪荣宝:《问神卷》,《法言义疏》,陈仲夫点校,中华书局1987年版,第137—141页。
② 王弼:《老子道德经注》,《王弼集校释》,楼宇烈校释,中华书局1980年版,第168页。
③ 王弼:《老子道德经注》,《王弼集校释》,楼宇烈校释,第8页。
④ 郭象注:《缮性》,《庄子注》卷六,《二十二子》,上海古籍出版社1986年版,第49页。
⑤ 郭象注:《庚桑楚》,《庄子注》卷八,《二十二子》,第64页。
⑥ 郭象注:《齐物论》,《庄子注》卷一,《二十二子》,第16页。

又叫"师心"。按照现代人类学的观点，理性的人类总是在理性指导下生存。这种生存便是"师其成心"。郭象曰："任其自然，天也；有心为之，人也。"①有心之举便是故意地、人为活动，简称人。从一定程度上来说，这种定义揭示了人类的某些基本性质——人类的生存并非自然的生生不息，而是一种积极有为的生存。不过，郭象却曰："有为而致恶者乃是人。"②故意而有为的行为未必是好事。

这种积极有为之心或思虑之心，在玄学家那里，并没有获得认可或肯定。王弼曰："夫在智则人与之讼，在力则人与之争，智不出于人而立乎讼地，则穷矣。力不出于人而立乎争地，则危矣。"③智力常常带来纷争、带来危险。"前识者，前人而识也，即下德之伦也。竭其聪明以为前识，役其智力以营庶事，虽德其情，奸巧弥密，虽丰其誉，愈丧笃实。劳而事昏，务而治薉，虽竭圣智而民愈害。"④各种主观的理性活动，哪怕是圣人之智，都有害。因此，王弼主张放弃主观理性的活动，这便是无心。嵇康以养生为标准，认为人为的、理性的活动有害于养生。嵇康曰："所以贵智而尚动者，以其能益生而厚身也。然欲动则悔吝生，智行则前识立；前识立则志开而物遂，悔吝生则患积而身危。二者不藏之于内而接于外，祇足以灾身，非所以厚生也。夫嗜欲虽出于人，而非道〔德〕之正。犹木之有蝎，虽木之所生，而非木之宜也。故蝎盛则木朽，欲胜则身枯。"⑤崇尚理智、过分追求并不是厚生之道，而是灾身之源。阮籍曰："是以作智造巧者害于物，明是考非者危其身，修饰以显洁者惑于生，畏死而崇生者失其贞。"⑥刻意的人为之道和自然之理常常是相悖的。最好的方式是无善无恶，放弃理智与是非判断。郭象曰："夫心以用伤，则养心者，其唯不用心乎！"⑦用心而伤心，最好的养生方法是不用心。这便是无心、去心："有心则累

---

① 郭象注：《庚桑楚》，《庄子注》卷八，《二十二子》，第66页。
② 郭象注：《庚桑楚》，《庄子注》卷八，《二十二子》，第65页。
③ 王弼：《老子道德经注》，《王弼集校释》，楼宇烈校释，第130页。
④ 王弼：《老子道德经注》，《王弼集校释》，楼宇烈校释，第94—95页。
⑤ 夏明钊译注：《答难养生论》，《嵇康集译注》，黑龙江人民出版社1987年版，第58页。
⑥ 阮籍：《达庄论》，《阮籍集校注》，陈伯君校注，中华书局2012年版，第146页。
⑦ 郭象注：《在宥》，《庄子注》卷四，《二十二子》，第39页。

其自然，故当剖而去之。"①有意做某事不仅是用心，更是累心、伤心。在郭象看来，这些活动或心术，"夫全形抱生，莫若忘其心术，遗其耳目。"②故，郭象主张无心："夫圣人之心，极两仪之至会，穷万物之妙数。故能体化合变。无往不可，旁礴万物，无物不然。世以乱故求我，我无心也。我苟无心，亦何为不应世哉！"③无心便可以无拘泥。"无心故至顺，至顺故能无所将迎而义冠于将迎也。"④无心即无主观刻意，顺其自然。无心即游心："然遗天下者，固天下之所宗。天下虽宗尧，而尧未尝有天下也，故宕然丧之，而尝游心于绝冥之境，虽寄坐万物之上，而未始不逍遥也。"⑤所谓"游心"中的"心"，与其说是思维之心，毋宁说是生存之心或性。游心即随心或顺性。郭象曰："直无心而恣其自化耳，非将迎而靡顺之。"⑥无心即任由自然，而非刻意去做。刻意便是"迎"："不将不迎，则足而止。"⑦放弃刻意便是无心。无心即任性："言夫无心而任化，乃群圣之所游处。"⑧无心而任自然便可以成圣。

玄学家们倡导无心，并非说不要心，而是主张一种无心之心，即没有思虑的自然心。这种自然心或生存心便是人性。王弼曰："若以情近性，故云性其情。情近性者，何妨是有欲。若逐欲迁，故云远也。若欲而不迁，故曰近。但近性者，正而即性，非正虽即性非正，而能使之正。譬如近火者热，而即火非热，虽即火非热，而能使之热。能使之热者何气也？热也。能使之正者何仪也？静也。"⑨不失真的活动发自于性。这种人性的活动，体现了人类行为的自然性或必然性。这便是"性其情"，即一切行为与活动皆顺从自然之性。在嵇康看来，人性是人类行为的根本。嵇康曰："夫人之相知，贵识其天性，因而济之。"⑩知性便可以知人。对于生

---
① 郭象注：《天地》，《庄子注》卷五，《二十二子》，第40页。
② 郭象注：《庚桑楚》，《庄子注》卷八，《二十二子》，第64页。
③ 郭象注：《逍遥游》，《庄子注》卷一，《二十二子》，第14页。
④ 郭象注：《知北游》，《庄子注》卷七，《二十二子》，第63页。
⑤ 郭象注：《逍遥游》，《庄子注》卷一，《二十二子》，第14—15页。
⑥ 郭象注：《知北游》，《庄子注》卷七，《二十二子》，第63页。
⑦ 郭象注：《知北游》，《庄子注》卷七，《二十二子》，第63页。
⑧ 郭象注：《知北游》，《庄子注》卷七，《二十二子》，第63页。
⑨ 王弼：《论语释疑·阳货》，《王弼集校释》，楼宇烈校释，第631—632页。
⑩ 夏明钊译注：《与山巨源绝交书》，《嵇康集译注》，第275页。

存而言，性是基础。嵇康曰："故君子百行，殊涂而同致。循性而动，各附所安。"①循性而动，便能够安心或安身。郭象曰："初，谓性命之本。"②初即性，为生存之本源。既然性本身便是本源，任性便是一种必然。任自然即顺天性。郭象曰："夫使耳目闭而自然得者，心知之用外矣。"③"自然得"即获得固有之性，又叫"真德"："夫真德者，忽然自得而不知所以德〔得〕也。"④顺性自然而获得之德才是"真德"。"真德"即全性。所谓全性即是率性："率性而动，动不过分，天下之至易者也；举其自举，载其自载，天下之至轻者也。"⑤率性而为便能全性、成性。全性、成性又叫率性。郭象将这种全性真德又叫做"率心"："率心为德，犹之可耳；役心于眉睫之间，则伪已甚矣。"⑥率心其实就是率性：任由自然之心或自然本性。自然人心即自然本性。心即性。

性是气质之物，顺性便是尽性命。这种尽性命不仅有道德内涵，更有自然内涵，其自然价值便体现于长生中。长生是魏晋时期的玄学家们最关注的话题之一。在王弼这里，重生存心而轻有为心的真正原因在于养神。王弼曰："故将得道，莫若守朴。夫智者，可以能臣也；勇者，可以武使也；巧者，可以事役也；力者，可以重任也。朴之为物，愦然不偏，近于无有，故曰'莫能臣'也。抱朴无为，不以物累其真，不以欲害其神，则物自宾而道自得也。"⑦以无心为心，便能够不害其神。所谓不害其神，其目的便是养神而长生。生存是第一位的。嵇康曰："夫神仙虽不目见，然记籍所载，前史所传，较而论之，其有必矣。似特受异气，禀之自然，非积学所能致也。至于导养得理，以尽性命，上获千余岁，下可数百年，可有之耳。"⑧尽性命可以长寿。嵇康曰："是以君子知形恃神以立，神须形以存。悟生理之易失，知一过之害生。故修性以保神，安心以全身。爱憎不栖于情，忧喜不留于意。泊然无感，而体

---

① 夏明钊译注：《与山巨源绝交书》，《嵇康集译注》，第271页。
② 郭象注：《缮性》，《庄子注》卷六，《二十二子》，第49页。
③ 郭象注：《人世间》，《庄子注》卷二，《二十二子》，第22页。
④ 郭象注：《列御寇》，《庄子注》卷十，《二十二子》，第83页。
⑤ 郭象注：《人世间》，《庄子注》卷二，《二十二子》，第24页。
⑥ 郭象注：《列御寇》，《庄子注》卷十，《二十二子》，第83—84页。
⑦ 王弼：《老子道德经注》，《王弼集校释》，楼宇烈校释，第81页。
⑧ 夏明钊译注：《养生论》，《嵇康集译注》，第45页。

气和平，又呼吸吐纳，服食养身；使形神相亲，表里俱济也。"[1]长生便是保神，保神便是修性，尽性命而长生。郭象主张通过无心而全神。郭象曰："夫神全心具，则体与物冥。"[2]神全心具，与万物相冥合。圣人之心与万物合为一体。这便是郭象所追求的生存状态。这种融合，从天人观的角度来说，便是万物一体。万物一体也是一种尽性命：享尽自然之禀赋。这便是寿命或受命。享尽寿命者便是长生之人。

四、天地之心：早期理学家的心灵哲学

魏晋万物一体观的产生，从思想史的角度来看，无疑是一场革命。人类和天地之间，由早期的天主人从的关系转变为手足同胞关系，人类取得了与天地相平等的地位。那么，究竟谁来主导或主宰这个一体之物的生存呢？这便是摆在宋明理学家面前的时代问题。为了回答这个问题，早期理学家们找到了一个传统术语——"天地之心"[3]。"天地之心"，字面意思指天地宇宙的心脏。这个心脏不仅是宇宙生存的源头，同时也是它的主宰者。因此，探讨"天地之心"逐渐成为理学家们最重要的任务。

最初，人们依然按照传统思路来追问宇宙本源或"天地之心"。邵雍曰："元有二，有生天地之始者，太极也；有万物之中各有始者，生之本也。'天地之心'者，生万物之本也。"[4]天地之心即宇宙万物生存之本。作为本源的天地之心便可以理解为宇宙万物的决定者。张载指出："心，内也，其原在内时，则有形见，情则见于事也，故可得而名状。……天地之大德曰生，则以生物为本者，乃天地之心也。地雷见天地之心者，天地之心惟是生物，天地之大德曰生也。"[5]天地之心即万物生存之本。它不仅是宇宙生成的本源，也是宇宙生存的决定者。既然宇宙有一个决定之心，那么把握了它似乎就可以主宰世界了。于是，张载豪迈地提出："为天

---

[1] 夏明钊译注：《养生论》，《嵇康集译注》，第45页。
[2] 郭象注：《德充符》，《庄子注》卷二，《二十二子》，第25页。
[3] 关于"天地之心"的起源及其内涵，参阅沈顺福：《"天地之心"释义》，《中原文化研究》2016年第4期。
[4] 邵雍：《观物外篇》，《邵雍集》，郭彧整理，中华书局2010年版，第163页。
[5] 张载：《上经》，《横渠易说》，《张载集》，章锡琛点校，中华书局1978年版，第113页。

地立心，为生民立道，为去圣继绝学，为万世开太平。"①传统学术界常常从现代意识出发，以为"为天地立心"的意思是为宇宙提供一个大脑或心脏。这种违背于科学常识的观念无法得到现代人的接受与认可。事实上，张载的此番誓言仅仅表示：我们人类不仅要掌握自己的命运，而且期待着成为宇宙世界的主宰者。这不仅是古代人的梦想，同时也是现代人的理想。这便是"为天地立心"的雄心所在。所立之心便是"天地之心"。作为本源的"天地之心"，又叫天地之性。张载曰："由太虚，有天之名；由气化，有道之名；合虚与气，有性之名；合性与知觉，有心之名。"②天地之心必定内含天地之性。天地之性，不仅天生如此、天然地成为生成的基础，而且因为它与天的天然联系，也是天然的合法存在体。因此，由太虚与气所结合而成的性或天地之性便成为生存之本。生存无非是尽性："和乐，道之端乎！和则可大，乐则可久，天地之性，久大而已矣。"③扩充天地之性便是生存。这个过程便是仁。张载曰："天本无心，及其生成万物，则须归功于天，曰：此天地之仁也。仁人则须索做，始则须勉勉，终则复自然。……立本以此心，多识前言往行以畜其德，是亦从此而辨，非亦从此而辨矣。以此存心，则无有不善。"④存心或成性而为仁。张载试图为天地立心、从而建构一个仁义的宇宙世界。仁成为宇宙的生存方式。

作为生存方式的仁，在二程看来，便是宇宙之公道。二程曰："仁之道，要之只消道一公字。公只是仁之理，不可将公便唤做仁。公而以人体之，故为仁。只为公，则物我兼照，故仁，所以能恕，所以能爱，恕则仁之施，爱则仁之用也。"⑤仁是公道。仁本来是儒家的人道。现在，人道不仅有效于人类，而且遍行于宇宙、成为宇宙的生存方式、成为天地之公道。二程曰："仁者以天地万物为一体，莫非我也。知其皆我，何所不尽？不能有诸己，则其与天地万物，岂特相去千万而已哉？"⑥我与万物贯通一体，万物与我便

---

① 张载：《语录中》，《张子语录》，《张载集》，章锡琛点校，第 320 页。
② 张载：《太和篇》，《正蒙》，《张载集》，章锡琛点校，第 9 页。
③ 张载：《诚明篇》，《正蒙》，《张载集》，章锡琛点校，第 24 页。
④ 张载：《气质》，《经学理窟》，《张载集》，章锡琛点校，第 266 页。
⑤ 程颢、程颐：《入关语录》，《二程集》，王孝鱼点校，中华书局 2004 年版，第 153 页。
⑥ 程颢、程颐：《论道篇》，《二程集》，王孝鱼点校，第 1179 页。

不再相去千万里了，而是贯通一体。贯通一体便是仁。于是，二程曰："天下无一物非吾度内者，故敬为学之大要。"①我与万物自然一体。这便是万物在我，即，万物便与我不离。仁即气化流行而贯通一体。

贯通之仁的开始处便是天地之心。二程曰："于所主曰心，名其德曰仁。"②心为仁的开端，仁则是心的活动。二程曰："阳气所发，犹之情也。心犹种焉，其生之德，是为仁也。"③心是种子，仁便是其潜能或存在状态。仁由心而生成。二程曰："心是所主处，仁是就事言。……心譬如身，四端如四支。四支固是身所用，只可谓身之四支。如四端固具于心，然亦未可便谓之心之用。……阳气发处，却是情也。心譬如谷种，生之性便是仁也。"④仁生于心。心中有性，而性才是仁的真正的终极性本原。二程曰："爱出于情，仁则性也。仁者无偏照，是必爱之。"⑤仁不仅是情、是爱，更是性。性是仁爱的根据。二程曰："人说'复其见天地之心'，皆以谓至静能见天地之心，非也。复之卦下面一画，便是动也，安得谓之静？自古儒者皆言静见天地之心，唯某言动而见天地之心。"⑥天地之心，动而呈现。在生生不息的活动背后隐含着天理。天地之心内含天理。由此，二程找到了仁的形而上的根据。二程曰："仁者，天下之正理，失正理，则无序而不和。"⑦仁道之中有形而上之理。二程曰："只是理，理便是天道也。且如说皇天震怒，终不是有人在上震怒？只是理如此。"⑧天道以天理为根据。二程曰："性即理也，所谓理，性是也。"⑨性即理。既然性理一致，那么绝对的终极性的理便也是人类生而固有的东西了，或者说，终极性的理或性内在于人心。这便是朱熹以及后来的心学家的立场：人类天生之心固有天理。

---

① 程颢、程颐：《论学篇》，《二程集》，王孝鱼点校，第1184页。
② 程颢、程颐：《论道篇》，《二程集》，王孝鱼点校，第1174页。
③ 程颢、程颐：《论道篇》，《二程集》，王孝鱼点校，第1174页。
④ 程颢、程颐：《刘元承手编》，《二程集》，王孝鱼点校，第182—184页。
⑤ 程颢、程颐：《论道篇》，《二程集》，王孝鱼点校，第1180页。
⑥ 程颢、程颐：《刘元承手编》，《二程集》，王孝鱼点校，第201页。
⑦ 程颢、程颐：《论道篇》，《二程集》，王孝鱼点校，第1173页。
⑧ 程颢、程颐：《伊川杂录》，《二程集》，王孝鱼点校，第290页。
⑨ 程颢、程颐：《伊川杂录》，《二程集》，王孝鱼点校，第292页。

尽管二程将天理视为宇宙的终极性根据，且理在心中，但是，他们并未赋予心以终极性的性质与地位。在小程子看来，"释氏本心"①：佛教以心为终极性本源。儒家则与之不同："圣人本天。"②儒家以天以及天所具备的天理为终极性依据。"理必有对，生生之本也。"③只有天理才是生生的本原。在二程那里，心虽然也是本源，但是还不是终极性本原，因此并没有得到重视：它仅仅被视为佛学的核心概念。尽管二程也常常提及心，如二程曰："夫事外无心，心外无事。"④事（物）外无心、心外无事（物）。在这里，心仅仅具有宇宙论的意义，即，它是一种形而下的气质之物，也是万物生存的基础或本源。但它仅仅是生存本源，而不是终极性的存在本原。在二程那里，终极性本原是理。从这个角度来说，二程区别于宋明时期的陆王之心学。

五、"理之在吾心"：南宋理学家的心灵哲学

按照传统生存论，生存乃是气的活动。人的生存乃是气的生生不息。其活动主体便是气质。故朱熹曰："才有天命，便有气质，不能相离。若阙一，便生物不得。既有天命，须是有此气，方能承当得此理。若无此气，则此理如何顿放！"⑤人天生有性有气。天生的气质是人类生存的基本保证。这便是气质生存。朱熹道："天命之性，本未尝偏。但气质所禀，却有偏处，气有昏明厚薄之不同。……既是此理，如何得恶！所谓恶者，却是气也。"⑥人因为禀赋的缘故，才有了圣愚之分。对于普通人来说，天生气质并不可靠。气也可能是恶的。

如何确保气质活动的可靠性与合法性呢？朱熹继承了二程思想，想到了天理。朱熹曰："四时行，百物生，莫非天理发见流行之实，不待言而可见。圣人一动一静，莫非妙道精义之发，亦天而

---

① 程颢、程颐：《附师说后》，《二程集》，王孝鱼点校，第274页。
② 程颢、程颐：《附师说后》，《二程集》，王孝鱼点校，第274页。
③ 程颢、程颐：《论道篇》，《二程集》，王孝鱼点校，第1171页。
④ 程颢、程颐：《杨遵道录》，《二程集》，王孝鱼点校，第263—264页。
⑤ 黎靖德编：《人物之性气质之性》，《朱子语类》卷四，王星贤点校，中华书局1986年版，第64页。
⑥ 黎靖德编：《人物之性气质之性》，《朱子语类》卷四，王星贤点校，第64—65页。

已,岂待言而显哉?"①万物生存,莫不有理。比如笔有笔之理。朱熹曰:"才有物,便有理。天不曾生个笔,人把兔毫来做笔。才有笔,便有理。"②任何活动或存在离不开一个理。朱熹曰:"盖天理莫知其所始,其在人则生而有之矣。"③理是人类生而即有的实体。这个实体之理,在人便为性。朱熹曰:"命,犹令也。性,即理也。天以阴阳五行化生万物,气以成形,而理亦赋焉,犹命令也。于是人物之生,因各得其所赋之理,以为健顺五常之德,所谓性也。率,循也。道,犹路也。人物各循其性之自然,则其日用事物之间,莫不各有当行之路,是则所谓道也。"④人物之生,自然禀得天赋之理。这种自然之理便是性,理在人便转为性。"只是这理,在天则曰'命',在人则曰'性'。"⑤人天生不仅有气质之躯,而且有合法之理。这个理,便是人类天然固有的本性。正是这种终极性的天理,最终决定了人类生存的合理性与合法性——只有符合天理的气质活动才是合理的活动。理成为正确行为的终极性根据与决定者。

虽然朱熹强调格物穷理、追寻天理,事实上,朱熹并不否认天理内在于心中。朱熹曰:"盖天命之性,纯粹至善,而具于人心者,其体用之全,本皆如此,不以圣愚而有加损也。然静而不知所以存之,则天理昧而大本有所不立矣;动而不知所以节之,则人欲肆而达道有所不行矣。"⑥人天生心,不仅有情,而且有理。这个理,在人的身上便是性。这便是"心统性情":"盖性即心之理,情即性之用。今先说一个心,便教人识得个情性底总脑,教人知得个道理存着处。若先说性,却似性中别有一个心。横渠'心统性情'语极好。"⑦性是心之理。心则由两个部分构成,即形而上的性和形而下的气。后者表现为情。其中,形而上之性便是理。朱熹

---

① 朱熹:《阳货》,《论语集注》卷九,《四书五经》(上),宋元人注,天津市古籍书店1988年版,第76页。
② 黎靖德编:《人物之性气质之性》,《朱子语类》卷四,王星贤点校,第61页。
③ 朱熹:《天理人欲同体异用》,《朱子全书》(第24册),朱杰人、严佐之、刘永翔主编,上海古籍出版社2002年版,第3556页。
④ 朱熹:《中庸章句》,《四书五经》(上),宋元人注,第1页。
⑤ 黎靖德编:《性情心意等名义》,《朱子语类》卷五,王星贤点校,第83页。
⑥ 朱熹:《中庸或问》,《朱子全书》(第6册),朱杰人、严佐之、刘永翔主编,第558—559页。
⑦ 黎靖德编:《性情心意等名义》,《朱子语类》卷五,王星贤点校,第91页。

曰："性便是心之所有之理，心便是理之所会之地。"①性是心的根据，心是性的存在场所。心中有理。或者说，理在心中。因此，天理在我。朱熹曰："天道无外，此心之理亦无外，天道无限量，此心之理亦无限量。天道无一物之不体，而万物无一之非天，此心之理亦无一物之不体、而万物无一之非吾心。（那个不是心做？那个道理不具于心？）天下岂有性外之物而不统于吾心是理之中也哉？但以理言，则为天地公共，不见其切于己。谓之吾心之体，则即理之在我。"②此理虽然流行于天地万物之间，却同时以性的形式而内在于我心中。人天生之心固有天理，这便是"理之在吾心"③。这个心中之理，在儒家看来，便是仁义之性。朱熹曰："所以为生物之主者，天之心也。人受天命而生，因全得夫天之所以生我者以为一身之主，浑然在中，虚灵知觉，常昭昭而不昧，生生而不可已，是乃所谓人之心。"④天生我心，我心不仅有气质之情，而且有形而上之性。其中的形而上之性是超越之理。心中有理，心即是理。这便是陆王心学的核心立场。从这个角度来说，"谓朱子之学彻头彻尾乃是一项圆密宏大之心学，亦无不可。"⑤朱子学其实也是一种心学，和陆王之心学并没有什么本质差别。或者说，以存在论的观念来看，朱子学也是一种心学：内在之理或性是宇宙生存之本。

六、理即心：陆王之心灵哲学

"理在心中"的观点，从宇宙观的角度来说，意味着内含天理的人心乃是宇宙生存的终极本原或主宰。这便是陆王心学的主张。陆王心学赞同传统理学家的观点，认为理是宇宙事物生存的决定者。陆九渊曰："此理在宇宙间，未尝有所隐遁天地之所以为天地者，顺此理而无私焉耳。"⑥宇宙间的理便是宇宙存在的根据或主宰。这个主宰不仅是经验性主宰，更是终极性主宰。这便是"极"："极亦此理也，中亦此理也。五居九畴之中而曰皇极，岂

---

① 黎靖德编：《性情心意等名义》，《朱子语类》卷五，王星贤点校，第88页。
② 朱熹：《答陈安卿》，《朱子全书》（第23册），朱杰人、严佐之、刘永翔主编，第2740页。
③ 朱熹：《答陈安卿》，《朱子全书》（第23册），朱杰人、严佐之、刘永翔主编，第2741页。
④ 朱熹：《答陈安卿》，《朱子全书》（第23册），朱杰人、严佐之、刘永翔主编，第2738页。
⑤ 钱穆：《朱子新学案》（第2册），九州出版社2011年版，第89页。
⑥ 陆九渊：《与朱济道》，《陆象山全集》卷十一，中国书店1992年版，第90页。

非以其中而命之乎？……同指此理，则曰极、曰中、曰至，其实一也。"①理是极。所谓极，即终极性的存在。理是天地事物生存的最终极的本原或主宰。王阳明曰："心之本体即是天理。天理只是一个，更有何可思虑得？天理原自寂然不动，原自感而遂通，学者用功，虽千思万虑，只是要复他本来体用而已，不是以私意去安排思索出来。"②天理是万物合为一体后的生存之道。它普遍存在于宇宙万物之中。王阳明曰："天地间活泼泼地，无非此理，便是吾良知的流行不息。"③万物生存无非天理之流行。

这个终极性、主宰性的天理，陆王心学家们果断地将其收归心中。陆九渊曰："仁即此心也，此理也。求则得之，得此理也；先知者，知此理也；先觉者，觉此理也；爱其亲者，此理也；敬其兄者此理也；见孺子将入井而有怵惕恻隐之心者，此理也；可羞之事则羞之，可恶之事则恶之者，此理也。"④爱之情、敬之礼、恶之事、义之宜，都源自于本心或理。事物、事情之本的理存在于心中，心即理。王阳明直接将天理叫做良知："若鄙人所谓致知格物者，致吾心之良知于事事物物也。吾心之良知，即所谓'天理'也。致吾心良知之'天理'于事事物物，则事事物物皆得其理矣。致吾心之良知者，致知也。事事物物皆得其理者，格物也。"⑤天理即是良知。由此，事物之理便转变为心中之理。王阳明曰："心即理也。此心无私欲之蔽，即是天理。不须外面添一分。以此纯乎天理之心，发之事父便是孝。发之事君便是忠。发之交友治民便是信与仁。只在此心去人欲、存天理上用功便是。"⑥天理便是无私之心、公心或良知。天理在心中，天理是心。心具有两层内涵，超越之心与气质之心。其中超越之心与理同一，而气质之心内含天理。这便是陆王心学的基本观点。气质之心，在王阳明看来，由于天生禀赋的气质有清浊之异。其中，浑浊的气质妨碍了天理的澄明。在现实中，气质浑浊的普通人，其良知便被遮蔽。因此，对于这些钝

---

① 陆九渊：《与朱元晦二》，《陆象山全集》卷二，第19页。
② 王守仁：《传习录中》，《王阳明全集》卷二，吴光等编校，第58页。
③ 王守仁：《传习录下》，《王阳明全集》卷三，吴光等编校，第123页。
④ 陆九渊：《与曾宅之》，《陆象山全集》卷一，第3页。
⑤ 王守仁：《传习录中》，《王阳明全集》卷二，吴光等编校，第45页。
⑥ 王守仁：《传习录上》，《王阳明全集》卷一，吴光等编校，第2页。

根的俗人来说，纯洁气质而"致良知"便成为必须的工作。"致良知"便是变化气质的工夫。这和朱熹的"天理之昧"说与工夫论等几乎完全一致。

由此来看，狭义的朱子理学和阳明心学，在宇宙观上几乎没有什么大的分歧。在朱熹看来，天理是宇宙生存的终极性根据。这个天理不仅存在于宇宙间万事万物之中，同时也存在于人心中。我们心中也有天理，这便是性。从这个角度来说，心即理。只不过朱熹并没有明确说出来，而陆王心学明确说出了这句话。二者的区别主要在于说与没说。或者说，在观念上，朱子学和阳明学并无二致。不同的仅仅是概念使用上，朱熹并没有提出心即理的概念或说辞。王阳明曰："若鄙人所谓致知格物者，致吾心之良知于事事物物也。吾心之良知，即所谓'天理'也。致吾心良知之'天理'于事事物物，则事事物物皆得其理矣。致吾心之良知者，致知也。事事物物皆得其理者，格物也。是合心与理而为一者也。合心与理而为一，则凡区区前之所云，与朱子晚年之论，皆可以不言而喻矣！"①尽管所谓的"晚年定论"不太精确，但是，朱子学与阳明学之间的内在联系却是事实。我们甚至可以说，朱子理学是心学的早期形态，阳明心学则是理学的成熟形态。在心学发展进程中，朱子学是其中不可或缺的环节。在这个阶段，他们共同将主宰宇宙的力量，由外在的天理转向内在的人心。人、人心最终成为宇宙的真正主宰者。从思想史的角度来说，宋明理学完成了自己的历史使命，在天人之辨中，人类最终成为了宇宙的主宰者。从哲学的角度来说，理学家们也从思辨哲学的角度完成了自己的历史使命，为宇宙生存找到了终极性根据。既然心成为宇宙的主宰者，那么，心自然成为了这个时期理学家们最关注的概念。心学的内涵便发生了变化，即它不再属于佛学的概念，而是儒学最重要的概念。由此，明代很多学者纷纷提出圣学与心学的一致性。传统儒家哲学，在心学时期达到了顶峰。

---

① 王守仁：《传习录中》，《王阳明全集》卷二，吴光等编校，第45页。

七、结语：心学史的逻辑

中国传统儒家哲学是一种人生哲学，它关注的中心问题是如何过上美好而正当的生活。过上美好而正当生活的方式便是道。因此，中国古代历朝历代的思想家或哲学家都最关注道。孔子曰："朝闻道，夕死可矣。"①荀子提出君子"从道不从君"②。闻道、从道是儒家的最终追求，道是正确的方法。如何践道、从道呢？朱熹曰："治道必本于正心、修身，实见得恁地，然后从这里做出。"③治道在于正心。心端才能够行正，心是人类正确行为的根本。

对源头的关注一直都是哲学的任务。从现有的《论语》资料来看，孔子论述心的地方并不多，但是已经有所意识。他一方面希望美好的生活能够从心所欲；另一方面，又希望自己心之所想、身之所为不违背仁义。孔子希望以仁义规范心灵、以心灵主导生存。大约是从《大学》开始，心的问题得到了高度重视。《大学》明确提出了正心是修身、为仁的根本。心是本源。从孟子开始，儒家哲学家们开始对本源之心进行了性质分类，将其中的好的部分挑出来，将其命名为性。孟子将恻隐之心、羞恶之心、是非之心、辞让之心等四心统称为性。心是性。准确地说，作为本源的心中的善良部分便是性。这便是孟子的性善论。性善论的产生标志着心学的转向，即从心学转向性学。其后的荀子也以性释心。与孟子不同的是，荀子将天生人心中不好的部分即坏心叫做性，如好利之心便是性。这便是性恶论。无论是性善论还是性恶论，它们都是以性释心，用人性来解读作为生存本源的心。这种本源的追问标志着儒家哲学的开始。

对心的本源性地位的确立与性质的界定，为人们理解人类生存的性质与方式提供了重要的理论资源。心的问题也因此而成为汉儒的中心之一。董仲舒吸收了先秦儒家的性善论与性恶论，相信人心不仅有善气，而且有恶质。人心是善恶混杂的气质之体。和先秦儒

---

① 杨伯峻译注：《里仁篇》，《论语译注》，中华书局2006年版，第40页。
② 王先谦：《臣道篇》，《荀子集解》卷九，《诸子集成》（第2册），上海书店1986年版，第166页。
③ 黎靖德编：《论治道》，《朱子语类》卷一○八，王星贤点校，第2686页。

家相比，董仲舒侧重于心的认知功能及其积极作用，并大力倡导。对有为心的过度重视在一定程度上直接威胁了人的自然生命体的延续与存在。魏晋玄学家们敏锐地察觉到了作为生命本源的自然心与作为人文活动本源的有为心之间的张力或冲突，并做出了自己的选择：重自然的生物心，而轻有为心，从而将生命体的生存与思维之间的张力发展到了极致。在这种张力下，玄学家们提出了一种新型宇宙观，即天人一体观。自然人心和有为行为之间也形成了一个本末结构。这便是玄学家的本末论。

本末论的世界观将宇宙万物视为一个生命体。那么，谁才是这个生命体的主宰呢？这便成为宋明理学关心的问题。早期的理学家们如张载、二程延续了传统的思维模式，以为天地之心是宇宙的主宰。故张载提出"为天地立心"：心即宇宙之心，为天地立心即主导宇宙的生存。二程虽然没有这般豪言壮语，但是，他们从理论上回答了上述问题。二程认为，天地、万物与人类统一于仁。仁才是宇宙万物的基础，或者说，仁贯通万物。这种流行之仁自然有一个起点，那便是天地之心。和早期儒家不同的是，二程对天地之心进行了深化，提炼出一个新概念即天理。天地之心之中内含天理。或者说，超越的天理才是宇宙存在的终极性本原。至此，本源之心由早期的经验性本源升华为超越性本原。本源因此而分化为两类，即经验性的生存本源和思辨性的存在本原。对天理的思考即理学，其实是一种思辨的本原学或"心"学。

朱熹继承了二程的思想，以为天理才是宇宙存在的终极性本原。在朱熹看来，人天生不仅禀赋气质，而且固有天理。这种天生之理，在人为性。人身中的性其实就是天理。也就是说，人生来不仅有气质，而且有性或理。由于天生禀赋气质的差异，普通人的浊气将这个天理遮蔽了。这种被遮蔽的心便是人心。人心因此不可靠。只有通过格物致知而穷物理的方式，人们才能够涤荡心中的杂质、使天理澄明、人心变为道心。这便是理学家的工夫论。理学家的工夫最终还是落实在心上，即"心中有理"。"心中有理"的实质是以超越的天理作为生存的终极性本原。尽管朱熹强调穷物理，可是他从来没有放弃人心固有天理的主张。朱熹的这个思想被王阳明完全继承和发扬。王阳明将心中的天理叫做良知。良知才是宇宙生存的终极性根据。由于人的私欲遮蔽了良知，而使人气质不纯、良知不明。因此，和朱熹等一样，王阳明也强调做工夫，主张通过工夫来变化气质，使自己气质纯净而良知澄明。良知之澄明成为做人的标准。良知不仅是人类生存的最终根据，而且是宇宙生存终极性本原。

先秦时期的孔、孟、荀，历经汉儒、魏晋玄学，到宋明理学家，构成了一个完整的心学发展的逻辑进程。孔子开山，《大学》奠基，确立了心的本源性地位。孟子、荀子寻求以性释心，不仅开始了以追问本源为使命的儒家哲学，而且将心学转向性学，从而开启了对人的本质的理论思考。汉儒重学，突出了有为心的作用与价值。魏晋玄学家批评心的认知作用，而突出了心的生物性。经历了天人一体的融合后，张载提出"为天地立心"，二程提出"天地之心"即理，从而确立了天理在生存中的终极性本原的地位。朱熹在承认人天生有性有理的同时，倚重于格外物之理。而王阳明在承认天地生生之理的同时，更突出了心中的良知即天理，从而将主宰宇宙的终极性力量交付于人类自身，并从思辨哲学的高度论证了人类主体性地位。从孔夫子到王阳明，从心灵哲学的角度来看，也同样构成了一个完整的思想发展逻辑。从这个角度来说，儒家哲学史其实也是心学史。

第三章　阳明心学与人类主体性[①]

王阳明不仅是传统儒家心学的代表人物，而且是中国古代哲学史的集大成者。阳明心学一改传统理学向外穷理的路径，认为自己便是自己命运的主宰，即"止于至善岂外求哉？惟求之吾身而已"[②]。主宰在自身。准确地说，王阳明明确提出，这个主宰者不在别处，"身之主宰便是心"[③]。由此，他将主宰力量由外在天理转向至内在良知，从而突出了内在良知在人类生存进程中的主导性作用与地位。这种理解，与现代哲学所强调的实践理性或自由意志的观念十分接近。故而现代学者大多将这种思想理解为主体性。如，劳思光说："'心'指自觉意志能力而言。"[④]心所蕴含的良知则是人类的"最高主体性"[⑤]。董平先生认为："作为本原性实在之'良知'……是真实的存在本体与整全的人格本体，也是独立、自主、自由、完善的'主体性'本身。"[⑥]他认为良知体现了人的主体性。类似观点比较流行，似乎也是学术界的主流立场。本章将对此展开讨论，并试图指出：将良知理解为主体性有些简单。作为行为主体的人，其主体性应该分为两类，即人类主体性和个体主体性。阳明学突出了人类主体性，却很少关注于个体，"我"也不等于个体的自我。阳明学没有什么个体主体性观念。

一、阳明之主宰心

在程朱理学看来，决定人间事务乃至宇宙万物运行的主宰者只能是天理。万事万物皆依循天理。没有了天理，岂不是翻了天？理主宰一切，包括人心，即人心的活动只能服从天理。天理是宇宙万物包括人类等存在的决定者或主宰者。这种对宇宙天理的仰仗与迷

[①] 曾刊发于《贵阳学院学报（社会科学版）》2022 年第 5 期。
[②] 王守仁：《大学古本旁释》，《王阳明全集》卷三十二，吴光等编校，上海古籍出版社 1992 年版，第 1195 页。
[③] 王守仁：《传习录上》，《王阳明全集》卷一，吴光等编校，第 6 页。
[④] 劳思光：《新编中国哲学史》（卷 3 上），广西师范大学出版社 2005 年版，第 312 页。
[⑤] 劳思光：《新编中国哲学史》（卷 3 上），第 324 页。
[⑥] 董平：《主体性的自我澄明：论王阳明"致良知"说》，《中国哲学史》2020 年第 1 期。

信，不仅将本心与天理分裂为二、突出了对外部事理的尊崇，而且也淡化了人自身之心在其生存中的地位与作用。对此，王阳明十分不满。王阳明说："心一也，未杂于人谓之道心，杂以人伪谓之人心。人心之得其正者即道心，道心之失其正者即人心，初非有二心也。程子谓人心即人欲，道心即天理，语若分析而意实得之。今日道心为主而人心听命，是二心也。天理人欲不并立，安有天理为主，人欲又从而听命者？"[1]传统程朱理学认为人心不同于道心，从而造成二心说。更有甚者，程朱理学常常认为人心听命于天理，似乎一个是心，另一个是理。这便是心理为二。这些观念在王阳明看来，都是需要反思的，或者说王阳明都不太赞同。王阳明曰："朱子所谓格物云者，在即物而穷其理也。即物穷理，是就事事物物上求其所谓定理者也。是以吾心而求理于事事物物之中，析'心'与'理'为二矣。……吾心之良知，即所谓天理也。致吾心良知之天理于事事物物，则事事物物皆得其理矣。致吾心之良知者，致知也。事事物物皆得其理者，格物也。是合心与理而为一者也。"[2]朱熹的格物穷理说是将心与理分为两者，在王阳明看来，这二者应该是一。心与理合而为一，这便是王阳明的心灵学说。

阳明心灵学说主张人心是生存的主宰。王阳明曰："耳目口鼻四肢，身也，非心安能视听言动？心欲视听言动，无耳目口鼻四肢亦不能。"[3]人的行为具体表现为视、听、言、动等。这些行为即身动最终听从心的调遣与安排。因此，心是行为的主宰。王阳明曰："身之主宰便是心；心之所发便是意；意之本体便是知；意之所在便是物。如意在于事亲，即事亲便是一物；意在于事君，即事君便是一物；意在于仁民爱物，即仁民爱物便是一物；意在于视听言动，即视听言动便是一物。"[4]如果说身体活动代表了人的行为，那么，作为身体之主宰的心便是这个行为的主导者。王阳明曰："主宰一正，则发窍于目，自无非礼之视；发窍于耳，自无非礼之听；发窍于口与四肢，自无非礼之言动：此便是修身在正其心。"[5]人

---

[1] 王守仁：《传习录上》，《王阳明全集》卷一，吴光等编校，第7页。
[2] 王守仁：《传习录中》，《王阳明全集》卷二，吴光等编校，第44—45页。
[3] 王守仁：《传习录下》，《王阳明全集》卷三，吴光等编校，第90—91页。
[4] 王守仁：《传习录上》，《王阳明全集》卷一，吴光等编校，第6页。
[5] 王守仁：《传习录下》，《王阳明全集》卷三，吴光等编校，第119页。

的视、听、言、动等行为皆听从于人心的指导与安排。心正自然行端。人心是行为的基础。王阳明曰:"心之发也,遇父便谓之孝,遇君便谓之忠,自此以往,名至于无穷,只一性而已。"①人心是人的主宰者。合理的行为如孝、忠,无非是此心之发动。心是人类活动的主宰者。

这种主宰,王阳明常常称之为"我"。王阳明曰:"诸君只要常常怀个'遁世无闷,不见是而无闷'之心,依此良知,忍耐做去,不管人非笑,不管人毁谤,不管人荣辱,任他功夫有进有退,我只是这致良知的主宰不息,久久自然有得力处,一切外事亦自能不动。"②我只管自己自强不息而无关他者。我是主宰,我的一切行为皆由我定。我作主宰。王阳明的这种主宰说,表面来看和现代理性主义哲学比较相似。如,康德说:"在自然界,所有的事物都依法运行。只有理性存在者有依据法则观念行事的能力,即依据意志原理而行为。由于依据原理的行为需要理性,因此,意志正是实践理性。"③人的一切行为产生于自己的理性,并接受理性的指导。这种实践理性,康德称之为意志。意志也属于人心。意志主导论也是一种心主说,即,它也主张人心做主的观念。据此,不少学者进行了类比,并认为王阳明的心主论突出了主体性,其所主张的我便是自我,其行为便是与自由相关的行为。那么,王阳明所说的我是不是自我呢?王阳明所说的主宰究竟指为谁做主呢?王阳明的心主论是不是突出了人的主体性呢?

二、主体性:人类主体性与个体主体性

人是一个生命体。这个生命体,作为一个物理实体,也可以叫做主体或行为主体。这个行为主体常常表现为两个主要身份,即作为种类的人和作为个体的人。从宇宙存在的视域来看,人类是宇宙万物中的一员,是区别于其他生命体的特殊的生物种类。这便是人类。从现实来看,人又是社会存在者,是社会的一

---

① 王守仁:《传习录上》,《王阳明全集》卷一,吴光等编校,第15页。
② 王守仁:《传习录下》,《王阳明全集》卷三,吴光等编校,第101页。
③ Kants Werke, Band IV(Berlin: Druck und Verlag von Georg Reimer, 1911), 412.

分子。在这个社会群体中，个人不同于其他人。这便是个人。因此，作为主体的人不仅指人类，而且指个人。人的主体性因此被分为两种，即人类主体性和个体主体性。人类主体性关心的主要问题是：什么是人之所以为人并区别于别的生物的东西？这便是传统儒学所说的人性。人性论讨论了作为种类的人的性质，以及人类在宇宙中的作用与地位。个体主体性则是个体的人成为其自己，并因此而区别于他者的终极性依据。这个个体主体性是作为行为主体的我之所以成为我的终极性依据。依据它，行为主体成就了一个具体而特殊的我或自我。

在阳明这里，做主主要体现在两个方面，一个是为人做主。另一个是为万物做主。所谓为人做主的观念和传统儒家的天命观相关。在中国文化的早期便流传着一种天命观，即，"死生有命，富贵在天"①。人的生死寿命以及现实的荣华富贵、穷达遭遇等皆由苍天决定。这便是天命论。天命论的核心是天决定人的生存，即天主人从。人只能听天由命、安然待命。孔子反思了这种消极的人生观并提出了自己的想法，主张以人文对抗自然之天命。这一主张直接开启了传统儒家的人文主义的发展方向，并成为从孔子到王阳明的传统儒家思想历程的中心主题。孔子、孟子、荀子等别天人，从而为人文主义的仁义之道发挥作用保留了一定的空间。汉代董仲舒等主张人副天数，将仁义之道提升到与苍天同等高度，从而将儒家的仁义之道等思想提升到了空前的高度。魏晋玄学主张天人一体，从而将人类与苍天等融为一体，首开民胞物与的思想观念。北宋张载首倡"为天地立心"②，尝试着由人类来主导宇宙生存。二程主张万物一体，并以为："一人之心即天地之心（注：心，一作体），一物之理即万物之理，一日之运即一岁之运。"③由此，人类成为宇宙之主宰。朱熹以为"教化皆是人做，此所谓'人者天地之心也'"④，即人文教化为主导万事万物存在的主导力量即为"天地之心"。到了明代时期，王阳明也借用了《礼记》中的"天地之心"

---

① 杨伯峻译注：《颜渊篇》，《论语译注》，中华书局2006年版，第140页。
② 张载：《语录中》，《张子语录》，《张载集》，章锡琛点校，中华书局1978年版，第320页。
③ 程颢、程颐：《元丰己未吕与叔东见二先生语》，《二程集》，王孝鱼点校，中华书局2004年版，第13页。
④ 黎靖德编：《礼运》，《朱子语类》卷八十七，王星贤点校，中华书局1986年版，第2243页。

一词，曰："人者，天地万物之心也；心者，天地万物之主也。心即天，言心则天地万物皆举之矣，而又亲切简易。"①心是生物的主宰。作为生命体的天地宇宙的主宰，即天地之心便是人。这里的人包含两层内涵，人类与人文。合起来说，人类及其所创造的文明是宇宙的主宰。这种主宰关系首先适应于人类自身，即人自作主宰。由此，传统的天命观发生了逆转。针对朱熹分裂知行的进路，王阳明分出三种模型。其中包括圣人之事是生知安行、贤者之事是存心养性而知天，而学知之事是夭寿不二、修身以俟。圣人能够做到知行合一，原因在于"自然"即必然，亦是应然而合理的，无须修身。或者说，圣人必然通天命。至于贤者、学者等，王阳明曰："事天虽与天为二，然已真知天命之所在，但惟恭敬奉承之而已耳；若俟之云者，则尚未能真知天命之所在，犹有所俟者也，故曰所以立命。'立'者'创立'之'立'，如'立德''立言''立功''立名'之类，凡言'立'者，皆是昔未尝有而本始建立之谓，孔子所谓'不知命，无以为君子'者也。"②立即创立。人类自己创立自己的命运。这样，王阳明由传统的天命说转变为立命说，即人的命运在自身。这种立命说推翻了传统的天命观，并将人类命运的主宰权交还给人类自身。从由命向立命的转变不仅仅是权利的转让，更是人生观的改变。天命说倡导顺其自然、消极待命的人生观。而立命说则突出了人的主动性，即我们不需要等待苍天的安排，而应该积极主动把握自己的命运。这种主动性无疑体现了人的主体性。

这种主体性的基础是天人关系，即这种主体性适用于天人关系理论中，它解决的中心问题是人类在宇宙中的地位等问题。早期儒家主张天命说，即苍天决定人类的命运。到了理学时期，以王阳明为代表的儒家不但认为人类的命运在于人，而且进而提出人主天地的观念。王阳明曰："天地气机，元无一息之停；然有个主宰，故不先不后，不急不缓，虽千变万化，而主宰常定：人得此而生。若主宰定时，与天运一般不息，虽酬酢万变，常是从容自在，所谓

---

① 王守仁：《答季明德》，《王阳明全集》卷六，吴光等编校，第214页。
② 王守仁：《传习录中》，《王阳明全集》卷二，吴光等编校，第44页。

'天君泰然，百体从令'。"①万物生生不息，其生存的背后存在着一个决定者，它不仅让生存成为可能，而且决定了它的合法性。"夫人者，天地之心。天地万物，本吾一体者也，生民之困苦荼毒，孰非疾痛之切于吾身者乎？不知吾身之疾痛，无是非之心者也。是非之心，不虑而知，不学而能，所谓良知也。良知之在人心，无间于圣愚，天下古今之所同也。"②天地万物与人类共为一个生命体。这个生命体必然有一个主宰之心。这个主宰之心便是人。人是天地万物所构成的宇宙的主宰者。王阳明曰："你只在感应之几上看，岂但禽兽草木，虽天地也与我同体的，鬼神也与我同体的。……你看这个天地中间，甚么是天地的心？……可知充天塞地中间，只有这个灵明，人只为形体自间隔了。我的灵明，便是天地鬼神的主宰。"③人与万物之间借助于感应而贯通一体。这个感应体的主宰者便是人。更进一步说，这个主宰乃是暗含良知的人心。"人孰无根？良知即是天植灵根，自生生不息，但着了私累，把此根戕贼蔽塞，不得发生耳。"④有了良知，人便能自强不息，人因此不仅能够主宰自己的命运，而且主宰宇宙的生存。

王阳明所谓的主宰，包括主宰自身的命运以及主宰宇宙的生存。这个主宰者，准确地说，主要指作为宇宙一分子的人类。主宰者是人类。立命说中的人讲的是人类：人类主宰自己的命运，而不是由天来安排。同时，作为"天地之心"的"人"并不是指个人，而是指人类及其所创造的文化。这便是王阳明主体性的实质，即它属于人类主体性。

三、心主论即良知主宰论

王阳明强调的主宰，不仅强调人要主宰自身的命运，而且可以主宰宇宙的进程，最终成为宇宙万物的生存的主宰者。这种主宰性地位突出了人类的主导性。不过，这种主体性只限于人类主体性：在宇宙生存进程中，人类才是最终的主宰者。它突出了人类在诸种

---

① 王守仁：《传习录上》，《王阳明全集》卷一，吴光等编校，第30页。
② 王守仁：《传习录中》，《王阳明全集》卷二，吴光等编校，第79页。
③ 王守仁：《传习录下》，《王阳明全集》卷三，吴光等编校，第124页。
④ 王守仁：《传习录下》，《王阳明全集》卷三，吴光等编校，第101页。

生物中的主导性作用与地位。其表现便是号召人们自强不息、积极进取。"中间以尧、舜、文王、孔、老诸说，发明'志学'一章之意，足知近来进修不懈。居有司之烦而能精思力究若此，非朋辈所及。然此在吾明德自以此意奋起其精神，砥切其志意，则可矣。"①尧舜之道，进修不懈，奋起精神，志向高远，最终到达圣人之境界。这完全符合《易传》所强调的"自强不息"②的积极进取精神。

这种积极进取行为的基础是人心，王阳明曰："身之主宰便是心；心之所发便是意；意之本体便是知；意之所在便是物。"③心是主宰，其表现为意，心意体现了人的主动性。这种主动行为的终极性根据便是良知，即，良知才是心及其正确的活动的终极基础或主宰。王阳明曰："良知犹主人翁，私欲犹豪奴悍婢。"④良知是主人翁，私欲则是使唤丫鬟。良知主宰人心活动。王阳明曰："心者身之主也，而心之虚灵明觉，即所谓本然之良知也。其虚灵明觉之良知，应感而动者谓之意；有知而后有意，无知则无意矣。知非意之体乎？意之所用，必有其物，物即事也。"⑤心之所以能够做主，原因在于它内有良知。正是内在的良知使其能够明而灵，并确保了行为的合法性，即事事物物无不合"理"。为什么呢？因为良知便是天理。王阳明曰："昏暗之士，果能随事随物精察此心之天理，以致其本然之良知，则虽愚必明，虽柔必强，大本立而达道行，九经之属可一以贯之而无遗矣。"⑥良知即心中的天理。心中有良知便是心中有理。心中有理，其所产生的行为自然符合此理。"心，一而已。以其全体恻怛而言谓之仁，以其得宜而言谓之义，以其条理而言谓之理；不可外心以求仁，不可外心以求义，独可外心以求理乎？"⑦心主宰一切。而心又听从天理。听从天理的心的活动自然是合"理"的行为。

这个良知、天理具体于人身上便是人性。王阳明曰："知是理

---

① 王守仁：《答季明德》，《王阳明全集》卷六，吴光等编校，第213页。
② 王弼等注，孔颖达等正义：《乾》，《周易正义》卷一，《十三经注疏》（上），上海古籍出版社1997年版，第14页。
③ 王守仁：《传习录上》，《王阳明全集》卷一，吴光等编校，第6页。
④ 王守仁：《传习录拾遗》，《王阳明全集》卷三十二，吴光等编校，第1167页。
⑤ 王守仁：《传习录中》，《王阳明全集》卷二，吴光等编校，第47页。
⑥ 王守仁：《传习录中》，《王阳明全集》卷二，吴光等编校，第47页。
⑦ 王守仁：《传习录中》，《王阳明全集》卷二，吴光等编校，第43页。

之灵处。就其主宰处说，便谓之心，就其禀赋处说，便谓之性。"①良知即天理，其在人之禀赋便是性。性即天理。王阳明曰："心之体性也，性即理也。穷仁之理，真要仁极仁，穷义之理，真要义极义；仁义只是吾性，故穷理即是尽性。"②良知不仅是理，而且是性。"理一而已。以其理之凝聚而言，则谓之性；以其凝聚之主宰而言，则谓之心；以其主宰之发动而言，则谓之意；以其发动之明觉而言，则谓之知；以其明觉之感应而言，则谓之物。"③心中之性即是理。心之所以能够主宰人的视听、言、动等行为，最终还是因为其背后有良知即性作主宰。王阳明曰："所谓汝心，却是那能视、听、言、动的，这个便是性，便是天理。有这个性才能生。这性之生理便谓之仁。"④人的行为不仅是血肉心的活动，而且还以人性为主导。绝对正确的人性加上动力的人心一起，必然产生合理的行为。这个合理的行为便是仁。仁即合乎天理的行为。它最终决定于人心、真己或人性。人性才是正确行为的最终极的主宰者。

这样，王阳明的心主论便转换为良知主宰说。而良知主宰说其实是本性主宰说。所谓本性如人性，按照传统儒家哲学如孟子的基本定义，乃是指人类的普遍本性或本质，即，人性乃是人类之所以为人并区别于牛马的本性。这种人性主要指普遍人。或者说，它主要指人类的本性。作为人类的本性的人性突出了人类的性质。这种本性具有普遍性。同理，万物作为"生物"，也有自己的本性。性是所有"生物"体的本性。这种普遍存在，从体用论的角度来看，可以分别为体与用，性即凝聚之体，理即流通于用。这便是二程所说的"在天为命，在义为理，在人为性，主于身为心，其实一也"⑤。理之在人便为性，处置于事便是理。在人为性、在事为理。理如同恒常之日。心中的日即性与身外之日即理，其实还是一个日。故，王阳明曰："天下无性外之理，无性外之物。"⑥万事万物皆出于性而循理。性或理皆是公性或公理，是普遍存在。从万物一

---

① 王守仁：《传习录上》，《王阳明全集》卷一，吴光等编校，第34页。
② 王守仁：《传习录上》，《王阳明全集》卷一，吴光等编校，第33—34页。
③ 王守仁：《传习录中》，《王阳明全集》卷二，吴光等编校，第76—77页。
④ 王守仁：《传习录上》，《王阳明全集》卷一，吴光等编校，第36页。
⑤ 程颢、程颐：《刘元承手编》，《二程集》，王孝鱼点校，第204页。
⑥ 王守仁：《传习录中》，《王阳明全集》卷二，吴光等编校，第77页。

体的角度来看,万物一性而一理。其中,性是体,理显于用。故,理性无二。王阳明曰:"夫理无内外,性无内外,故学无内外。讲习讨论,未尝非内也;反观内省,未尝遗外也。"①万物一体而一性,万物之间并无内外之分。故,性无内外,理无偏公。内在于身便是性,外化于事便是理。性或理皆是普遍存在。因此,所谓的心主论、良知主宰说,其实是普遍本性主宰论。

能够主宰的人心由两个部分组成,即气质的人心与纯粹的良知。人心与良知合起来形成一种可靠的心,并因此而成为人类行为的主导力量或决定者。可是,如果我们对此进行进一步的分解,我们便会发现,在这个结构体中,气质心常常是不可靠的,而良知则是纯粹可靠且善良的实体。在气质心与良知关系中,主导的天平自然滑向良知端,即在良知与人心关系中,至善的良知才是最终的决定者。良知是天理,也叫人性。心主论其实是人性主宰论(这是先秦孟子传统的观念)、天理主宰论(程朱理学的基本立场)、良知主宰论(阳明立场)。它强调作为一个种类的本性的决定性作用。心主论以普遍本性为最终主宰者。在这个主宰者面前,人是普遍的人类,而不是具体的个人。具体的个人,面对普遍而绝对的良知时,人只能俯首帖耳地顺从,个人并不能真正地做主。这便是王阳明心主论的实质。

四、我:"私我"与我们

和传统理学相比,王阳明已经意识到,人类生存的主导权在人自身,即人的事情人做主。在现代汉语中,我具有强烈的主体性意识。人们常常将其类比于自我。由于王阳明也常常用"我"字,人们也因此常常以为王阳明具有自我观念,从而具有个体主体性意识。其实不尽然。的确,王阳明很重视"我"这一概念。王阳明曰:"圣人气象自是圣人的,我从何处识认。若不就自己良知上真切体认,如以无星之称而权轻重,未开之镜而照妍媸,真所谓以小人之腹而度君子之心矣。圣人气象何由认得?自己良知原与圣人一般,若体认得自己良知明白,即圣人气象不在圣人而在我矣……今

---

① 钱德洪:《年谱二》,王守仁:《王阳明全集》卷三十四,吴光等编校,第 1273 页。

且说通于道在何处？聪明睿智从何处出来？"[1]道在我，圣人气象亦在我。我自作主宰。阳明的这一立场似乎表明，阳明十分重视我，且具个体主体性意识或观念。那么，阳明所说的"我"的真实内涵是什么呢？

在王阳明那里，我有两个意思，一个是行为主体，另一个是我们。我首先指行为主体。王阳明曰："盖其心学纯明，而有以全其万物一体之仁，故其精神流贯，志气通达，而无有乎人己之分，物我之间。譬之一人之身，目视、耳听、手持、足行，以济一身之用。目不耻其无聪，而耳之所涉，目必营焉；足不耻其无执，而手之所探，足必前焉；盖其元气充周，血脉条畅，是以痒疴呼吸，感触神应，有不言而喻之妙。"[2]这里的"物我之间"的我仅仅指作为物理实体的行为主体，我是一个物体，他者是另一个物体。万物一体观将我和他者视为同一个生命体。这里的我仅仅指一个生命物体而已，或曰物理实体、行为主体。

作为物理实体的我是一个气质之物，即气质我。王阳明曰："凡饮食只是要养我身，食了要消化；若徒蓄积在肚里，便成痞了，如何长得肌肤？"[3]饮食"养我身"中的"我"便是指气质我。王阳明曰："墨子'兼爱'，行仁而过耳；杨子'为我'，行义而过耳。"[4]杨朱所偏重的"我"便是气质我或肉身我。王阳明曰："夫加诸我者，我所不欲也，无加诸人；我所欲也，出乎其心之所欲，皆自然而然，非有所强，勿施于人，则勉而后能，此仁恕之别也。"[5]欲即人欲，我欲，即气质我的活动，这便是私我。王阳明曰："天下之人心，其始亦非有异于圣人也，特其间于有我之私，隔于物欲之蔽，大者以小，通者以塞，人各有心，至有视其父子兄弟如仇雠者。"[6]作为行为主体的我是一种私我。我即私。这种私我即气质我常常将人区别于圣贤。王阳明曰："夫谓学必资于外求，是以己性为有外也，是义外也，用智者也；谓反观内省为求之于

---

[1] 王守仁：《传习录中》，《王阳明全集》卷二，吴光等编校，第59页。
[2] 王守仁：《传习录中》，《王阳明全集》卷二，吴光等编校，第55页。
[3] 王守仁：《传习录下》，《王阳明全集》卷三，吴光等编校，第95页。
[4] 王守仁：《传习录中》，《王阳明全集》卷二，吴光等编校，第77页。
[5] 王守仁：《与黄宗贤》，《王阳明全集》卷四，吴光等编校，第149页。
[6] 王守仁：《传习录中》，《王阳明全集》卷二，吴光等编校，第54页。

内,是以己性为有内也,是有我也,自私者也:是皆不知性之无内外也。"①有我即有私我,以私人之气质为主导。比如功利之心,王阳明曰:"使在我果无功利之心,虽钱谷兵甲,搬柴运水,何往而非实学?何事而非天理?况子、史、诗、文之类乎?使在我尚存功利之心,则虽日谈道德仁义,亦只是功利之事,况子、史、诗、文之类乎?"②功利之心即我之欲。我是欲望、功利之心的行为主体。

以气解释我、我为气质我也是传统儒学的共同立场。如孟子曰:"我善养吾浩然之气。"③我便是一个由浩然之气而构成的气质体。郭象曰:"然则生生者谁哉?块然而自生耳。自生耳,非我生也。我既不能生物,物亦不能生我,则我自然矣。"④我是万物的一员,属于气质之物。二程曰:"天之付与之谓命,禀之在我之谓性,见于事业(注:一作物)之谓理。"⑤人性便是苍天禀赋于气质之物上的东西。我即此气质的身躯。隋人慧远曰:"何者是我?五阴和合,假名集用,说名为我。"⑥我即五阴和合而成肉身。这个肉体之我便是行为主体:"《诗经》中的'我'作主语时只表示自称,但发展到《论语》时,已着重于对人自称,在他称与'我'的对比中言'我',已重于相对于他称的存在而自称。"⑦这里的我和他者对立,不仅表示两个不同的物理主体,而且分属两个行为人。我是气质的行为主体。

对这种气质我,王阳明也继承了传统儒家的观念,不以为然。王阳明曰:"仆尝以为君子论事当先去其有我之私,一动于有我,则此心已陷于邪僻,虽所论尽合于理,既已亡其本矣。"⑧一动于我便会产生私我、私欲,从而陷入偏斜而不明。王阳明曰:"此等苦心处,惟颜子便能识得,故曰'于吾言无所不悦'。此正是大头脑处,区区举似内重,亦欲内重谦虚其心,宏大其量,去人我之见,

---

① 王守仁:《传习录中》,《王阳明全集》卷二,吴光等编校,第76页。
② 王守仁:《与陆原静》,《王阳明全集》卷四,吴光等编校,第166页。
③ 杨伯峻译注:《公孙丑章句上》,《孟子译注》,中华书局2008年版,第46页。
④ 郭象注:《齐物论》,《庄子注》卷一,《二十二子》,上海古籍出版社1986年,第16页。
⑤ 程颢、程颐:《二先生语六》,《二程集》,王孝鱼点校,第91页。
⑥ 《大乘义章》,《大正藏》(第44册),第474页。
⑦ 曾令香:《〈诗经〉〈论语〉中第一人称代词"我"的比较》,《枣庄学院学报》2005年第3期。
⑧ 王守仁:《答徐成之》,《王阳明全集》卷二十一,吴光等编校,第807页。

绝意必之私，则此大头脑处。"[1]王阳明接受了佛教的观念，以为有"人见"和"我见"等偏执观念。其中的"我见"便是私我。"我见"即对私我的偏执。对于此类私我，王阳明也以无我来处理："故区区专说致良知，随时就事上致其良知，便是格物；着实去致良知，便是诚意；着实致其良知而无一毫意必固我，便是正心；着实致良知则自无忘之病；无一毫意必固我则自无助之病：故说格致诚正则不必更说个忘助。"[2]王阳明主张放弃对我的执着。王阳明曰："诸君常要体此人心本是天然之理，精精明明，无纤介染着，只是一无我而已；胸中切不可有，有即傲也。古先圣人许多好处，也只是无我而已，无我自能谦。"[3]天然之理的明朗意味着私我的断绝。对私我、肉身我、气质我等小我，王阳明不以为然。王阳明曰："此固执事平日与人为善之素心，大公无我之盛节，顾浅陋卑劣，其将何以承之乎！"[4]无我之后才能实现大公，即放弃对小我、私我的执着与追求，才能转而投身于公共事业中。这种公共事业便是大公。无我即大公。

所谓大公即指全体人，或曰我们。这也是阳明"我"概念的另一种内涵：我等同于我们或全人类。王阳明曰："诸君只要常常怀个'遁世无闷，不见是而无闷'之心，依此良知，忍耐做去，不管人非笑，不管人毁谤，不管人荣辱，任他功夫有进有退，我只是这致良知的主宰不息，久久自然有得力处，一切外事亦自能不动。"[5]此处的我与其说是个体自称，毋宁说是我们或人类自称。我致良知完全可以被理解为我们致良知。王阳明曰："天命于我谓之性，我得此性谓之德。今要尊我之德性，须是道问学。如要尊孝之德性，便须学问个孝；尊弟之德性，便须学问个弟。"[6]天命于我之我，完全可以作我们或人类，即天命于我们谓之性，天理在人类身上表现为性、人类得此德性便叫做德。我的德性其实是人类的德性。我即我们，泛指全人类。王阳明曰："圣人只是顺其良知之发用，天地

---

[1] 王守仁：《答刘内重》，《王阳明全集》卷五，吴光等编校，第197页。
[2] 王守仁：《传习录下》，《王阳明全集》卷三，吴光等编校，第83页。
[3] 王守仁：《传习录下》，《王阳明全集》卷三，吴光等编校，第125页。
[4] 王守仁：《与林见素》，《王阳明全集》卷二十七，吴光等编校，第1013页。
[5] 王守仁：《传习录下》，《王阳明全集》卷三，吴光等编校，第101页。
[6] 王守仁：《传习录拾遗》，《王阳明全集》卷三十二，吴光等编校，第1168页。

万物,俱在我良知的发用流行中,何尝又有一物超于良知之外,能作得障碍?"①"我良知"中的我完全可以当作我们的良知、人类的良知来理解。这里的良知,不是某个人的专有物,而是普遍的、人人皆有的本性。因此,良知不是说个人的良知,而是说我们的良知、人类的良知。我即我们或人类。对我的突出,不是对单个我的强调,而是对人类的推崇。这正是传统儒家的基本立场,即人类才是宇宙间最伟大的生命体。王阳明对"我"的歌颂,与其说是对自我的肯定,毋宁说是对人类的地位的高歌与宣扬。

五、结语:个体的缺席

王阳明是中国传统儒家哲学之集大成者,甚至是中国传统哲学的顶峰与终结者。阳明学的成就代表了中国传统哲学的贡献。从思想史的角度来看,传统儒家关心的主题是天人之辨,即人类在宇宙中的地位问题。天人理论成为传统儒家思想的主要内容。孔夫子开辟了儒家人文主义思潮的方向,即用人文逐渐取代自然,最终以人取代天的主导性地位,人类及其所创造的文化才是宇宙万物的最终主宰者。这样,天人关系论由早期的"天主人从"论转变成为"人主天地"论。这便是明代王阳明的基本主张。它同时也是传统儒家思想的最大贡献,确立了人类在宇宙中的主宰者地位。人类作为宇宙万物的主宰者,不仅能够主宰万物的生生不息,而且能够主导自己的人生命运。换一句话说,人不必消极地听天由命,而应该主动地把握自己的命运,积极地应对生存,这种积极性与主动性便是传统儒家提供的智慧。

这种主动性也突出了人的主体性。主体性是主体存在的终极性质。对于主体及其性质的理解,往往有两个视域,即自然的人类、社会的成员。从天人观来看,人仅仅是宇宙一类,这便是人类。人的主体性表现为人类主体性。或者说,人类主体性指作为种类的人的主体性。它以人类为范围,而不涉及具体的个人。与此同时,人还是社会中的具体个人。因此,人的主体性还表现为个体主体性,即作为个体的人的主体性。这样,主体性便分为两类,人类主体性

---

① 王守仁:《传习录下》,《王阳明全集》卷三,吴光等编校,第106页。

和个体主体性。以王阳明为代表的传统儒家突出了人类在宇宙中的作用和地位，人类不仅是自己命运的主宰，而且也是宇宙万物生存的主宰。人不必消极等待苍天的安排，而应该积极应对生存。这种主动性便是王阳明对人类主体性的认识。也就是说，王阳明突出了人类主体性。

由于王阳明提出心做主、我做主等观点或说法，很容易让现代学者将其与现代哲学的自我、个体主体性等相混淆，以为王阳明主张自我论、弘扬个体主体性等。这其实是一种误解。在王阳明这里，心做主，表面上体现了主动性与主体性，但是实际上，真正能够做主的不是心，而是心里的普遍良知。这种普遍的良知等同于朱熹的普遍天理。也就是说，做主的心听命于绝对而普遍的天理。这个天理，不仅内在于心中，而且遍布于宇宙，因此是客观而普遍的绝对实体。对于每一个具体人而言，我们只能接受它的引导和规范，听从它的安排，却无法改变它。心听从良知或天理，从而使自己成为合理的心。这种普遍良知的崇拜表明，王阳明重视的是普遍的天理。王阳明虽然主张将天理内化于心中，成为心中的良知，但是，它终究还是一种客观的存在。我们所有人无一例外地接受它的安排。这里，王阳明突出的仅仅是普遍的天理、共同的人性，王阳明对人的主体性的恭颂也仅限于普遍的人性，这便是对人类主体性的高举和突出。这也是传统儒家的共同立场：弘扬人类主体性。

现代学者看到"我"字，便把它与自我相连，认为王阳明突出自我，在于人的个体主体性。事实并非如此。我不等于自我。在王阳明这里，我有两种内涵，其一，我即气质之我，因而有私欲；其二，我可以泛指我们。这个我们，不是现代汉语中的我们，而是通指我们人类。我即人类。这便是王阳明最关心的问题：人类在宇宙中的作用与地位。这也是包括王阳明在内的传统儒家最关心的问题。至于个体人，不仅王阳明，而且所有传统儒家，甚至是道家等，其实都无暇关注。他们很少思考个体人的地位等问题。既然无暇关注于个人问题，便谈不上个体主体性、自由、自我、尊严等与个体存在相关的问题。而这些问题无疑也是人类生存的至关重要的问题之一。

第四章　王阳明与传统儒家思想的终结[①]

在中国思想史上，天人之辨是其中的最重要的主题之一。所谓天人之辨即天人关系说。它主要探讨天人之间的关系。为了简洁清晰之便，我们接受一个工具性定义，即，"中国古代学者提出的'天人关系'问题……不过是一个人与自然的关系问题而已。"[②] 本章所讨论的天人关系中的天也主要指以天空为主的自然界，人主要指人类及其所创造的文明。换一句话是，天人关系主要指自然界与人类的关系。从哲学人类学的角度来说，它主要关注人类在宇宙中的地位与作用、进而审视人类生存状态的问题。具体来讲，其一，这一话题在传统儒家思想体系中与思想史上具有怎样的地位？其二，天人关系，从历史的角度来看，经历了怎样的形态变化与发展、并取得了哪些成就？其三，如何解读这些成就以及这些理论成就究竟具有哪些实践意义？这是本章将关注的主要问题。本章将通过梳理传统儒家的天人关系论的历史，指出：其一，天人之辨是传统儒家思想史的基本主题；其二，在儒家思想史上，天人关系说是变化的，直到王阳明时期，传统儒家对天人关系的认识达到了一个极致；其三，从王阳明之后的思想史话题来看，传统思想史的主题已经终结。中国思想转变了新话题、并因此而进入了一个新时期。也就是说，王阳明终结了传统儒家的思想主题。

一、天人之辨与儒家思想的基本主题

儒家思想或文化的核心观念为仁、礼、孝等。我们以礼为例。礼，《说文》曰："礼，履也，所以事神致福也；从示、从豊。豊亦声。"[③] 礼与祭祀鬼神相关。故，王国维曰："古者行礼以玉，故《说文》曰：'豊，行礼之器。'其说古矣。……盛玉以奉神人之器，谓之'豐'，若豊。推之而奉神人之酒醴，亦谓之醴，又推之

[①] 曾刊发于《文史哲》2023 年第 1 期。
[②] 李锦全：《中国思想史上的"天人关系"问题——兼与刘节先生商榷》，《学术研究》1963 年第 3 期。
[③] 许慎：《说文解字》，天津市古籍书店 1991 年版，第 7 页。

而为神人之事，通谓之礼。"①礼最初可能源自于祭祀活动，即"礼乐的主要功能在于沟通'天'和'人'"②，人们希望通过祭祀鬼神，从而沟通代表上天的鬼与神。在这种活动过程中，人们逐渐形成礼。作为儒家思想文化的最重要形式之一的礼，从其起源来看，便与天相关。也就是说，礼是人们用来处理天人关系的产物。天人关系由此进入中国传统思想尤其是儒家思想的视域。或者说，礼概念的出现表明：天人之辨从一开始便是中国古代儒家思想的重要话题之一。

从早期儒家思想内容来看，天人之辨是其中心主题或基本问题。在现实生活中，孔子最重视孝。什么是孝？孝是处理子女与父母等长辈（包括去世的祖辈）等之间的关系方式。对活人有孝，这比较容易理解。而古人的孝还包括对去世的先辈们的孝。它具体包括传宗接代和祭祀。所以，孟子曰："不孝有三，无后为大。"③这里的关系双方不仅包括在世的子女，而且包括逝去的祖辈。这些死去的祖辈，按照古人的观念，便属于神或鬼。它们便是祭祀的对象。这些被祭祀的鬼神，按照中国传统观念，代表了天地④。天地构成了自然界的主要内容或部分。因此，对鬼神的关注其实便是对自然界的关注。或者说，人神关系便是天人之辨的一种形式。

中国古人相信天生万物（含人类）。由此，天成为万物（含人）的本源。按照中国传统思维模式，本源便是决定者、主宰者。因此，中国古人认为，天是人类及万物生存的主宰者。由此，形成一种天命观念。天命观主张：天主宰宇宙万物以及人类的一切生活，包括寿命和富贵等。天命观体现了一种天人观。这是孔子之前的天人观念，即相信天能够主宰人类生活。到了春秋时期，孔子曰："志于道，据于德，依于仁，游于艺。"⑤在这一宣言中，孔子明确表达了自己或儒家的旨趣：积极地面对生活，即人能弘道，反对消极地对待人生。这便是仁。此时的孔子，在基本坚持传统天命

---

① 王国维：《释礼》，《观堂集林》，中华书局1959年版，第290—291页。
② 余英时：《论天人之际：中国古代思想起源试探》，（台湾）联经出版事业股份有限公司2014年版，第91页。
③ 杨伯峻译注：《离娄章句上》，《孟子译注》，中华书局2008年版，第138页。
④《礼记》曰："魂气归于天，形魄归于地，故祭求诸阴阳之义也。"［郑玄注，孔颖达等正义：《郊特牲》，《礼记正义》卷二十六，《十三经注疏》（下），上海古籍出版社1997年版，第1457页］魂气即神，魄气即鬼。鬼神分属地与天，属于天地的使者。
⑤ 杨伯峻译注：《述而篇》，《论语译注》，中华书局2006年版，第76页。

观的前提之下，更关注于人类能否掌控自己的生活与命运等问题。他的做法是"敬鬼神而远之"[①]，即尽量远离鬼神等，由此孔子很少谈论"性与天道"。孔子的真正目的在于：我们应该积极主动地按照仁义之道所指引的方向去生活，而无需过分关注上天的安排。在现实生活中，孔子明确提出："天何言哉？四时行焉，百物生焉，天何言哉？"[②]苍天并不说话，哪来的命令？"作为终极价值源泉和约束力量"[③]的上天并不直接管人间的事情。人间的事情由人类自己做主，至少人类可以做些主。其方法便是居仁由艺。艺包括礼和乐等。所以，孔子倡导仁义之学，其目的便是为了应对传统天命观所带来的消极人生观。因此，孔子的仁学，最终体现了孔子对天人关系的新解读与新认识。

孔子思想后来发展出两个传统，即以孟子为代表的性本论传统和以荀子为代表的人本论传统。孟子的性本论认为，人天生有四端之心，分别对应于仁、义、礼、智，比如仁产生于恻隐之心等。这种天生本有的东西，传统学说称之为性，即生之谓性。既然四端之心属于天生本有，它们自然属于性。四端之心即是性。四端之心或性是人类天生具有的，成就仁、义、礼、智等的潜质。成人、成才便是顺由仁、义、礼、智等四端之心或性自然生长便可以了。性本论解决了当时人们的困惑：孔夫子倡导的仁义礼智、圣贤理想等是否可能？既然命运由天安排，成圣、成贤等好像都是上天安排好的，那么普通人是否有机会成为圣贤？孟子的方案非常坚决：每个人天生具有仁义之性，只要养性，便可以成为圣贤，这便是人皆可以为尧、舜。在孟子看来，上天的安排意义不大。重要的是后天的修行。这便是"天时不如地利，地利不如人和"[④]。后天的依性而为才是最重要的。

儒家思想的另一个传统是人本论，其主要代表是荀子。荀子以为，人天生具有邪恶的气质或本性。圣人为了规范与教化本性邪恶的民众，创造了礼法制度等。通过礼法的规范和教化，人的气质会得到改善，从而扬善抑恶、成为圣贤。后天的人文教化与实践才能

[①] 杨伯峻译注：《雍也篇》，《论语译注》，第69页。
[②] 杨伯峻译注：《阳货篇》，《论语译注》，第211页。
[③] 吴宝麟：《论帛书〈二三子问〉的天道与德政》，《周易研究》2020年第4期。
[④] 杨伯峻译注：《公孙丑章句下》，《孟子译注》，第64页。

够让人成为圣贤、并带来治理平正的天下，这便是人本论的立场。荀子也相信天命观，但是和孟子等相比，荀子走得更远。一方面，荀子明确提出别天人，认为苍天并不管人类的事情，人类的事情应该由人类自己做主，这种积极有为的人生观显然是继承并发展了孔子的人文主义思想的结果。在荀子那里，他面临着两个难题，一个是传统儒学的难题，即人类应该如何对待自己的命运？另一个难题是孟子遗留的难题，即仅仅尊重苍天馈赠的天性、顺其自然，能不能带来安定的天下？这两个难题，实际上还是一个，即人类应该如何应对天命？孟子的方案有一定的局限或不足。如何解决上述难题便成为荀子所面临的历史使命。在荀子看来，建立礼法制度、教化民众、努力践行才能够掌握自己的命运。

对人类命运的讨论是天人之辨的主要内容之一。它是孔子、孟子、荀子等早期儒家思想家的共同话题，也是最重要的话题。故，司马迁以"究天人之际，通古今之变，成一家之言"[1]为自己的写作宗旨。天人之辨成为司马迁思想的中心话题。宋儒邵雍曰："学不际天人不足谓之学。"[2]只有探讨天人关系的学说才能够被叫做学问，天人之辨才是最值得思考的主题。因此，这个话题贯穿了传统儒家思想史的始终。

二、从天人相分到天人一体：儒家思想的转折

汉代儒家的最大代表是董仲舒。董仲舒学说的宗旨可以简单地被概括为："道之大原出于天，天不变，道亦不变……"[3]如何论证上述命题便成为董仲舒思想的主要内容。董仲舒首先承认："人之人本于天，天亦人之曾祖父也，此人之所以乃上类天也。人之形体，化天数而成；人之血气，化天志而仁；人之德行，化天理而义；人之好恶，化天之暖清；人之喜怒，化天之寒暑；人之受命，化天之四时；人生有喜怒哀乐之答，春秋冬夏之类也。"[4]人类类似于苍天，即人副天数。由此，董仲舒推论：人道也应该与天道相

---

[1] 班固撰，颜师古注：《司马迁传》，《汉书》卷六十二，中华书局1987年版，第2735页。
[2] 邵雍：《观物外篇》，《邵雍集》，郭彧整理，中华书局2010年版，第156页。
[3] 班固撰，颜师古注：《董仲舒传》，《汉书》卷五十六，第2518—2519页。
[4] 苏舆：《为人者天》，《春秋繁露义证》卷十一，钟哲点校，中华书局2015年版，第310—311页。

似。比如天道有生生。生生便是仁。天道为仁。而仁，又是儒家之道的中心。因此，人道与天道相似或一致。天道绝对而伟大，人道自然也绝对而伟大。人道由此被提到了前所未有的高度，成为与天道并列的存在。这便是"天不变，道亦不变"的意义所在。更有甚者，在传统天命观的基础上，董仲舒利用感应说，提出了三命论，即寿命、随命和遭命。其中的随命说的意思是：因为某做善事、上天会因此而奖赏之，反之亦然。这便是常说的"善有善报，恶有恶报"。随命说的意义在于，董仲舒一方面承认苍天对人类的主宰权，另一方面又强调人类并非完全消极地等待上天的安排，人类也可以通过自己的努力来影响天，并进而影响和掌控自己的命运。在董仲舒的思想学说中，天人关系始终是其最核心的部分。

《白虎通》也坚持了类似的观点："伏羲作八卦何？伏羲始王天下，未有前圣法度，故仰则观象于天，俯则观法于地，观鸟兽之文，与地之宜，近取诸身，远取诸物，于是始作八卦，以通神明之德，以象万物之情也。"[1]圣王察天象以制人道。或者说，圣人依据天道来制定人道："于是伏羲仰观象于天，俯察法于地，因夫妇，正五行，始定人道。画八卦以治下，下伏而化之，故谓之伏羲也。"[2]三皇圣人依据天道而创造了人道或人类文明。人道来源于天道。当有人问圣人与巫师的区别时，扬雄答曰："史以天占人，圣人以人占天。"[3]人道效法于天道，故圣人可以通过人道而知晓天意。天人相类似。

汉代的王充不满意董仲舒的天人感应思想，主张分别天道与人道。王充曰："天之行也，施气自然也。施气则物自生，非故施气以生物也。"[4]天道自然气化而生生不息，并无故意。因此天道与人事相分别。谴责属于人道："人道善善恶恶，施善以赏，加恶以罪，天道宜然。刑赏失实，恶也。为恶气以应之，恶恶之义，安能施哉？……由斯言之，谴告之言，疑乎？必信也？"[5]因此，董仲舒所倡导的天谴说是靠不住的。王充指出："人之行，求有为也。人

---

[1] 班固：《五经》，《白虎通德论》，上海古籍出版社1990年版，第447页。
[2] 班固：《号》，《白虎通德论》，上海古籍出版社1990年版，第51页。
[3] 汪荣宝：《五百卷》，《法言义疏》，陈仲夫点校，中华书局1987年版，第264页。
[4] 王充：《说日篇》，《论衡校释》卷十一，黄晖校释，中华书局1990年版，第502页。
[5] 王充：《谴告篇》，《论衡校释》卷十四，黄晖校释，第643—644页。

道有为，故行求。"①人道积极而有为，并因此区别于天道。在天人相分别的情况下，王充认为，只有大人才能够合天之德："夫大人之德，则天德也；贤者之言，则天言也。……周公推心合天志也。上天之心，在圣人之胸，及其谴告，在圣人之口。"②圣人能够贯通天人之道，或者说，只有在圣人那里，天人才能够获得统一。在王充这里，"天道、人道之间既有一种客观自然的联系，又是相互区别的……"③从董仲舒到王充的汉代儒家完全相信，人类的智慧来源于天，人道效仿于天道。汉代儒学完全是天人之学。

汉代的天人观对玄学的天人思想产生了一定的影响。在王弼"执一统众"④论的基础上，阮籍进一步提出："天地合其德，日月顺其光，自然一体，则万物经其常，入谓之幽，出谓之章，一气盛衰，变化而不伤。……自其异者视之，则肝胆楚越也；自其同者视之，则万物一体也。"⑤世界万物之间，表面看来没有什么关联，但实际上这些自然事物却是一个有机的生命体，此即"万物一体"。由此诞生了中国思想史上著名的万物一体或天人一体观。郭象完全继承了这一立场："以死生为昼夜，旁日月之喻也；以万物为一体，挟宇宙之譬也。"⑥宇宙好比是一个物体。郭象曰："夫体天地冥变化者，虽手足异任，五藏殊官，未尝相与而百节同和，斯相与于无相与也；未尝相为而表里俱济，斯相为于无相为也。"⑦自然事物之间，如同人的手足和五官等一样，虽然形象或功能各自不同，但是却能够组成一个生命体："若乃役其心志以恤手足，运其股肱以营五藏，则相营愈笃而外内愈困矣。故以天下为一体者，无爱为于其间也。"⑧纷繁复杂的万物最终形成一体，这个整体性的存在，郭象称之为"天"："故天者，万物之总名也。莫适为天，谁主役物乎？"⑨宇宙万物所形成的整体叫做天或天地。至此，儒家的天人

---

① 王充：《说日篇》，《论衡校释》卷十一，黄晖校释，第502页。
② 王充：《谴告篇》，《论衡校释》卷十四，黄晖校释，第646—648页。
③ 黄开国：《论王充的天人观》，《山西师大学报（社会科学版）》1993年第4期。
④ 王弼：《论语释疑·里仁》，《王弼集校释》，楼宇烈校释，中华书局1980年版，第622页。
⑤ 阮籍：《达庄论》，《阮籍集校注》，陈伯君校注，中华书局2012年版，第139页。
⑥ 郭象注，成玄英疏：《齐物论》，《庄子注疏》，曹础基、黄兰发点校，中华书局2011年版，第54页。
⑦ 郭象注，成玄英疏：《大宗师》，《庄子注疏》，曹础基、黄兰发点校，第145页。
⑧ 郭象注，成玄英疏：《大宗师》，《庄子注疏》，曹础基、黄兰发点校，第145页。
⑨ 郭象注，成玄英疏：《齐物论》，《庄子注疏》，曹础基、黄兰发点校，第26页。

观产生了巨大的变化，即由天人相别，经历天人相似，走向了天人一体。天地万物以及人类最终组成了一个有机的生命体，这便是万物一体论。那么，谁是这个生命体的主宰者呢？这是摆在儒家面前的一个重要问题。

三、"仁者以万物为体"与宋明理学宇宙观

魏晋时期的"万物一体的命题……又几乎为理学家所普遍认同。"[1]北宋之初的张载明确提出"一天人"[2]思想，认为天人共为一个物体："造化所成，无一物相肖者，以是知万物虽多，其实一物。"[3]世上万物繁多，却最终统一于一物，这便是万物一体。二程亦明确指出："所以谓万物一体者，皆有此理，只为从那里来。"[4]天下万物，包括人类在内融为一个整体，天地世界如同一个模型产生："'范围天地之化而不过'者，模范出一天地尔，非在外也。如此曲成万物，岂有遗哉？"[5]万物出自于一个模型，这便是"范围天地之化"。朱熹直接将宇宙比作一个人："天便脱模是一个大底人，人便是一个小底天。"[6]天地万物如同一个人，宇宙如同一个人。明儒王阳明也提出："圣贤只是为己之学，重功夫不重效验。仁者以万物为体，不能一体，只是己私未忘。全得仁体，则天下皆归于吾。仁就是八荒皆在我闼意，天下皆与，其仁亦在其中。"[7]仁者以万物为一体，或者说，在儒者看来，天下万物是一体的。

既然万物一体、宇宙万物是一个生命体，那么，谁是这个生命体的主宰者（"天地之心"）呢？在先秦时期，人们通常相信，主宰宇宙万物的力量是天。但是，到了宋明理学时期，人们逐渐放弃了这个传统看法，并形成一种新的宇宙观。张载曰："大抵言'天地之心'者，天地之大德曰生，则以生物为本者，乃天地之心

---

[1] 杨国荣：《仁道的重建与超越——理学对天人关系的考察及其内蕴》，《江苏社会科学》1993年第5期。
[2] 张载：《乾称篇》，《正蒙》，《张载集》，章锡琛点校，中华书局1978年版，第64页。
[3] 张载：《太和篇》，《正蒙》，《张载集》，章锡琛点校，第10页。
[4] 程颢、程颐：《元丰己未吕与叔东见二先生语》，《二程集》，王孝鱼点校，中华书局2004年版，第33页。
[5] 程颢、程颐：《师训》，《二程集》，王孝鱼点校，第118页。
[6] 黎靖德编：《尽其心者章》，《朱子语类》卷六十，王星贤点校，中华书局1986年版，第1426页。
[7] 王守仁：《传习录下》，《王阳明全集》卷三，吴光等编校，上海古籍出版社1992年版，第110页。

也。"①天地万物生生不息，其本源便是天地之心。张载宣誓曰："为天地立志，为生民立道，为去圣继绝学，为万世开太平。"②他立志要为宇宙找到一个主宰者。这个主宰者，在儒家张载看来，便是仁："天本无心，及其生成万物，则须归功于天，曰：此天地之仁也。"③仁便是天地之心或天地之心的活动。朱熹完全接受这一立场："而仁者天地生物之心，得之最先，而兼统四者，所谓元者善之长也，故曰尊爵。"④仁即天地之心及其活动。仁成为宇宙万物共同遵循的基本原理。仁即人。《朱子语类》记载曰："问：'人者，天地之心'。曰：'谓如天道福善祸淫，乃人所欲也。善者人皆欲福之，淫者人皆欲祸之。'又曰：'教化皆是人做，此所谓人者天地之心也。'"⑤教化等人类行为是宇宙的主宰者，这便是"人者，天地之心"⑥。人类的有意活动才是宇宙的主宰者，这个有意的活动便是人文教化。

在朱熹这里，人文教化的主要内容是穷理。朱熹曰："凡事固有'所当然而不容已'者，然又当求其所以然者何故？其所以然者，理也。"⑦世上的万事万物的存在都有一个"所以然"之理。事事物物都有一个理。人也有理。朱熹曰："人之所以生，理与气合而已。天理固浩浩不穷，然非是气，则虽有是理而无所凑泊。故必二气交感，凝结生聚，然后是理有所附着。"⑧人类作为一个存在物也有自己的理。这个理，落实在人便是性："人之有形有色，无不

---

① 张载：《上经》，《横渠易说》，《张载集》，章锡琛点校，第113页。
② 张载：《语录中》，《张子语录》，《张载集》，章锡琛点校，第320页。
③ 张载：《气质》，《经学理窟》，《张载集》，章锡琛点校，第266页。
④ 朱熹：《公孙丑章句上》，《孟子集注》卷三，《四书五经》（上），宋元人注，天津市古籍书店1988年版，第25页。
⑤ 黎靖德编：《礼运》，《朱子语类》卷八十七，王星贤点校，第2243页。
⑥ 其实，"人者，天地之心"的提法最早出现于《礼记》。《礼记》曰："故人者，其天地之德，阴阳之交，鬼神之会，五行之秀气也。"［郑玄注，孔颖达等正义：《礼运》，《礼记正义》卷二十二，《十三经注疏》（下），上海古籍出版社1997年版，第1423页］人生于天地之合与阴阳之交，得（金、木、水、火、土）五行之秀气。故，最为天下灵者。其原因在于"人者，天地之心也，五行之端也。"［郑玄注，孔颖达等正义：《礼运》，《礼记正义》卷二十二，《十三经注疏》（下），第1424页］天地是人的生命力之元，五行则是人的形体之端。最终，《礼记》曰："故圣人作则，必以天地为本，以阴阳为端，以四时为柄，以日星为纪，月以为量、鬼神以为徒、五行以为质、礼义以为器、人情以为田、四灵以为畜。"［郑玄注，孔颖达等正义：《礼运》，《礼记正义》卷二十二，《十三经注疏》（下），第1424页］天地是人之本原、五行是人之材质，同理，天地也是人（文）之本、阴阳是人（文）之端、五行是人（文）之质。
⑦ 黎靖德编：《然则吾子之意亦可得而悉闻》，《朱子语类》卷十八，王星贤点校，第414页。
⑧ 黎靖德编：《人物之性气质之性》，《朱子语类》卷四，王星贤点校，第65页。

各有自然之理，所谓天性也。"①人理便是人性。不过，朱熹指出："若夫人物之生，性命之正，固亦莫非天理之实，但以气质之偏，口鼻耳目四肢之好，得以蔽之，而私欲生焉。"②天生的人性，由于禀气有清浊，故而常常被遮蔽。这便是人心不明。朱熹认为，只有通过学习事物之理，才能够让人心获得天理，或让被蒙蔽的理澄明，进而获得觉悟。因此，朱熹主要依仗于穷外物之理。或者说，朱熹更偏重于将宇宙万物生存的主宰之理视为一种外在于人的存在，人类通过把握这种力量进而主宰宇宙。

四、致良知论与人类主体性地位的确定

朱熹的物理观遭到了当时心学家陆九渊的批评。陆九渊也承认天理是宇宙万物生存的主宰者。但是，和朱熹外化天理的倾向不同，陆九渊提出："此理本天所以与我，非由外铄。明得此理，即是主宰。真能为主，则外物不能移，邪说不能惑。所病于吾友者，正谓此理不明，内无所主。一向萦绊于浮论虚说，终日只依借外说以为主，天之所与我者，反为客，主客倒置，迷而不反，惑而不解。"③天理是人类天生固有的东西。具体地说，天理在人心："四端者，即此心也；天之所以与我者，即此心也。人皆有是心，心皆具是理，心即理也。"④在陆九渊看来，心具理、心即理，理在人心中，理在我。至此，主宰宇宙万物生存理由的外在之物转化为人类身中之物。人类也因为它而获得了终极决定权。王阳明继承了陆九渊的心学立场，将主宰宇宙生存的天理直接叫做良知。王阳明曰："夫人者，天地之心，天地万物，本吾一体者也，生民之困苦荼毒，孰非疾痛之切于吾身者乎？不知吾身之疾痛，无是非之心者也。是非之心，不虑而知，不学而能，所谓良知也。良知之在人心，无间于圣愚，天下古今之所同也。世之君子惟务致其良知，则自能公是非，同好恶，视人犹己，视国犹家，而以天地万物为一

---

① 朱熹：《尽心章句下》，《孟子集注》卷十三，《四书五经》（上），宋元人注，第108页。
② 朱熹：《中庸或问》，《朱子全书》（第6册），朱杰人、严佐之、刘永翔主编，上海古籍出版社2002年版，第592页。
③ 陆九渊：《与曾宅之》，《陆象山全集》卷一，中国书店1992年版，第3页。
④ 陆九渊：《与李宰二》，《陆象山全集》卷十一，第95页。

体，求天下无治，不可得矣。"①万物一体，主宰是人类。准确地说，人类的良知才是宇宙的真正主宰。

其实早年的王阳明相信朱熹的物理说："众人只说格物要依晦翁，何曾把他的说去用？我着实曾用来。初年与钱友同论做圣贤，要格天下之物，如今安得这等大的力量？因指亭前竹子，令去格看。钱子早夜去穷格竹子的道理，竭其心思，至于三日，便致劳神成疾。"②早年学习朱子学的结果便是劳神成疾，故王阳明逐渐放弃了格物法。"及在夷中三年，颇见得此意思乃知天下之物本无可格者。其格物之功，只在身心上做，决然以圣人为人人可到，便自有担当了。"③格竹子的经历让其哲学发生了一个转变并开始意识到：主宰万物生存的理并非（只）存在于外物之中，而是在每个人的心中，这便是心即理说。王阳明不仅指出了超越的良知的主宰地位，而且将良知具体化到现实之中，成为一种人类实践活动，这便是致良知。致良知是王阳明所强调的工夫。这种工夫从形式来看，便是心与理的相结合。心理结合之后，人类天生的、混杂的气质之心获得了更新，这便是变化气质。变化气质即"精一"："'精一'之'精'以理言，'精神'之'精'以气言。理者气之条理，气者理之运用；无条理则不能运用；无运用则亦无以见其所谓条理者矣。"④精一之功其实就是用良知或天理为尺度来规范气质，使气清纯而无污浊。王阳明曰："夫良知一也，以其妙用而言谓之神，以其流行而言谓之气，以其凝聚而言谓之精，安可以形象方所求哉？"⑤气因为有了良知的指导而化为神。

在良知的指导下，人的气质不仅获得更新，更是气化流行而贯通宇宙，这便是"致良知"："天地间活泼泼地，无非此理，便是吾良知的流行不息。致良知便是必有事的工夫。"⑥致良知便是以良知来规范、约束气质活动，或者说，良知在气化活动中存在。王阳明曰："譬之种植，致良知者，是培其根本之生意而达之枝叶者

---
① 王守仁：《传习录中》，《王阳明全集》卷二，吴光等编校，第79页。
② 王守仁：《传习录下》，《王阳明全集》卷三，吴光等编校，第120页。
③ 王守仁：《传习录下》，《王阳明全集》卷三，吴光等编校，第120页。
④ 王守仁：《传习录中》，《王阳明全集》卷二，吴光等编校，第62页。
⑤ 王守仁：《传习录中》，《王阳明全集》卷二，吴光等编校，第62页。
⑥ 王守仁：《传习录下》，《王阳明全集》卷三，吴光等编校，第123页。

也；体认天理者，是茂其枝叶之生意而求以复之根本者也。然培其根本之生意，固自有以达之枝叶矣；欲茂其枝叶之生意，亦安能舍根本而别有生意可以茂之枝叶之间者乎？"①致良知如种植一般生生不息，最终"天地万物，本吾一体者也"②。我和万物是一个生命体，连通这个生命体的媒质便是气，而主导者则是良知。王阳明曰："人的良知，就是草木瓦石的良知。……盖天地万物与人原是一体，其发窍之最精处，是人心一点灵明。风、雨、露、雷，日、月、星、辰，禽、兽、草、木、山、川、土、石，与人原只一体。故五谷禽兽之类，皆可以养人；药石之类，皆可以疗疾；只为同此一气，故能相通耳。"③我们和万物之所以相通而感应，原因在于通于一气。气如同血脉，将自然界和人类之间相贯通，成为一个有机生命体。王阳明曰："盖其心学纯明，而有以全其万物一体之仁，故其精神流贯，志气通达，而无有乎人己之分，物我之间。譬之一人之身，目视、耳听、手持、足行，以济一身之用。"④这种气化流行而贯通，传统理学家给它取了个名字，那便是仁：贯通一体便是仁（"全其万物一体之仁"）。在这种万物一体视域下，人类自然相亲相爱。

王阳明将过去的宇宙终极性本原从外物之理转到人心中的良知，以为理在心中。这种转向，彻底将宇宙的主宰权交付于人类。由此，人的良知之心不仅成为人事的主宰，同时也是万物生存的主宰。致良知的过程无非是让人体中的气息遵循良知而大化流行。这种气化流行便是仁。在王阳明看来，自然界也遵循人类的仁道，人类因此成为天地的主人。至此，在长达数千年的天人争权中，人类终于掌握了话语权。从此，人类与天地自然的关系从早先的天生人、天主人的立场而彻底转向，从而实现了"以人统天"⑤的理想。人类不再是自然的仆从，而是一跃成为自然的主人。

---

① 王守仁：《与毛古庵宪副》，《王阳明全集》卷六，吴光等编校，第219页。
② 王守仁：《传习录中》，《王阳明全集》卷二，吴光等编校，第79页。
③ 王守仁：《传习录下》，《王阳明全集》卷三，吴光等编校，第107页。
④ 王守仁：《传习录中》，《王阳明全集》卷二，吴光等编校，第55页。
⑤ 张学智：《论王阳明思想的逻辑展开》，《北京大学学报（哲学社会科学版）》1989年第4期。

五、明末及清代思想主题："照着讲"还是"接着讲"？

以王阳明为代表的宋明理学，提出人类是宇宙的主宰，即"人者，天地之心也"，并从思辨哲学的角度对此予以了论证。这从哲学的角度将中国传统思想史的主题发挥到了极致。从此以后，从明末到清代思想发展史来看，思想家们关注的问题主要分为三种走向。其一，继承王学宗旨的人继续这一话题，"照着"王阳明讲，却无新意；其二，批判王学却"照着"朱子学讲，亦无创新；其三，全面批判宋明理学而转换话题，不再关注于传统的天人关系问题，从而转向一些新话题或开辟了新主题。

王阳明是明代影响最大的儒家思想家，其门人遍天下。这些王门学者，从思想史的角度来看，大体关注两个问题，其一，万物一体；其二，一体之元。在这些基本问题上，王门思想家的立场与王阳明基本一致，即认为万物一体，而一体之本在于人。他们或者以为"致知便是今日学脉"[①]（王龙溪），或以为"身是天下国家之本，则以天地万物依于己，不以己依于天地万物"[②]（王艮），或者强调"静而无欲"的"真心"[③]（何廷仁）为生存之本等，这些王门后学的思想，总体而言继承了阳明的心学精神，即万物一体、本原在人。这些观点可以说是阳明学的深化，但是仅仅是枝节性深化，却无革命性进步或新意。除此之外，同时期及之后的心学也大体与阳明学近似。如湛若水赞同泰州学派的修身论，以为"正身"[④]是天下安定的基础，而"正身"的关键在于"正心"[⑤]，由此而回到了阳明学。刘宗周从心体走向意用："'意'字看得清，则'几'字才分晓；'几'字看得清，则'独'字才分晓。"[⑥]他以为只有通过可以经验的诚意才是正道。"自其分者而观之，天地万物各一理也，何其博也；自其合者而观之，天地万物一理也，理亦

[①] 王畿：《东游会语》，《王畿集》卷四，吴震编校整理，凤凰出版社2007年版，第84页。
[②] 黄宗羲：《处士王心斋先生艮》，《明儒学案》卷三十二，沈芝盈点校，中华书局1985年版，第713页。
[③] 黄宗羲：《主事何善山先生廷仁》，《明儒学案》卷十九，沈芝盈点校，第456页。
[④] 湛若水：《湛甘泉先生文集》，广西师范大学出版社2014年版，第67页。
[⑤] 湛若水：《湛甘泉先生文集》，第73页。
[⑥] 刘宗周：《答叶润山四》，《刘宗周全集》（第3册），吴光主编，浙江古籍出版社2007年版，第374页。

无理也,何其约也。泛穷天地万物之理,则反之约也甚难。散殊者无非一本,吾心是也。仰观俯察,无非使吾心体之流行,所谓'反说约'也。"①其中的核心观念几乎是心学的翻版,即便是那些反儒思想家,其实也或多或少接受心学立场,如李贽曰:"夫童心者,真心也;若以童心为不可,是以真心为不可也。夫童心者,绝假纯真,最初一念之本心也。若夫失却童心,便失却真心;失却真心,便失却真人。"②李贽的童心说实则继承了孟子、王阳明的心学,属于"照着讲"。

明末之后,随着大明王朝灭亡,思想家们开始反省心学。其中一些思想家开始弃心学而转向程朱理学,由此程朱理学得以兴盛。甚至一些心学大师们也转向程朱理学,如孙奇逢便以为"盖陆、王乃紫阳之益友忠臣,有相成而无相悖"③,类似的还是有李颙、黄宗羲等。除了调和程朱与陆王之学外,还出现了不少儒家思想家宣扬程朱理学而反对陆王之学,如熊赐履、陆陇其、张伯行、李光地、张烈等。清圣祖康熙皇帝甚至以为孔孟之学,"至于朱子集大成,而继千百年绝学之学"④。朱子学成为清代儒学之正统,清代学者以程朱理学来对抗陆王心学,仅仅表示了一种反省,而无实质性的变化。"王学自身的反动,最显著的是刘蕺山(宗周)一派,(蕺山以崇祯十七年殉难)特标'证人'主义,以'慎独'为入手,对于龙溪(王畿)、近溪(罗汝芳)、心斋(王艮)诸人所述的王学,痛加针砭,总算是舍空谈而趋实践,把王学中谈玄的成分减了好些。但这种反动,当然只能认为旧时代的结局,不能认为新时代的开山。"⑤此断言不无道理。

明清时期的思想家在反省传统儒家思想的同时,开始转换话题。作为一个传统理学家,王夫之在澄清传统理学许多说法与观点的同时,将主要精力放在讨论思维方式的问题上。传统理学偏重于以思辨哲学的方式来观察世界。对此,王夫之,一方面接续这种思

---

① 黄宗羲:《孟子师说》,《黄宗羲全集》(第1册),浙江古籍出版社1985年版,第110页。
② 李贽:《童心说》,《焚书 续焚书》,张建业译注,中华书局2011年版,第146—147页。
③ 孙奇逢:《与魏莲陆》,《夏峰先生集》卷二,中华书局2006年版,第69页。
④ 《御制朱子全书序》,《圣祖仁皇帝御制文集》(第四集)卷二十一,《景印文渊阁四库全书》(第1299册),台湾商务印书馆1986年版,第534页。
⑤ 梁启超:《中国近三百年学术史》,湖南文艺出版社2011年版,第8页。

辨哲学的方向，即认为存在的路径是：性→气→质，进而产生万物；另一方面，王夫之又以为存在首先是经验。这两种观察方式提供了世界存在的两种模型：体→用，用→体。以往的理学家或心学家主张体用论，突出了体的地位和作用，王夫之对此不太满意，转而偏重于经验在观察世界中的地位和作用。我把这两种路径分别叫做"顺观"和"逆观"。"从现代哲学来看，顺观与逆观所组合而成的系统，恰恰类似于就是西方人所说的辩证法。因此，从这个角度来看，王夫之的哲学已经具有了比较鲜明的辩证法特征。从这个角度来说，王夫之哲学主要表现为思维方式上。"①观察世界的方式即思维方式成为王夫之哲学的主要话题。明清时期的另一位哲学家方以智曾自豪地提出："人之有心也，有所以为心者；天地未分，有所以为天地者。容成、大挠之伦，知天地气交之首，标心于雷门；四圣人于《易》之冬至见天地之心，此推论、呼心之始矣。则谓未有天地，先有此'心'可也，谓先有此'所以'者也。学者能知天地间相反者相因、而公因即在反因中者，几人哉！"②理解世界的关键在于认识三种因，即相因、反因和公因。三因说，说到底还是观察世界的方式即思维问题。

更多学者将兴趣转向更实际的生活中。李贽曰："自朝至暮，自有知识以至今日，均之耕田而求食，买地而求种，架屋而求安，读书而求科第，居官而求尊显，博求风水以求福荫子孙。种种日用，皆为自己身家计虑，无一厘为人谋者。……某等不肯会人，是自私自利之徒也，某行虽不谨，而肯与人为善，某等行虽端谨，而好以佛法害人。……翻思此等，反不如市井小夫，身履是事，口便说是事，作生意者但说生意，力田作者但说力田，凿凿有味，真有德之言，令人听之忘厌倦矣。"③李贽直接挑战传统儒学的舍己为人的思想，以为自己属于自私自利之徒。身求私利，口也说私意，没有必要心口不一。至此，李贽不但揭示了人的自私自利的本性，而且予以肯定，从而对抗传统思想。人的自私自利的本性终于得到了肯定，这便是私利观。最终，私利成为明清时期思想家们关注的中

---

① 沈顺福：《顺观与逆观：论王夫之观察世界的两种方法》，《船山学刊》2019年第4期。
② 方以智：《所以》，《东西均》，《方以智全书》（第1册），黄山书社2018年版，第342页。
③ 李贽：《答耿司寇》，《焚书 续焚书》，张建业译注，第52页。

心主题。

与利相应的是用。清代思想家顾炎武便看重用，即突出经世致用。顾炎武曰："自天下为家，各亲其亲，各子其子，而人之有私，固情之所不能免矣。故先王弗为之禁；非惟弗禁，且从而恤之。建国亲侯，胙土命氏，画井分田，合天下之私，以成天下之公，此所以为王政也。"[1]自私之人的天性不可剥夺，天子所要做的事情便是成就人们的私欲。顾炎武对天子作了新的界定："所谓天子者，执天下之大权者也。其执大权奈何？以天下之权寄之天下之人，而权乃归之天子，自公卿大夫至于百里之宰，一命之官，莫不分天子之权，以各治其事，而天子之权乃益尊。后世有不善治者出焉，尽天下一切之权而收之在上，而万几之广，固非一人之所能操也。"[2]天子应该分权于下属百官，这属于政治学主题。

黄宗羲在《原君》中，完全放弃了传统思想认识，提出了两个观点。黄宗羲曰："向使无君，人各得自私也，人各得自利也。"[3]他认为人都是自私自利的，这一观点本身并不新鲜，如古代的荀子便有类似的思想。其新鲜之处在于，黄宗羲对人的这一本性的态度发生了变化，即他并无否定之义。相反，黄宗羲应该是持肯定的、支持的态度，即相信人类都是自私自利的。于是，黄宗羲提出第二个革命性立场："古者以天下为主，君为客，凡君之所毕世而经营者，为天下也……"[4]君主应该为百姓服务，尤其是君主的使命便是为自私自利的民众的生存提供保障。政治问题由此获得了重视。

更多的清代思想家和学者放弃了独立的思想，而转向经学与小学等，这使清代思想史顿失光芒。可以说，从思想史的角度来说，清代几乎没有出现什么伟大的思想家。他们顶多属于照着讲，鲜见"接着讲"。也就是说，在清代，思想家们对于传统主题即天人关系问题，已经失去了兴趣。

---

[1] 顾炎武：《言私其豵》，《日知录校注》，陈垣校注，安徽大学出版社2007年版，第130页。
[2] 顾炎武：《守令》，《日知录校注》，陈垣校注，第525—526页。
[3] 黄宗羲：《原君》，《明夷待访录》，《黄宗羲全集》（第1册），第3页。
[4] 黄宗羲：《原君》，《明夷待访录》，《黄宗羲全集》（第1册），第2页。

六、结语：传统儒家思想的终结

从孔子开始，儒家开始思考人类在宇宙中的地位问题。孔子主张敬鬼神而远之，从而开辟了儒家突出人类主体性地位及肯定人间生活的价值与作用的人文主义思想之路。孟子、荀子分别从不同方向继承并发展了孔子的这一人文主义精神。尽管如此，早期儒家依然相信并接受上天对人类的主宰与主导性地位，以为人类仅仅是上天的随从者，人事听从上天的安排。天强人弱的状况十分明显。从汉代开始，以董仲舒为代表的儒家表面上尊天，以为天是万物之祖、具有无可比拟的崇高地位，事实上，其真正目的是尊人：尊崇人类及其所创造的文明，因为人类及其文明效仿于天，因此和天一样永恒而伟大。至此，人类及其所创造的文明被提升到与天几乎并肩的地位。到了魏晋时期，人们开始建构出一种新型宇宙观或世界观，即，天地和人类一起合为一体。这便是万物一体观。天生万物的他生说便转换为自生说。到了宋明时期，人们在接受万物一体观的同时，开始思考另一个更重要的问题：在天地人所共同组成的宇宙生命体中，谁才是它的主宰者？张载高倡"为天地立心"，其目的就是为了寻找或确立一个宇宙主宰者。二程以为万物统一于仁，仁便是天地万物的根基或主宰者，仁便是天理，即宇宙万物共同遵循的道理。朱熹则将其扩充至人文，以为人文之教便是天地之心。人类通过学习天理、获得天理，进而掌控整个宇宙的生存。陆九渊则更相信天理在人心中，这便是心即理。到了明代，王阳明等综合了朱熹与陆九渊的思想，以良知说代替天理说，以致良知为穷理的工夫。人类的良知成为宇宙生存的终极主宰者。而致良知则将这个超越的主宰者的作用现实化。由此，人或仁成为宇宙的主宰者。至此，孔子所开辟的人文主义思潮获得了本体论的证明，其发展之路也因此达到了巅峰。巅峰的抵达同时意味着尽头的到来，当王明明宣称人是宇宙万物的主宰者时，人类在宇宙间的地位取得了前所未有的，甚至是无以复加的高度，在这个高度之外或之上，已经不可能再有余地了。这标志着孔子的人文之路也走到了尽头，在天人之辨问题上，孔子所开辟的儒家思想走到了尽头，这便是传统儒家思想或学说的终结。或者说，传统儒家已经完成了它的历史使命。

事实上，从王阳明之后的儒家思想发展来看，尽管仍有不少儒者在做着不懈的努力，但是，在天人观上，他们再也没有产生出创造性的成果，也很少有思想家关注这个话题。即便有人仍在讨论这个主题，但是其背景、意义等发生了根本性转变。比如一些人从科学的角度思考天的问题，还有些人从宗教的角度来思考天的问题等。这些都和传统的天人之辨差异较大。或者说，这个传统话题，在此逐渐失去了魅力和生机。人们开始思考别的问题，或者开辟新主题，比如公私之辨、利益的合法性、政治问题等。这可能是清代乃至民国时期的中国思想史的基本主题。传统儒家的思想主题，到了王阳明那里宣告结束。传统思想的终结，预示了新主题与新思想的到来。

第五章 论"我"的三个向度[①]

汉语中的"我"不仅是一个日常语言表达形式，即自然语言，也是一种重要的学术概念，即人工语言。从中国哲学史来看，它至少在孔子时期便已经出现，并被沿用至今。那么，"我"究竟具有哪些内涵呢？现代学者常常用现代观念来解读古代文献中的"我"，这种解释是否合适呢？或者说，古代文献中的"我"字是否已经具备了自我的内涵，等同于现代汉语的我呢？这便是本章的中心问题。本章将试图指出："我"通常有三个存在向度：自然的小我、普遍的大我以及自主的自我，合起来形成一个真正的我。从中国传统儒家哲学来看，古人已经注意到了小我和大我，但忽略了自我，就此而言，古代儒家的我的观念存在着一定不足。

一、小我与气质

古汉语的"我"字是象形字，像一种武器。作动词用时，"我"表示"杀"，如"我伐用张"[②]。许慎曰："我，施身自谓也。或说我颇顿也。从戈从禾，或说古垂字，一曰古杀字。"[③]由动词之杀伐演化出名词之"我"，即杀伐者："我，谓宰主之名也。"[④]我即杀伐者、行为人。这应该是"我"字的早期内涵。如，"我非生而知之者，好古，敏以求之者也"[⑤]。我便指知晓者、求知者。孟子曰："挟太山以超北海，语人曰：'我不能。'是诚不能也。为长者折枝，语人曰：'我不能。'"[⑥]我即行为人。荀子曰："不求之其所在，而求之其所亡，虽曰我得之，失之矣。"[⑦]"我得之"仅仅表现为我获得了满足，我仅仅指物理实体。董仲舒曰：

[①] 曾刊发于《浙江大学学报（人文社会科学版）》2022 年第 12 期。
[②] 孔安国传，孔颖达正义：《泰誓》，《尚书正义》卷十一，《十三经注疏》（上），上海古籍出版社 1997 年版，第 181 页。
[③] 许慎：《说文解字》，天津市古籍书店 1991 年版，第 267 页。
[④] 王弼等注，孔颖达等正义：《系辞》，《周易正义》卷七，《十三经注疏》（上），第 78 页。
[⑤] 杨伯峻译注：《述而篇》，《论语译注》，中华书局 2006 年版，第 81 页。
[⑥] 杨伯峻译注：《梁惠王章句上》，《孟子译注》，中华书局 2010 年版，第 12 页。
[⑦] 王先谦：《正名篇》，《荀子集解》卷十六，《诸子集成》（第 2 册），上海书店 1986 年版，第 284 页。

"君子求仁义之别，以纪人我之间，然后辨乎内外之分，而着于顺逆之处也。"[①]人我之间有区别。这里的人指他人，我便是此行为人。朱熹曰："颜子之心，惟知义理之无穷，不见物我之有间，故能如此。"[②]物与我形成对立，其中我是这个物体，其余为他物。王阳明曰："凡人信口说，任意行，皆说此是依我心性出来，此是所谓生之谓性；然却要有过差。"[③]随意而言行便是任由我的心意。我便是一个行为人。

行为人即行为者，是一个现实主体或物体。于人而言，这个物体便是身体，故，我常常与身体相关。孟子曰："凡有四端于我者，知皆扩而充之矣，若火之始然，泉之始达。"[④]这里的我便指身体：我的身体生而含四端之心或性。孔颖达解释曰："'观我生进退'者，'我生'，我身所动出。"[⑤]"我"即我的身体。孟子曰："心之官则思，思则得之，不思则不得也。此天之所与我者。"[⑥]"大体"即德性乃是天生于"我"的东西，这里的"我"便指身体。孟子曰："万物皆备于我矣。反身而诚，乐莫大焉。"[⑦]这里的我未必专指人，它或指称自然生物的载体或物体。万物身中皆有自己之性，性在身中。返回到身中之性、诚实其性，便是最大幸福。这里的我便是物体（含人）的身体。"杨子取为我，拔一毛而利天下，不为也。"[⑧]杨朱特别重视我，这个我便是气质存在，即身体。佛家慧远明确曰："何者是我？五阴和合，假名集用，说名为我。"[⑨]我即五阴和合而成的肉身。朱熹曰："我，私己也。"[⑩]我即自称的行为人。其中，"至于我又生意，则物欲牵引，循环不穷矣"[⑪]。肉体之我能够产生生意、形成物欲。欲产生于肉体之我。故有学者指出："《诗经》中的'我'

---

① 苏舆：《仁义法》，《春秋繁露义证》卷八，钟哲点校，中华书局1992年版，第248页。
② 朱熹：《泰伯》，《论语集注》卷四，《四书五经》（上），宋元人注，天津市古籍书店1988年版，第33页。
③ 王守仁：《传习录下》，《王阳明全集》卷三，吴光等编校，第100—101页。
④ 杨伯峻译注：《公孙丑章句上》，《孟子译注》，第59页。
⑤ 王弼等注，孔颖达等正义：《观》，《周易正义》卷三，《十三经注疏》（上），第36页。
⑥ 杨伯峻译注：《告子章句上》，《孟子译注》，第208页。
⑦ 杨伯峻译注：《尽心章句上》，《孟子译注》，第234页。
⑧ 杨伯峻译注：《尽心章句上》，《孟子译注》，第244页。
⑨ 《大乘义章》，《大正藏》（第44册），第474页。
⑩ 朱熹：《子罕》，《论语集注》卷五，《四书五经》（上），宋元人注，第36页。
⑪ 朱熹：《子罕》，《论语集注》卷五，《四书五经》（上），宋元人注，第36页。

作主语时只表示自称，但发展到《论语》时，已着重于作为人的自称，在他称与'我'的对比中言'我'，已重于相对于他称的存在而自称。"[1]这里的我和他者对立，表示分属两个不同的行为人。"我"指的是物理的行为主体。高本汉比较了"吾"与"我"后指出：前者是主动，"我"是受动。[2]这也是语言学家对《论语》统计后所得出的一个结论。"我"主要指包含了物理的存在主体。有学者认为"我"常用于表示对自身的强调、加重语气，有比较强烈的主观色彩[3]。这可能属于过度解读。

中国传统哲学认为，万物由气而生成。作为物体的我自然也是一个气质物体。故，孟子曰："我善养吾浩然之气。"[4]我便是一个由浩然之气等所构成的气质物体。这个气质物体最终由本心所主宰，这便是"夫志，气之帅也；气，体之充也"[5]。志即气质本心的活动，主导我们的生存。王弼曰："不得而知，更以我耳、目、体不知为名，故不可致诘，混而为一也。"[6]我即由耳、目等气质物构成的物体。郭象曰："然则生生者谁哉？块然而自生耳。自生耳，非我生也。"[7]万物自生。我仅仅是万物之一员，属于气质生物。二程曰："天之付与之谓命，禀之在我之谓性，见于事业（注：一作物）之谓理。"[8]人性便是苍天禀赋于气质身体上的东西。我是气质身体。王阳明曰："天之所以命于我者，心也，性也。"[9]心与性乃是苍天赋予我身体上的东西。我即气质身体。王夫之曰："成乎性而神化在我，岂致思助长者之所可拟哉！"[10]我立足于性之神化。神化便是气质变化。这里的我便是一个气质物体，属于"生命我"[11]，我指有生机的气质身体。

古代的我主要指气质的自然人或气质我，方以智称之为"小

---

[1] 曾令香：《〈诗经〉〈论语〉中第一人称代词"我"的比较》，《枣庄学院学报》2005年第3期。
[2] 转引自李子玲：《〈论语〉第一人称的指示义》，《当代语言学》2014年第2期。
[3] 何乐士：《〈左传〉的人称代词》，《古汉语研究论文集（二）》，北京出版社1984年版，第109页。
[4] 杨伯峻译注：《公孙丑章句上》，《孟子译注》，第46页。
[5] 杨伯峻译注：《公孙丑章句上》，《孟子译注》，第46页。
[6] 王弼：《老子道德经注》，《王弼集校释》，楼宇烈校释，中华书局1980年版，第31页。
[7] 郭象注：《齐物论》，《庄子注》卷一，《二十二子》，上海古籍出版社1986年版，第16页。
[8] 程颢、程颐：《二先生语六》，《二程集》，王孝鱼点校，中华书局1981年版，第91页。
[9] 王守仁：《传习录中》，《王阳明全集》卷二，吴光等编校，第43—44页。
[10] 王夫之：《正蒙注》，《船山全书》（第12册），岳麓书社2011年版，第91页。
[11] 劳思光：《新编中国哲学史》（卷1），广西师范大学出版社2005年版，第127页。

我":"又有决几焉,动心以知不动,忍性以知不忍,无我以知大我,大我摄于小我。"①"大我"存在于"小我"中。这里的小我便指气质性的自然人或自然的私心。这种自然的私心不仅是自然的,而且也是狭隘的。我即私。孔颖达曰:"不私权利,唯德是与,诚之至也,故曰'我有好爵',与物散之。"②我即私。朱熹直接将"我"解释为"私己也"③,我是个人的私欲,是"小我"。"小我"即自然的、私人的东西。王阳明曰:"天下之人心,其始亦非有异于圣人也,特其间有我之私,隔于物欲之蔽,大者以小,通者以塞,人各有心,至有视其父子兄弟如仇雠者。"④天下之人皆有私心、私欲。我即私。王夫之明确指出:"我,谓私意私欲也。"⑤我的欲望是私欲。故,日本语中便用汉字"私"来表示我。我即私。狭隘的私需要被限制、被克服、被超越。这也是传统儒家的基本立场。《论语》曰:"毋意,毋必,毋固,毋我。"⑥孔子主张不执着于气质我。这便是"无我"或"非我":"故非我而当者,吾师也;是我而当者,吾友也;谄谀我者,吾贼也。"⑦自然的我是不可靠的。如果能够批评我便是我的老师。气质我只能依靠权威的老师以及经典等来规范。董仲舒曰:"仁之法在爱人,不在爱我。义之法在正我,不在正人。"⑧气质之我需要规范或约束。二程曰:"至公无私,大同无我。虽眇然一身,在天地之间,而与天地无以异也。"⑨大同即是与天下万物合为一体而贯通,从而成仁,这样便没有了小我。无我即无小我,无我、无私、无欲等成为传统儒家的一个重要观念。自然的生存便是私欲,具有片面性或局限性,它需要被改造或被超越。那么,传统儒家主张无我便是真正否定人自身、否定人欲吗?非也。他们否定小我与人欲,目的在于彰显我的另一个向度即普遍性,即大我。

---

① 方以智:《三征》,《东西均》,《方以智全书》(第1册),黄山书社2018年版,第267页。
② 王弼等注,孔颖达等正义:《中孚》,《周易正义》卷六,《十三经注疏》(上),第71页。
③ 朱熹:《子罕》,《论语集注》卷五,《四书五经》(上),宋元人注,第36页。
④ 王守仁:《传习录中》,《王阳明全集》卷二,吴光等编校,第54页。
⑤ 王夫之:《正蒙注》,《船山全书》(第12册),第88页。
⑥ 杨伯峻译注:《子罕篇》,《论语译注》,第100页。
⑦ 王先谦:《修身篇》,《荀子集解》卷一,《诸子集成》(第2册),第12页。
⑧ 苏舆:《仁义法》,《春秋繁露义证》卷八,钟哲点校,第250页。
⑨ 程颢、程颐:《论道篇》,《二程集》,王孝鱼点校,第1172页。

二、大我与人性

在传统儒家那里，我不仅指气质身体，而且可能内含普遍人性。孟子曰："凡有四端于我者，知皆扩而充之矣，若火之始然，泉之始达。"[1]我有四端，此四端之心便是普遍的人性，我不仅有天生的气质之身，而且同时具备普遍之性，我内含普遍而善良的本性。这种我不再是单纯的气质我或小我，而是一种符合人类本性的人。符合人性的我，与其说是私人之我，毋宁说是全人类即我们。我即人人，"有四端于我者"即我们都有本性。我不仅表现为气质生物，而且内含人性，我即我们。王弼曰："我守其真性无为，则民不令而自均也。"[2]我包含了真性。真性即人性，属于人的普遍性向度。嵇康曰："然无措之所以有是，以志无所尚、心无所欲，达乎大道之情，动以自然，则无道以至非也。抱一而无措，则无私。"[3]无私而无欲，却与大道合。大道本于性，顺性而无为自然与道相契合。无小我的目的便是让人性得以完善、成就另一个普遍的我们。我是我们（全人类）。

由孟子与荀子所倡导的成人模式在宋明时期得到了深化。张载曰："无我而后大，大成性而后圣，圣位天德不可致知谓神。故神也者，圣而不可知。"[4]只有无我能够让天然的德性充满人心，最终成为大人。其中的德性是一种超越性存在。这个（transcendental）存在的依据之一，便是超越的（transcendent）太虚的参与。这个超越的太虚，后来的朱熹称之为"性"："'合虚与气，有"性"之名；合性与知觉，有"心"之名'，是就人物上说。"[5]张载的本意是说性乃是太虚与气的合成物。但是，朱熹却将其解读为统一关系，其中的性即太虚。

无我能够贯通一体而为仁。二程曰："夫于有美恶因而美恶之，美恶在物，我无心焉。"[6]我无心即我无私心、完全依据于事

---

[1] 杨伯峻译注：《公孙丑章句上》，《孟子译注》，第59页。
[2] 王弼：《老子道德经注》，《王弼集校释》，楼宇烈校释，第81页。
[3] 夏明钊译注：《释私论》，《嵇康集译注》，第127—128页。
[4] 张载：《神化篇》，《正等》，《张载集》，章锡琛点校，中华书局1978年版，第17页。
[5] 黎靖德编：《性情心意等名义》，《朱子语类》卷五，王星贤点校，中华书局1986年版，第95页。
[6] 程颢、程颐：《论道篇》，《二程集》，王孝鱼点校，第1178页。

物自身之理。美恶外在于物理，而不在我。二程曰："理者天下之公，不可私有也，非敢必以为是。"①理是公理，不是私有。通过无我而能够通达公理的现实表现便是仁。仁便是万物一体："天地之用，即我之用也；万物之体，即我之体也。"②我即万物一体、全体，我即仁、即全体。这个全体不仅包括所有人，而且包含所有物。我即全体，它不仅表现为气质生物，而且内含普遍之理。我即我们，内含普遍之理或性。

在朱熹看来，天生的气质小我并不可靠，需要理来规范："盖心之全德，莫非天理，而亦不能不坏于人欲。故为仁者，必有以胜私欲而复于礼，则事皆天理，而本心之德，复全于我矣。"③只有理才能够规范人心、形成合理的道心。其中，作为规范依据的理是普遍实体，而人心或人欲则是具体存在。这样，超越的理与具体的心相结合便可以形成超越性道心、进而产生正确行为。朱熹曰："仁，则私欲尽去而心德之全也。"④只有限制私意的人欲才能够成全普遍之性并最终成就仁。朱熹曰："仁义根于人心之固有，天理之公也。利心生于物我之相形，人欲之私也。循天理，则不求利而自无不利；殉人欲，则求利未得而害已随之。"⑤固有的人心私欲如果因循天理，不仅合理而且并无不利。朱熹并没有完全否定人心或人欲，他主张用普遍的理来规范自然的心，从而实现普遍理与气质心的具体结合与超越。通过超越，人从自然生物转变为合理的生物、成为符合人性的生物。符合人性的生物便是人类。我即人类，人类之所以为人类并区别于其他生物，依据在于人性。自然的生物因为超越的理或性而获得了转变，人获得了新生。

在程朱理学这里，我的新生主要依赖于外物之理。对此种观念，陆王心学并不满意，或者说，陆王心学更愿意认为我的新生原因乃是我内在固有的东西。陆九渊曰："四端者，即此心也；天之所以与我者，即此心也。人皆有是心，心皆具是理，心即理也。"⑥

---

① 程颢、程颐：《论学篇》，《二程集》，王孝鱼点校，第1193页。
② 程颢、程颐：《论学篇》，《二程集》，王孝鱼点校，第1184页。
③ 朱熹：《颜渊》，《论语集注》卷六，《四书五经》（上），宋元人注，第49页。
④ 朱熹：《述而》，《论语集注》卷四，《四书五经》（上），宋元人注，第27页。
⑤ 朱熹：《梁惠王章句上》，《孟子集注》卷一，《四书五经》（上），宋元人注，第1页。
⑥ 陆九渊：《与李宰二》，《陆象山全集》卷十一，中国书店1992年版，第95页。

此心不仅是血肉心，而且也是天理心。此心即天理，"此理本天所以与我，非由外铄。明得此理，即是主宰"①。这个天理不仅是人天然固有的，而且能够主导人的生存。气质我有了天然之理，便有了保证。我不仅是气质之身，而且因为此身内含天理或普遍实体、从而超越了自身的自然性、成为一个超越性的大我。超越性大我便是圣人。故，象山曰："圣人与我同类，此心此理，谁能异之？"②我们因为有了天理在身便与圣贤没有什么区别。既然人天生有理，那么现实之中的人便自然是圣贤了。因此，象山也很少讨论修身工夫等问题。即便有工夫论，其重点也限于已发工夫即心理合一之后的工夫。

那么，心理是自然合一的吗？显然不是。如果是，现实中的坏人或坏事如何出现呢？这是象山无法回答的问题。后来的王阳明解决了这个问题。王阳明也接受了传统儒家的无我说："孔子九千镒只是尧、舜的，原无彼我。"③圣人没有私我的执着，圣人无我。圣人无我并非说圣人不要气质之身、毫无私欲，而是说圣人应该以天理、良知或人性来主导自己的人欲。王阳明曰："天之所以命于我者，心也，性也。"④人不仅天赋自然生命，而且固有人性，这个人性便是天理或良知。人性或良知不仅内在于气质身体之中，而且通过气化流行而贯通的方式成为一个超内外的普遍实体："夫谓学必资于外求，是以己性为有外也，是义外也，用智者也；谓反观内省为求之于内，是以己性为有内也，是有我也，自私者也；是皆不知性之无内外也。"⑤万物一体，我的良知不仅是个体的良知，也是万物的良知，我和万物贯通一体而为仁。王阳明曰："古人具中和之体以作乐，我的中和，原与天地之气相应；候天地之气，协凤凰之音，不过去验我的气果和否：此是成律已后事，非必待此以成律也。"⑥我便是万物一体，仁气流行，这个我不再是小我，而是一种在良知的引导下、与万物和谐一体之仁。这种万物一体的存在，从

---

① 陆九渊：《与曾宅之》，《陆象山全集》卷一，第3页。
② 陆九渊：《与郭邦逸》，《陆象山全集》卷十三，第109页。
③ 王守仁：《传习录上》，《王阳明全集》卷一，吴光等编校，第31页。
④ 王守仁：《传习录中》，《王阳明全集》卷二，吴光等编校，第43—44页。
⑤ 王守仁：《传习录中》，《王阳明全集》卷二，吴光等编校，第76页。
⑥ 王守仁：《传习录中》，《王阳明全集》卷三，吴光等编校，第113—114页。

生存论的角度来说，构成了一个生命体，这便是我。这个我乃是万物合在一起而形成的有机体，它囊括了全部生命体，从人类的角度来说，它指全人类。我即我们。故在王阳明的《传习录》中，大多说的我都可以替换为我们，如："天命于我谓之性，我得此性谓之德。今要尊我之德性，须是道问学。如要尊孝之德性，便须学问个孝；尊弟之德性，便须学问个弟。"①这里的我并非指具体个人，而是指全人类即我们：天赋予我们者谓之性，性乃是苍天赋予全人类的先天实体。我是我们，甚至还要大于我们，我即全部生物。方以智把这个全部生物合成体命名为"大我"②。这个大我，从人类生存来看便是全人类即我们。作为全人类的我们并非统计中的复数，而是集合体或属。其中，支撑属的客观依据便是所属的人性。因此，大我的主要标志是人性，符合人性的我便是大我。符合人性的我，按照王阳明的观点，乃是万物一体，即我和万物合为一体。这便是一个我。一个我不再是单个的自然人，而是指称全人类或全部生物。

小我转变为大我，最重要的条件便是人性，合乎人性的我便是万物一体、便是大我。在自然状态下，我们常常以气质我为自己的身份。我的活动如欲便是气质我的活动，如好色之欲等。普遍人性或超越天理观念的出场改变了人的身份，让人从自然的小我转变为内含普遍性的大我，人从自然人转变为道德人。这种新身份的形成产生于"对存在本体的存在论定义"③。其方式便是反思："具体个体反思自身，并由此回到普遍性。"④通过反思自身的归属如人性，让自己成为所属之性所构成的群体的成员。具体到理学中，人们通过领悟自己的本性、将自己归属于人类的一员、从而形成新身份的观念。在这种观念中，我不再是狭隘的气质生物，反而转身成为以普遍人性为指南的道德人。人们通过不断地反思事物、从而形成新身份。理学家将这种方式叫做"体"。"仁，体也。"⑤贯通一

---

① 王守仁：《传习录拾遗》，《王阳明全集》卷三十二，吴光等编校，第1168页。
② 方以智：《三征》，《东西均》，《方以智全书》（第1册），第267页。
③ Martin Heidegger, *Sein und Zeit* (Tübingen: Max Niemeyer Verlag, 1993), 58.
④ Georg Wilhelm Friedrich Hegel, "Grundlinien der Philosophie des Rechts oder Naturrecht und Staatswissenschft im Grundrisse", *Georg Wilhelm Friedrich Hegel Werke 7* (Frankfurt am Main: Suhrkamp Verlag, 1970), 54.
⑤ 程颢、程颐：《元丰己未吕与叔东见二先生语》，《二程集》，王孝鱼点校，第14页。

体便是仁。仁即万物一体。当我们意识到自己与万物同属于一个生命体时，我不仅形成了新身份，而且自然产生了相应的行为，即，万物与我们便如同手足而相亲。这种贯通一体之仁，从哲学的角度来看，便是一种"超越"："超越意味着从世界的角度来理解自己。"[1]我从自身之外的角度如世界的角度重新确定自己的新身份：我不再是气质小我，而是万物的兄弟，相亲相爱便是自然的行为。这种新身份便是公共的、道德的大我。大我的观念来源于现实社会："社会关系与人，伴随着许多其他的东西形成了他们特有的、与之相关的本性，以及相应的位置，这一位置则属于公共生活形式的产物。'人'是一种浓缩，它以概念的方式浓缩了社会现实。从另一方面来说，社会现实不再是一种抽象，而是具体的现实。"[2]经过反思，人们将社会现实中的普遍观念及其背后的实体如人性、天理、道德理念等进行转化、使其成为自己的新身份，形成大我。大我即合乎人性的人，或者说，大我的本质是人性。有人性的我便是大我，无人性的自然人便是小我。

三、自我与自主

在自然状态下，作为行为人的我常常忽略了自己的身份、从而直接产生意愿与行为。此时的人类行为具有显著的自然性，和一般动物相差无几。作为理性存在者的人并非以自然人的身份行动。他会通过反思的方式、在自己原有理解的基础上为自己重新确立一个新身份，如，男人、人、生物等。这些新身份来源于对群体所属的认识。这些群体所属，有些类似于逻辑学中的种属如人、生物等，有些则属于群体归属如民族、国家等。对自己归属的理解常常帮助自己形成新身份。这种新身份的确立从观念上协助理性人走上了超越之路：我不仅是一个现实自然物，而且还归属于某个属如人类等。这便是人性论的目的：协助人们知晓自己的种属、从而超越自身的自然或现实的立场、重新确定新身份。从存在论的角度来看，

---

[1] Martin Heidegger, *Die Grundprobleme der Phaenomenologie* (Frankfurt am Main: Vittorio Klostermann, 1975), 425.

[2] Herbert Fingarette, "Comment and Response," in *Rules, Rituals, and Responsibility: Essays Dedicated to Herbert Fingarette*, ed. Mary I. Bockover (La Salle: Open Court, 1991), 199.

我是谁？对人性的反思提供了答案：我属于人类之属、普遍的人性应该成为我的新身份。这便是性体。从实践论的角度来看，我该怎么办？性体观念提供了答案：我必须按照新身份去实践。那么，这种普遍性归属的假设如何产生呢？我如何确定我的新身份、选定我的行为原理呢？

归属的反思活动产生于自主的自我，即，只有自我认定的普遍之属性才能成为我的新身份，或曰，我的新身份产生于自主的自我对普遍实体的接受。我的新身份通常包含常项和变项。其中，常项是自主的"纯粹我"[1]，而变项则对外开放。确定的"纯粹我"总是在某个具体行为中确定自己的身份。从实践理性观念来看，人的意志通常分为作为行为主体的意志和作为意志对象的意志。只有主体与对象同时在场的情况下，意愿才会产生。没有对象的意愿主体是空洞的"意愿"，也是不现实的。这便是"纯粹我"。"纯粹我"即意志主体与意志对象相依而在。其初期形态便是意向性："这个意向性体验也是某种关于事物的意识，并因此而展现自己的本质，即，例如记忆、判断或意愿等。"[2]意向对象与意向主体不仅相互支持，而且相互内摄，即便是我们可以将意向分裂为二者，在似乎各自独立的二者中，尤其是意向主体中，必定隐藏着一个与意向对象关联的自主性因素。正是这个因素让注意力或意向投向某个存在。它构成了不变的常项，其核心是自主性。自主性借助于我的心灵而产生意愿。这种自主性所主导的存在实体便是独立而自由的自我。我不仅是一个血肉之身躯（小我），而且该身体活动体现了我的自主性。自主性体现了人的主宰性或话语权，表现为个体确定性和反思性。

个体确定性即它确保此意愿、此行为是我的而不是别人的，这便是自我个体性。费希特说："从物质存在的角度来说，它是我成

---

[1] G.W.F.Hegel,*Phänomenologie des Geistes*,*Georg Wilhelm Friedrich Hegel Werke 3* (Frankfurt am Main: Suhrkamp Verlag, 1986), 143.

[2] Edmund Husserl, *Erstes Buch: Allgemeinen Einführung in die Reine Phänomenologie. Ideen zu einer reinen Phänomenologie und Phänomenologischen Philosophie* (Den Haag: Martinus Nijhoff, 1976), 202.

为我的根据。"①我，作为一个行为人，之所以能够成为一个具体的、特殊的我，其根据便是此确定性。个体确定性是特殊个体的终极性根据，个体因此而成为自己，故个体确定性是个体存在的"基础"②。我们也可以将其简称为个体性：个体性让个体成为特殊的个体、并因此区别于他者的实体。它存身于自我中。胡塞尔说："这是一个超越性自我，即不仅自在的、而且自为的存在，先于所有的现实存在。只有在这个自我中，我们才能找到存在论的确定性。"③对于人来说，个体性是个体的依据。它确保了特殊个体的身份，因此是个体的确定性。

自我的个体性决定了反思的方向与内容。在反思过程中，我常常面临着若干属。当我们在选定自己的普遍归属时，我便会超越现实，转身成为一个超越者，即我由一个自然人转身变成了普遍属的一员，如人性所界定的人类成员。从单独的自然人到人类之属的转变，哲学上称之为超越。通过超越，我获得了新身份。这个新身份的产生不是自然活动的结果，而是理性的反思性行为：我通过反思而超越自身的限度。在这个反思活动中，我不但确定了自己的新身份，而且再次确定了自己，即，这是我确定的新身份。海德格尔说："在此，我们发现，只有真正的决定才能将裁判者转变为他应该的样子。它不是基于这样的事实即他考虑自己，而是相反，他完全无视自己的偏好、情绪和成见，完全摆脱这些而做决定，摆脱了那些看起来应该是决定基础的东西，即因为缺少了反思性行为而缺少了个体的自我中心性。在这里，我们已经发现了真正决定和适当自己的具体联系。"④这个思辨的确定性依赖于人类的理性反思。最终，"自我，我们通过反思、通过回顾、通过返回而获得

---

① Johann Gottlieb Fichte, *The System of Ethics: According to the Principles of the Wissenschaftslehre*, translated and edited by Daniel Breazeale and Guenter Zoeller (Cambridge: Cambridge University Press, 2005), 211
② Georg Wilhelm Friedrich Hegel, *Wissenschaft der Logik* (Franckfurt am Main: Suhrkamp Verlag, 1986), 314.
③ Edmund Husserl, *Studies in the Phenomenology of Constitution, Ideas Pertaining to a Pure Phenomenology and to a Phenomenological Philosophy*, second book, translated by Richard Rojcewicz and Andre Schuwer (Norwell: Kluwer Academic Publishers, 1989), 413.
④ Martin Heidegger, *Logic as the Question Concerning the Essence of Language*, translated by Wanda Torres Gregory and Yvonne Unna (NY: State University of New York Press, 2009), 62.

自我观念"[1]。反思性是人类确定自我的主要手段。同时，反思性也是人类自主性的一个根本性质。自主性的我便是自我。它由气质的小我与超越的自主性构成。自我不仅有血肉之躯，而且体现了自主性，即，这是我做主的行为。正是这个自主性的自我决定了将何种普遍之属转变为我的新身份、形成大我。这个普遍之属的客观实体便是性。人性、物性便成为我的新身份。这便是理学家的"性是体，情是用"[2]。通过吸收与转化普遍之性，人们便可以产生新身份（"体"）。

四、三我关系：互含而交错

新身份即新的我。这个我首先属于气质物体。对于人类来说，这个气质物体便是以身体为主的我。这也是中国传统哲学的基本观念，即，我主要指气质的自然人。这个自然人，类似于弗洛伊德的"无意识的本我（Id）"[3]。它有自然生物的活动方式。如果任由其自然性，它便会带来危险或灾难。因此，自然的小我需要接受约束或规范。这种规范形式，在宋明理学家那里，便是理。它们以绝对而超验的天理来规范自然小我，从而实现了自然人与天理的结合，并将人类的自然行为带入合理的轨道中。普遍的天理引导人们实现普遍性超越，通过反思自身的归属之性，人放弃了自己的原始自然身份、形成一个新身份或大我。大我产生于反思。这种反思帮助自然人突破了自身的自然性与现实性，将自己从具体的、个人的、自然生存中突破出来，转变为普遍的人类一员。这便是海德格尔所说的"对世界的预先理解"[4]。通过这种理解或新定义，人类超越了现实的小我，从而形成了新的大我。通过这种反思，自然人转变为超越性主体或大我。

大我的出现不仅确立了行为者的新身份，而且明确了行为主体的行为准则，即理性的大我只能以普遍规则为意志对象："理性存

---

[1] Martin Heidegger, *Logic as the Question Concerning the Essence of Language,* translated by Wanda Torres Gregory and Yvonne Unna, 47.
[2] 黎靖德编：《性情心意等名义》，《朱子语类》卷五，王星贤点校，第91页。
[3] Sigmund Freud, *The Ego and the Id*, translated by Joan Riviere(Richmond:The Hogarth Press, 1927), 28.
[4] Heidegger, *Die Grundprobleme der Phaenomenologie*, 420.

在者，只有在他依据原理的形式、而非其质料来决定自己的意志时，他才能将此准则当作普遍的实践法则。"[1]大我的行为必然地符合公共法则或普遍原理。当我将自己视为某个整体之一分子时，作为一分子的我的行为必然遵循该整体的规则。这个规则，从现代哲学观念来看便是道德法则或行为原理。因此，大我身份的确定确保了人类行为的普遍性。或者说，大我体现了人的生存的普遍性向度。在现实中，人们常常提出各种观念的行为法则。这些公共法则需要获得存在论的论证，即我为什么遵循这一原理呢？这类灵魂追问直接将人的思维从经验世界带往超验存在，即这些法则背后存在着某些超验的实体为其提供了存在论的支持：它是真实的。"道者，事物当然之理。"[2]道是当然的现实规则，理则是其终极性依据。终极而超验之理为道提供了存在论的证明（ontological arguments）。

公共法则与普遍天理的出场也带来一个问题：世界上存在着各种普遍原理，我们如何确定一个原理而放弃其余呢？比如忠道有忠之理、孝道有孝之理，我们究竟是选择忠还是孝呢？对绝对天理的存在论追问引出了自我。我不仅有小我、大我，而且最终立足于自主性的自我。我最终托起了普遍法则。自主性的我才是最终的主宰。自我的自主性与反思内容一起构成了我的全部内容，即"纯粹自我必须伴随着我的表象"[3]。其中常项的纯粹我是核心，而表象我则是可变的变项，如人性观念等。二者结合形成一个新的我。这个新身份包含不变的自我与可变的大我。常项的自我会依据一定的情形、确定不同的归属性而形成变化的大我。当国家有难时，我将自己归属于国家一员、行为遵循忠诚的原理；当我想到父子关系时，我设想自己属于子女的一员，行为遵循孝顺的原理。不变的自我从外在之属中找到自己之属性，形成一个大我。这个大我，由于来源于一定的属，必然伴随着与此属相应的行为原理。从新身份的

---

[1] Immanuel Kant, *Kritk der praktischen Vernunft, Kants Werke, Band V* (Berlin: Druck und Verlag von Georg Reimer, 1913), 27.
[2] 朱熹：《里仁》，《论语集注》卷二，《四书五经》（上），宋元人注，第14页。
[3] Edmund Husserl, Marly, Bieme, *Phänomenologische Untersuchungen Zur Konstitution,Ideen zu einer reinen Phänomenologie und phänomenologischen Philosophie* (Den Haag: Martinus Nijhoff, 1952), 108.

确定到行为原理的选择,最终决定于自主性的自我。故海德格尔说:"人是一个自我。"[1]个人一定是自我(Ich)。自主的自我让我成为我。

自主的自我、普遍的大我以及气质的小我构成了我的三个向度。其中,小我体现了人的物理性与自然性。它表明我不仅是行为人,而且是气质人,有情欲等自然冲动。此时的我与自然物没有什么本质区别。人禽之别产生于大我。在自我反思中,我超越了自身的自然性,将自己的存在提升到某类的属性中,从而产生新的身份。这个新身份超越了自身的自然性,将自己转变为一个普遍性存在。新身份伴随着符合一定原理的行为。这便是中国哲学所说的体用论。新身份是体,相应的行为便是用。对公共的行为原理的追问将人们带向对普遍原理的存在论辩护中。这便是普遍性超越。普遍存在仅仅是一种观念形态。它必须借助于具体的个体性存在才能转化为具体的事实。任何具体事实必定产生于个体。普遍存在又返回到具体自我。此时的个体不再是气质的小我,而是普遍性与自主性相统一的我。自我让大我成为可能。

从自我、小我和大我的复杂关系来看,人的生存是一个依托于自我的独立而自由的反思而产生的相互感应行为或"召唤"[2]。一方面,在这个过程中,独立的自我占据着主导性地位,通过反思性活动,我将外在的普遍属性内化为自身的身份意识、从而形成大我。大我观念是人类对普遍存在的领悟,也是人类对自身存在的普遍性超越,即,借助于普遍性存在来克服自身的私欲性与现实的狭隘性,并最终形成新的我。另一方面,"生存的自我性建立在超越之上"[3]。个体自我在超越活动中存在。从实践的角度来看,大我表现为对包括普遍原理或普遍真理的追求。这便是我对普遍原理的追求。与此同时,没有自我,我们无法觉察和领悟普遍原理。当我们追求普遍原理时,它必然召唤着自我的出场。由超越的自主性所主导的自我与由超越实体所支持的普遍原理之间形成感应。在这种感应中,小我、

---

[1] Martin Heidegger, *Logic as the Question Concerning the Essence of Language*, translated by Wanda Torres Gregory and Yvonne Unna, 32.

[2] Emmanuel Levinas, *Totality and Infinity: An Essay on Exteriority* (Michigan: Duquesne University Press,1969), 45.

[3] Martin Heidegger, *Die Grundprobleme der Phaenomenologie*, 425.

大我与自我获得了统一，从而产生一个既有个体自由、又符合社会秩序的行为。"从存在论的角度来看，简单地说，人是客观目的即事物（从广义上说），即，存在者以自身为目的。"[1]我不但是社会成员之一、遵循着一定的社会规范，而且我在此类合理行为中获得了自由和快乐。

五、余论：关于传统儒家的"我"论

我是现代哲学的一个重要概念，也是传统儒家哲学中经常出现的概念之一。由于自我一词由"自"与"我"两个汉字组成，许多学者望文生义，简单地将儒家文献中的"我"想当然地解读为现代"自我"概念[2]，并依此臆说儒家主体性问题[3]、猜测儒家的"超越而内在"[4]的精神方向，虚拟出儒家的"自我改造与自律"[5]等假说。这些误读的原因在于过度解读了"我"字。古汉语中的我，在梁启超看来，"同是我也，而有大我、小我之别焉，有我则必有我之友与我之敌"[6]。我只有气质的小我和普遍人性的大我两种内涵。其中，小我体现了人的气质性与自然性，大我不仅具备气质身体，而且内含性理，相比较于自然的小我，大我超越了人的自然性而转变为超越性存在。古代我的观念唯独欠缺了自主性的自我。古代的我区别于现代的自我，或者说，古汉语的我没有自我的内涵。故赫伯特·芬格莱特（Herbert Fingarette）指出："我们应该尽力避免在孔子文本中使用'自我'一词。我们可以用'我'字来表示某人做什么，而不能够用它来表达那种具有能够使之对行为进行自省的道德或心理能力的人。"[7]孔孟之"我"并非主体性的自我。

---

[1] Martin Heidegger, *Die Grundprobleme der Phaenomenologie*, 196.
[2] Jiyuan Yu, "Soul and Self: Comparing Chinese Philosophy and Greek Philosophy," *Philosophy Compass*, no. 4(2008): 604–618.
[3] 段德智：《从儒学的宗教性看儒家的主体性思想及其现时代意义》，《华中科技大学学报（社会科学版）》2003年第3期。
[4] 杜维明：《超越而内在——儒家精神方向的特色》，《杜维明文集》卷一，武汉出版社2002年，第340页。
[5] Franklin Perkins, "*Mencius, Emotion, and Autonomy*", *Journal of Chinese Philosophy*, no. 2(2002): 207–226.
[6] 梁启超：《新民说》，《饮冰室专集》（第2册），北京日报出版社2020年版，第65页。
[7] Herbert Fingarette, "Comment and Response," in *Rules, Rituals, and Responsibility: Essays Dedicated to Herbert Fingarette*, ed. Mary I. Bockover, 198–199.

从比较语言学的角度来看，汉语的"我"，德文有两个词语与之相应，即ich和mich。其中ich不仅表达了主动性，而且体现了主体性。这个ich常常直接等同于自我。也就是说，德语（英语）等语言中的"我"包含了自我的内涵。汉语的"我"字没有主语与宾语之分，缺乏主体、客体的观念，也就遗漏了主体性或自主性意识。没有了自主性或主体性，我便失去了做主与选择的向度，或者说，我并无做主的意识。因此，在传统儒家哲学体系中，"人不是一个自主的存在者，没有选择的能力因此也无法形成自己的人生。相反，他仅仅是一个生物，需要教化来使其变成真正的人。"[1]无自我的人没有选择的能力，不能自主。我没有自主性，因此无法成为自我。无自我的我的传统观念甚至一直影响到现代人的主体观念。心理学家朱滢曾通过心理实验和社会调查总结，认为："当今的中国人，甚至年轻人的自我观，还属于'互倚型的自我'，缺乏个体自我的独立性和创造性。"[2]独立性的缺失的原因是我的内涵中缺少了自主性的自我。

传统儒家不相信个人具备自作主张的能力与权利，但是却有"自作主宰"[3]的说法。陆九渊曰："人精神在外，至死也劳攘，须收拾作主宰。收得精神在内时，当恻隐即恻隐，当羞恶即羞恶。"[4]收拾住心灵便可以自作主宰。朱熹曰："合如此是性，动处是情，主宰是心。"[5]人心能够做主。这似乎表明人具备自主性，能够真正做主。其实不尽然。人做主的观念有两个角度，即人类做主和个体做主。传统儒家反对个体做主、抵制个体主体性，但是却倡导人类做主、从而倡导人类主体性。程朱理学之所以主张人心能够做主，原因在于性或理。朱熹曰："言主宰，则浑然体统自在其中。"[6]统摄了性与情的"大人有主宰，赤子则未有主宰"[7]。赤子之心缺少性，故而无法做主。真正做主的是理："心固是主宰

---

[1] Herbert Fingarette, *Confucius: the Secular as Sacred* (Illinois: Harper & Row, Publishers, 1972), 34.
[2] 转引自张世英：《中国人的"自我"》，《人民论坛》2012年第34期。
[3] 黎靖德编：《太极图》，《朱子语类》卷九十四，王星贤点校，第2385页。
[4] 陆九渊：《语录》，《陆象山全集》卷三十五，第295页。
[5] 黎靖德编：《性情心意等名义》，《朱子语类》卷五，王星贤点校，第89页。
[6] 黎靖德编：《性情心意等名义》，《朱子语类》卷五，王星贤点校，第94页。
[7] 黎靖德编：《中庸一》，《朱子语类》卷六十二，王星贤点校，第1515页。

底意,然所谓主宰者,即是理也,不是心外别有个理,理外别有个心。"①理通过决定心而主宰万物。人类之心,一旦具备了天理或良知,便可以合法地做主。这里的做主并非指个人自由地做主,而是人类无需听命于苍天之命令而自作主宰。这里的做主者并非个人,而是全人类。儒家只关注全体、群体,而忽略了个体存在。"东学以一民而对于社会者称个人,社会有社会之天职,个人有个人之天职。或谓'个人名义不经见,可知中国言治之偏于国家,而不恤人人之私利'。此其言似矣。"②传统儒家思想偏重于人类主体性,而忽略了个体主体性。安乐哲用"角色伦理学"来描述传统儒家,认为"儒家角色伦理学坚持关系的首要性,排除终极个体(final individuality)的任何观念"③,这一判断不无道理。个体主体性观念的缺失决定了传统儒家无法产生自我观念。

  自主性的自我观念的缺失是传统儒学的一大缺陷。从自主性与普遍性关系来看,自主性自我是普遍性存在由观念转变为事实的枢纽。康德说:"遵循人们都愿意将其当作普遍法则的对象的准则而行动。"④只有自主的自我的意愿活动才能将普遍规则(观念)转变为具体的行为准则并随之产生具体行为。缺少了自主的自我,从普遍观念到具体行为准则之间的转换便出现间断。最终,它只能通过权威(如圣贤与皇权等)的力量将普遍的法则"安排"在行为人的身上,成为规范行为人行为的准则。此时,行为人不仅失去了自身的决定权,而且最终沦为了被决定的机器零件。这些零件最终构成了一部机器,这部机器便是社会。在传统儒家眼里,只有整体性意识,而无个体意识。正是这一特点最终导致了传统儒家在人格理论上的种种困局。

---

① 黎靖德编:《太极天地上》,《朱子语类》卷一,王星贤点校,第4页。
② 严复:《群学肄言》,《中国现代学术经典·严复卷》,刘梦溪主编,河北教育出版社1996年版,第119页。
③ 安乐哲:《儒家的角色伦理学与杜威的实用主义——对个人主义意识形态的挑战》,李慧子译,《东岳论丛》2013年第11期。
④ Immanuel Kant, *Grundlegung zur Metaphysic der Sitten*, *Kants Werke*, *Band IV* (Berlin: Druck und Verlag von Georg Reimer, 1911), 447.

第三编 比较中的阳明学

第一章　陆、王心学之异同[①]

心学的主要代表是陆九渊与王阳明。关于二者各自的思想，学术界讨论得比较充分，成果也比较丰硕。可是，从现有的资料来看，人们在思考象山心学与阳明心学时，很少注意到二者之间的关联，尤其是比较二者之间的差异。如果缺少这种比较视野，可能会影响人们对二人思想特点的完整把握和正确定位。比如论述王阳明思想时，人们常常会提及他的"心即理"以及"心外无事""心外无物"等命题，这当然没有错。但是，如果仅仅停留在这些观点上，或者说把这些观点当作阳明心学的主要贡献，那么这可能会抹杀或削弱阳明心学的学术贡献，因为上述思想早就有人提出过，比如程氏兄弟、陆九渊等。因此，如果要想正确评价王阳明，就必须分析陆王心学之异。遗憾的是，这个十分重要的话题，在学术史上却很少得到关注，仅有的少数成果也不尽如人意。如果这个问题不能得到彻底地解决，它可能直接影响到人们对心学尤其是阳明心学的学术地位的评价。本章将着重论述这一问题。

一、"本心"与"大本"：共同的本原观

天地万物，合为一体。这应该是宋明心学一致的立场，也是我们正确理解心学思想的正确的视角。既然万物一体，那么，这个生物体遵循着怎样的生存之道呢？或者说，谁主宰这个生命体的存在呢？既然天、地、人合成的宇宙是一个整体性存在或生命体，那么这个生命体的生存之道便是共同的道理。这是宋明儒学的一致立场，即万物一理："此理在宇宙间，未尝有所隐遁。天地之所以为天地者，顺此理而无私焉耳。"[②]天地之理是天地的"所以然者"。它是无私的，为天地万物所共有。这便是公理："吾所明之理，乃天下之正理、实理、常理、公理，所谓'本诸身，证诸庶民，考诸三王而不谬，建诸天地而不悖，质诸鬼神而无疑，百世以俟圣人而

[①] 曾刊发于《哲学研究》2017年第10期。
[②] 陆九渊：《与朱济道》，《陆象山全集》卷十一，中国书店1992年版，第90页。

不惑者也。'学者正要穷此理，明此理。"①儒家所言的公理，乃是正理、常理、实理，为天下人所共有。天理普遍行于天下："学者求理，当唯理之是从，岂可苟私门户？理，乃天下之公理，心，乃天下之同心，圣贤之所以为圣贤者，不容私而已。"②公理即天下公共之理。陆九渊曰："塞宇宙一理耳，学者之所以学，欲明此理耳。此理之大，岂有限量？"③公理是唯一的。它便是天理。

这个唯一的天理、公理，陆九渊明确指出：存在于人心。陆九渊曰："四端者，即此心也；天之所以与我者，即此心也。人皆有是心，心皆具是理，心，即理也。故曰'理义之悦我心，犹刍豢之悦我口'。"④在陆九渊看来，心包含理，因此心即理。从"心即理"的关系来看，心、理之间具有一致性。陆九渊赞同孟子的本心说，以为人天生有"本心"："中人之质，戕贼之余，以讲磨之力，暂息斧斤，浸灌于圣贤之训，本心非外铄，当时岂不和平安泰？更无艰难。继续之不善，防闲之不严，昏气恶习，乘懈而炽，丧其本心。觉之而来复，岂得遂无艰屯？一意自勉，更无他疑，则屯自解矣。"⑤其中的"本心"至少包含两层内涵。其一，本心指天生本有之心："盖人受天地之中以生，其本心无有不善，吾未尝不以其本心望之，乃孟子'人皆可以为尧舜'，'齐王可以保民'之义，即非以为其人所为，已往者皆君子也。"⑥人天生有此等本心。"蔽解惑去，此心此理，我固有之，所谓万物皆备于我，昔之圣贤，先得我心之同然者耳，故曰：'周公岂欺我哉？'"⑦我和圣贤一样天生具备此心。这一思想来源于孟子。

其二，本心还可以指称作为本原的心，即，心是本原。从现实实践的角度来说，心是本，事是其结果。陆九渊曰："宇宙内事，是己分内事。己分内事，乃宇宙内事。"⑧宇宙之内的事情皆源自于自己的本心，是本心存在的必然结果。本心必然带来事情。"必至

---

① 陆九渊：《与陶赞仲二》，《陆象山全集》卷十五，第124页。
② 陆九渊：《与唐司法》，《陆象山全集》卷十五，第125—126页。
③ 陆九渊：《与赵咏道四》，《陆象山全集》卷十二，第103页。
④ 陆九渊：《与李宰二》，《陆象山全集》卷十一，第95页。
⑤ 陆九渊：《与诸葛诚之二》，《陆象山全集》卷四，第33页。
⑥ 陆九渊：《与王顺伯二》，《陆象山全集》卷十一，第98页。
⑦ 陆九渊：《与侄孙濬》，《陆象山全集》卷一，第9页。
⑧ 杨简：《象山先生行状》，陆九渊：《陆象山全集》卷三十三，第247页。

于有诸己，然后为得也。"①己即心或性，"得"便是事实或事物。事实本于心："仁，即此心也，此理也。求则得之，得此理也；先知者，知此理也；先觉者，觉此理也；爱其亲者，此理也；敬其兄者，此理也；见孺子将入井，而有怵惕恻隐之心者，此理也；可羞之事，则羞之，可恶之事，则恶之者，此理也；是知其为是，非知其为非，此理也；宜辞而辞，宜逊而逊者，此理也；敬，此理也；义，亦此理也；内，此理也；外，亦此理也。"②爱之情、敬之礼、恶之事、义之宜，都源自于本心或理，理本事末。那句经典名句也因此得到了解释："学苟知本，六经皆我注脚。"③它的本义指：《六经》的写作源自于本心。这与诠释学本无太多的关系，它仅仅强调形而下的事实源自于形而上的本心。

同样，从生存论的角度来说，心是本，物是末。"万物森然于方寸之间，满心而发，充塞宇宙，无非此理。孟子就四端上指示人，岂是人心只有这四端而已？又就乍见孺子入井，皆有怵惕恻隐之心一端指示人，又得此心昭然。但能充此心足矣。"④满心而发，遂成万物。万物源自于本心。本心在我，故"蔽解惑去，此心此理，我固有之，所谓万物皆备于我，昔之圣贤，先得我心之所同然者耳，故曰'周公岂欺我哉'"⑤。万物皆备于我。我的本心或理是万物存在或生存之本，它主宰了万物的生存。这便是陆九渊的宇宙观："四方上下曰宇，往古来今曰宙。宇宙便是吾心，吾心即是宇宙。千万世之前，有圣人出焉，同此心同此理也。千万世之后，有圣人出焉，同此心同此理也。东南西北海，有圣人出焉，同此心同此理也。"⑥这里的宇宙与吾心的关系，不是常识中的唯心论解释，而是生存论解释，即宇宙生于心，并由心所主导。笔者曾考察过陆九渊的心概念并指出："理是公理，是客观的，非主观的意识。心是理。心，自然也是客观的，而非主观的。心不是主观意识。这是我们的第一个推理，即，同理之心不是主观意识。"⑦既然作为本原

---

① 陆九渊：《语录》，《陆象山全集》卷三十五，第 312 页。
② 陆九渊：《与曾宅之》，《陆象山全集》卷一，第 3 页。
③ 陆九渊：《语录》，《陆象山全集》卷三十四，第 252 页。
④ 陆九渊：《语录》，《陆象山全集》卷三十四，第 272—273 页。
⑤ 陆九渊：《与侄孙濬》，《陆象山全集》卷一，第 9 页。
⑥ 陆九渊：《杂说》，《陆象山全集》卷二十二，第 173 页。
⑦ 沈顺福：《试论陆九渊之心的内涵》，《朱子学刊》2015 年第 1 期。

的心并无突出的思维与意识功能，它自然不能够成为唯心论体系中的本原。

在宋代儒家看来，这个本心便是"仁义"："道塞宇宙，非有所隐遁，在天曰阴阳，在地曰刚柔，在人曰仁义。故仁义者，人之本心也。……愚不肖者不及焉，则蔽于物欲，而失其本心；贤者智者过之，则蔽于意见，而失其本心。……道本自若，岂如以手取物，必有得于外，然后为得哉？"①这种天生的仁义之心便是本心。或者说："本心即天性。"仁义、本心、良知都是天生之心、本有之性。它又被叫做理。

按照中国传统思维模式，本原决定生存②。因此，本心能够做主，即理做主。象山曰："此理本天所以与我，非由外铄。明得此理，即是主宰。真能为主，则外物不能移，邪说不能惑。所病于吾友者，正谓此理不明，内无所主。一向萦绊于浮论虚说，终日只依借外说以为主，天之所与我者，反为客，主客倒置，迷而不反，惑而不解。坦然明白之理，可使妇人童子听之而喻；勤学之士，反为之迷惑，自为支离之说，以自萦缠。穷年卒岁，靡所底丽，岂不重可怜哉？"③本然之心或理是本、是"主宰"。顺理便成为必然。象山曰："此理在宇宙间，未尝有所隐遁，天地之所以为天地者，顺此理而无私焉耳。人与天地并立，而为三极，安得自私而不顺此理哉？孟子曰：'先立乎其大者，则其小者不能夺也。'人惟不立乎大者，故为小者所夺，以叛乎此理，而与天地不相似。诚能立乎其大者，则区区时文之习，何足以汨没尊兄乎。"④人在宇宙间，也应该遵循理。理是"大者"。循理便是"立乎其大者"。大体之理即立，"小体"便作不了怪了，本心是宇宙的主宰。这便是陆九渊的"宇宙内事是己分内事"的真实意图。万事万物皆由心做主。

同样，王阳明也以理为宇宙生存之道，即理是宇宙生存所应该遵循的基本原理。这便是天理。王阳明曰："心之本体即是天理，天理只是一个，更有何可思虑得？天理原自寂然不动，原自感而遂通，学者用功虽千思万虑，只是要复他本来体用而已，不是以私意

---

① 陆九渊：《与赵监》，《陆象山全集》卷一，第6—7页。
② 参见沈顺福：《本源论与传统儒家思维方式》，《河北学刊》2017年第2期。
③ 陆九渊：《与曾宅之》，《陆象山全集》卷一，第3页。
④ 陆九渊：《与朱济道》，《陆象山全集》卷十一，第90页。

去安排思索出来。"①天理是宇宙万物的生存之道。它普遍作用于万物之中。王阳明曰："若鄙人所谓致知格物者，致吾心之良知于事事物物也。吾心之良知，即所谓天理也。致吾心良知之天理于事事物物，则事事物物皆得其理矣。致吾心之良知者，致知也。事事物物皆得其理者，格物也。"②天理在"事事物物"之中并成为事物生存之理。王阳明指出："而此心全体廓然，纯是天理，方可谓之喜怒哀乐未发之中，方是天下之大本。"③天理是天下之大本，即世界万物存在的根据、遵循的道理。"天地间活泼泼地，无非此理，便是吾良知的流行不息。"④天理"活泼泼地"流行于天地万物中。

对人类来说，天理是人类的行为之道，即它是人类道德行为的原理。比如孝行便遵循一个天理："此心若无人欲，纯是天理，是个诚于孝亲的心，冬时自然思量父母的寒，便自要去求个温的道理；夏时自然思量父母的热，便自要去求个清的道理。这都是那诚孝的心发出来的条件。却是须有这诚孝的心，然后有这条件发出来。譬之树木，这诚孝的心便是根，许多条件便是枝叶，须先有根然后有枝叶，不是先寻了枝叶然后去种根。《礼记》言：'孝子之有深爱者，必有和气；有和气者，必有愉色；有愉色者，必有婉容。'须是有个深爱做根，便自然如此。"⑤天理是孝行的根据或原理。如果一个人想成为孝子，他就必须遵循这个天理。这个天理是孝行的决定者。它会引导人思量父母的冷暖、关怀父母的安危等。

这个行为之道、宇宙之理，王阳明认为，便在于"心"："心即理也。此心无私欲之蔽，即是天理，不须外面添一分。以此纯乎天理之心，发之事父便是孝，发之事君便是忠，发之交友治民便是信与仁。只在此心去人欲、存天理上用功便是。"⑥天理便是无私之心，便是仁义之理。王阳明曰："若鄙人所谓致知格物者，致吾心之良知于事事物物也。吾心之良知，即所谓天理也。致吾心良知之天理于事事物物，则事事物物皆得其理矣。致吾心之良知者，致知

---

① 王守仁：《传习录中》，《王阳明全集》卷二，吴光等编校，上海古籍出版社1992年版，第58页。
② 王守仁：《传习录中》，《王阳明全集》卷二，吴光等编校，第45页。
③ 王守仁：《传习录上》，《王阳明全集》卷一，吴光等编校，第23页。
④ 王守仁：《传习录下》，《王阳明全集》卷三，吴光等编校，第123页。
⑤ 王守仁：《传习录上》，《王阳明全集》卷一，吴光等编校，第3页。
⑥ 王守仁：《传习录上》，《王阳明全集》卷一，吴光等编校，第2页。

也。事事物物皆得其理者，格物也。是合心与理而为一者也。合心与理而为一，则凡区区前之所云，与朱子晚年之论，皆可以不言而喻矣！"①事情之理存在于"心"。"心外无物。如吾心发一念孝亲，即孝亲便是物。"②人类的道德行为源自于人心。

心不仅是道德行为之本原，而且还是宇宙的生存本原。王阳明曰："良知是造化的精灵。这些精灵，生天生地，成鬼成帝，皆从此出，真是与物无对。人若复得他完完全全，无少亏欠，自不觉手舞足蹈，不知天地间更有何乐可代。"③万物出自良知，良知便是心，万物出自心。没有了这个心，便没有了万物的生机。学术界通常以唯识学或现象学的方式解释心学，如历史上，"西安郑德夫将学于阳明子，闻士大夫之议者以为禅学也，复已之"④。一些现代学者陈来⑤、陈少明⑥、张世英⑦、耿宁⑧等也常常以西方哲学的视角解释心学。这些见解，大多从存在论或唯心论的角度来阐释心学，却忽略了阳明心学乃至中国哲学属于生存论，而非唯心论。因此，这些见解终究有所不足。宋代哲学将宇宙的存在视为生存。既然是生存，便有先有后。王阳明的真正意图还是以本心为宇宙生存奠基。本心与万物生存之间是"纵贯的"⑨，而不完全是思辨的，即"这不是认识论上的'存在即被知'"⑩。

二、"此心此理，万世一揆"与"人心是天渊"：超验的本原

在宋明心学家们看来，宇宙万物以心为本原。这个本原之心是超验的。和孟子主张天生本性一般，象山也以为人天生固有此心："盖人受天地之中以生，其本心无有不善，吾未尝不以其本心望

---

① 王守仁：《传习录中》，《王阳明全集》卷二，吴光等编校，第45页。
② 王守仁：《传习录上》，《王阳明全集》卷一，吴光等编校，第24页。
③ 王守仁：《传习录下》，《王阳明全集》卷三，吴光等编校，第104页。
④ 王守仁：《赠郑德夫归省序》，《王阳明全集》卷七，吴光等编校，第238页。
⑤ 参见陈来：《宋明理学》，华东师范大学出版社2005年，第206页。
⑥ 参见陈少明：《"心外无物"：从存在论到意义建构》，《中国社会科学》2014年第1期。
⑦ 参见张世英：《哲学导论》，北京大学出版社2002年版，第64页。
⑧ 参见耿宁：《心的现象——耿宁心性现象学研究论文集》，北京商务印书馆2012年版，第305页。
⑨ 牟宗三：《从陆象山到刘蕺山》，吉林出版集团2010年版，第145页。
⑩ 牟宗三：《从陆象山到刘蕺山》，第145页。

之，乃孟子'人皆可以为尧舜'，'齐王可以保民'之义，即非以为其人所为，已往者皆君子也。"①人天生有此本心。本心超越于时间和空间。陆九渊曰："心只是一个心，某之心，吾友之心，上而千百载圣贤之心，下而千百载复有一圣贤，其心亦只如此。心之体甚大，若能尽我之心，便与天同。为学只是理会此。"②世人共享同一之心。此心属于千百载圣贤共有之心，因此超越了时间的限度，具有永恒性。"千古圣贤，若同堂合席，必无尽合之理。然此心此理，万世一揆也。"③它从古至今都存在，故千古人都有此心。"千万世之前，有圣人出焉，同此心，同此理也。千万世之后，有圣人出焉，同此心，同此理也。东南西北海，有圣人出焉，同此心，同此理也。"④此心超越于千万世，属于永恒的存在。

同时，此心还是普遍的存在。陆九渊曰："学者求理，当唯理之是从，岂可苟私门户？理，乃天下之公理，心，乃天下之同心，圣贤之所以为圣贤者，不容私而已。"⑤圣愚一心、万人一心。天下人共有一样的心。此心是人类共有的属性，即，古今中外的人都有此心。象山曰："人之才智，各有分限，当官守职，惟力是视。……至于此心此德，则不容有不同耳。"⑥人们的才智可能有所不同，但是却有一样的心。世人共享同一之心。此心具有普遍性。

这种超越时间与空间的存在成为宇宙的根基："四方上下曰宇，往古来今曰宙。宇宙便是吾心，吾心即是宇宙。千万世之前，有圣人出焉，同此心同此理也。千万世之后，有圣人出焉，同此心同此理也。东南西北海，有圣人出焉，同此心同此理也。"⑦从纵向的时间角度来看，此心永恒，这便是"宙"字的内涵。从横向的空间角度来看，此心普遍，这便是"宇"字的内涵。此心超越时空。且是唯一的："古圣贤之言，大抵若合符节。盖心，一心也；理，一理也。至当归一，精义无二。此心此理，实不容有二。"⑧天下只

---

① 陆九渊：《与王顺伯二》，《陆象山全集》卷十一，第98页。
② 陆九渊：《语录》，《陆象山全集》卷三十五，第288页。
③ 陆九渊：《语录》，《陆象山全集》卷三十四，第259页。
④ 陆九渊：《杂说》，《陆象山全集》卷二十二，第173页。
⑤ 陆九渊：《与唐司法》，《陆象山全集》卷十五，第125—126页。
⑥ 陆九渊：《与王顺伯》，《陆象山全集》卷十一，第97页。
⑦ 陆九渊：《杂说》，《陆象山全集》卷二十二，第173页。
⑧ 陆九渊：《与曾宅之》，《陆象山全集》卷一，第3页。

有一心。故此心是单一的。

决定性的根据又叫做理，故人心又叫做理。本心的单一性意味着理也是唯一的。"吾所明之理，乃天下之正理、实理、常理、公理，所谓、本诸身，证诸庶民，考诸三王而不谬，建诸天地而不悖，质诸鬼神而无疑，百世以俟圣人而不惑，者也。学者正要穷此理，明此理。"①理即公理，是唯一的。唯一之理是客观而不变的实在："天下有不易之理，是理有不穷之变。诚得其理，则变之不穷者，皆理之不易者也。"②理不变化却显为万相。理是无穷的："自古圣贤，发明此理，不必尽同。如箕子所言，有皋陶之所未言；夫子所言，有文王周公之所未言；孟子所言，有吾夫子之所未言。理之无穷如此。""涓涓之流，积成江河。泉源方动，虽只有涓涓之微，去江河尚远，却有成江河之理。……然学者不能自信，见夫标末之盛者，便自荒忙，舍其涓涓而趋之，却自坏了。"③理无穷。"塞宇宙一理耳，学者之所以学，欲明此理耳。此理之大，岂有限量？"④理无限。无穷、无限之理是终极性存在。"极，亦此理也，中，亦此理也。五居九畴之中，而曰皇极，岂非以其中而命之乎？民受天地之中以生，而《诗》言'立我烝民，莫匪尔极'，岂非以其中命之乎？《中庸》曰：'中也者，天下之大本也；和也者，天下之达道也。致中和，天地位焉，万物育焉。'此理至矣，外此岂更复有太极哉？……太极皇极，乃是实字，所指之实，岂容有二。充塞宇宙，无非此理，岂容以字义拘之乎？……同指此理，则曰极、曰中、曰至，其实一也。"⑤理是中、极，即终极性的存在。这种单一的、无限的、终极性的实体便是超越的存在、超验的存在。心或理是超越性（transcendent）存在。

王阳明也从思辨哲学的角度出发，寻找宇宙万物的超验性本原。在阳明看来，作为事物的道理、条理、事物的所以然者，超越性之理不是别的存在，而是心。心即理。心也是超越的。首先，心之超越表现在心超越于经验性的动与静。王阳明曰："定者心之本

---

① 陆九渊：《与陶赞仲二》，《陆象山全集》卷十五，第124页。
② 陆九渊：《易数》，《陆象山全集》卷二十一，第164页。
③ 陆九渊：《语录》，《陆象山全集》卷三十四，第253—254页。
④ 陆九渊：《与赵咏道四》，《陆象山全集》卷十二，第103页。
⑤ 陆九渊：《与朱元晦二》，《陆象山全集》卷二，第19页。

体，天理也，动静，所遇之时也。"①"动"和"静"分别指存在者在时间中的不同的存在状态或方式。而天理或心则是定，非动非静。王阳明曰："动静者所遇之时，心之本体固无分于动静也。理无动者也，动即为欲。"②心无动、静。心无动静意味着心超越于经验的动与静，成为超越性存在。

其次，心之本体无善无恶。阳明四句教言："无善无恶是心之体，有善有恶是意之动，知善知恶的是良知，为善去恶是格物。"③本体之心超越于善与恶。同理，王阳明认为理是无善无恶的："无善无恶者理之静，有善有恶者气之动。不动于气，即无善无恶。是谓至善。……佛氏着在无善无恶上，便一切都不管，不可以治天下。圣人无善无恶，只是无有作好，无有作恶，不动于气。"④无善无恶即超越于善或恶。善、恶通常指现实的存在。它们或者指现实的事实（古人的看法），或者指人们的经验判断（现代人的认识）。总之，善、恶是现实的存在。心或理超越于现实的善与恶，自然成为超越性存在。心或理具有超越性。

最后，心既无经验性，却又具有实在性。王阳明将心比作天、渊。所谓天，即昭昭之天、苍苍之天。如果待在房子里面，便不见了天。如果撤了墙壁，还是有一个天在。昭昭之天因为房子而不遮蔽、成为虚无。"人心是天渊。心之本体无所不该，原是一个天。只为私欲障碍，则天之本体失了。"⑤心如天如渊，为广大无限、无所不容的存在。"渊"指虚空、无性质，如同空洞的容器。心是虚空、虚灵。故王阳明曰："目无体，以万物之色为体；耳无体，以万物之声为体；鼻无体，以万物之臭为体；口无体，以万物之味为体；心无体，以天地万物感应之是非为体。"⑥心自身并无实体之物。它宛如虚空。但是，这并不意味着它是虚无，它是实体。王阳明指出："'虚灵不昧，众理而万事出。'心外无理，心外无事。"⑦虚空并非指虚无，而是指经验的虚无，即它是超越于经验的

---

① 王守仁：《传习录上》，《王阳明全集》卷一，吴光等编校，第16页。
② 王守仁：《传习录中》，《王阳明全集》卷二，吴光等编校，第64页。
③ 王守仁：《传习录下》，《王阳明全集》卷三，吴光等编校，第117页。
④ 王守仁：《传习录上》，《王阳明全集》卷一，吴光等编校，第29页。
⑤ 王守仁：《传习录下》，《王阳明全集》卷三，吴光等编校，第95—96页。
⑥ 王守仁：《传习录下》，《王阳明全集》卷三，吴光等编校，第108页。
⑦ 王守仁：《传习录上》，《王阳明全集》卷一，吴光等编校，第15页。

存在。事实上，虚空之心并非真正虚无，而是某种精微的实体，即"事理之精微也"[1]。广大无垠性与精微性意味着心的不可知性。心是不可经验认识的实体。

这种超越于现实经验的、不可认知的、精微单一之物便是超越性存在。心是超越性的实在。作为本原的心或理，在陆王心学体系中，具有超越性。或者说，本原之心仅仅存在于超越的可能界。这个本原，陆九渊喜欢称之为本，王阳明喜欢称之为体或本体。从哲学的角度来说，本原或本体存在于超越的可能界。可能的存在仅仅存在于可能界，而不直接存在于事实界或现实中。那么，超越的本原或本体如何演化为现实的存在呢？它如何从可能界走向事实界呢？陆、王在此问题上出现了不同。

三、"本末"与"体用"：二者的差异

陆、王均主张心是万物生存之本。但是，对于如何从本原之心到现实之事的演变处置，陆、王二者的做法迥然不同。

象山以为人心是本，将其所产生的存在为事："此理塞宇宙，所谓道外无事，事外无道。舍弃此而别有商量，别有趋向，别有规模，别有形迹，别有行业，别有事功，则与道不相干，则是异端，则是利欲为之陷溺，为之窠臼。说即是邪说，见即是邪见。"[2]所有的事实或事情都以道或理为本。道或理即心。故万事以心为本。由此产生的结果则是末："事固不可不观，然毕竟是末。自养者亦须养德，养人亦然。自知者亦须知德，知人亦然。不于其德，而徒绳检于其外，行与事之间，将使人作伪。"[3]事实或事情是末。心本事末。比如"读书作文，亦是吾人事。但读书本不为作文，作文其末也。有其本，必有其末，未闻有本盛，而末不茂者"[4]。人的行为（"事"）仅仅是末。

心不仅是人类行为的本原，而且是万物生存之本原："万物森

---

[1] 王守仁：《传习录下》，《王阳明全集》卷三，吴光等编校，第122页。
[2] 陆九渊：《语录》，《陆象山全集》卷三十五，第311页。
[3] 陆九渊：《语录》，《陆象山全集》卷三十五，第304页。
[4] 陆九渊：《与曾敬之》，《陆象山全集》卷四，第38页。

然于方寸之间，满心而发，充塞宇宙，无非此理。"[1]万物发于心或理，即心生万物。这便是"成物"："成己成物，一出于诚，彼其所以成己者，乃其所以成物者也，非于成己之外，复有所谓成物也。"[2]诚即本于心，万物本于心，万物是本心的产物。陆九渊曰："自有诸己，至于大而化之，其宽裕温柔，足以有容，发强刚毅，足以有执，齐庄中正，足以有敬，文理密察，足以有别。增加驯积，水渐木升，固月异而岁不同。然由萌蘖之生，而至于枝叶扶疏，由源泉混混，而至于放乎四海岂二物哉？"[3]由本心大而化之，遂成万物。这些物如同树叶与河海，皆源于本根或水源。这些物，陆九渊却视之为"外"，即，物是"外物"。对于外物，陆九渊不以为然、评价不高。

陆九渊认为，对于事物的存在来说，本原最为重要："若其心正，其事善，虽不曾识字，亦自有读书之功；其心不正，其事不善，虽多读书，有何所用？用之不善，反增罪恶耳。"[4]心即本。心正即本正。本正，结果自然就好。相反，本不正，结果一定不好。陆九渊曰："此理本天所以与我，非由外铄。明得此理，即是主宰。真能为主，则外物不能移，邪说不能惑。所病乎吾友者，正谓此理不明，内无所主。一向萦绊于浮论虚说，终日只依借外说以为主，天之所与我者，反为客，主客倒置，迷而不反，惑而不解。"[5]本正则外物不得动摇自己。反之自己则会成为外物的奴隶。"第当勉致其实，毋倚于文辞。……有德者必有言，诚有其实，必有其文。实者，本也，文者，末也。今人之习，所重在末，岂惟丧本，终将并其末而失之矣。"[6]人心是本，文教等事是末。

当陆九渊用本末论模式来解释心物关系时，就已经表达了他对事实界的事物的认识与态度：事或物处于不重要的地位。因此，陆九渊曰："不专论事论末，专就心上说。"[7]陆九渊关注于本，而

---

[1] 陆九渊：《语录》，《陆象山全集》卷三十四，第272页。
[2] 陆九渊：《庸言之信庸行之谨闲邪存其诚善世而不伐德博而化》，《陆象山全集》卷二十九，第213页。
[3] 陆九渊：《与邵叔谊》，《陆象山全集》卷一，第1页。
[4] 陆九渊：《荆门军上元设厅讲义》，《陆象山全集》卷二十三，第182页。
[5] 陆九渊：《与曾宅之》，《陆象山全集》卷一，第3页。
[6] 陆九渊：《与吴子嗣四》，《陆象山全集》卷十一，第92页。
[7] 陆九渊：《语录》，《陆象山全集》卷三十五，第307页。

忽略于末。"诚能立乎其大者，则区区时文之习，何足以汨没尊兄乎。"①"大者"即本心。只要能够确立本心，其余的事情都不重要。"志向一立，即无二事。此首重则彼尾轻，其势然也。"②事、物如同尾巴，随之而来，无须刻意为之。于是，陆九渊提出"简易"说："学无二事，无二道，根本苟立，保养不替，自然日新。所谓可久可大者，不出简易而已。"③所谓简易工夫，即"正理在人心，乃所谓固有。易而易知，简而易从，初非甚高难行之事，然自失正者言之，必由正学，以克其私，而后可言也"④。简易工夫即简单易从。其基本精神是："圣人之智，明彻洞达，无一毫私意、芥蒂于其间。其于是非利害，不啻如权之于轻重，度之于长短，鉴之于妍丑，有不加思而得之者。……虽酬酢万变，无非因其固然，行其所无事，有不加毫末于其间者。"⑤简单地说，简易工夫即勿加刻意、顺其自然。

顺其自然便无需刻意地学习。所以，陆九渊曰："在人情事势物理上做些工夫，复斋应而已。若知物价之低昂，与夫辨物之美恶真伪，则吾不可不谓之能。然吾之所谓做工夫，非此之谓也。"⑥所谓的工夫并不是世俗人的功利与判断，而是率性而为。"接事时，但随力依本分，不忽不执，见善则迁，有过则改，若江海之浸，膏泽之润，久当涣然冰释，怡然理顺矣。"⑦顺其自然，而无意于智巧："此理非可以私智揣度傅会。若能知私智之非私智废灭，此理自明。若任其私智，虽高才者亦惑；若不任私智，虽无才者亦明。"⑧废弃私智而顺性自然。陆九渊明确反对一般的知识学习："所恶于智者，为其凿也。如智者，若禹之行水也，则无恶于智矣。禹之行水也，行其所无事也，如智者亦行其所无事，则智亦大矣。"⑨刻意的学习无济于事。顺其自然便可以通达智慧。它如同读

---

① 陆九渊：《与朱济道》，《陆象山全集》卷十一，第90页。
② 陆九渊：《与赵然道三》，《陆象山全集》卷十二，第100页。
③ 陆九渊：《与高应朝》，《陆象山全集》卷五，第41页。
④ 陆九渊：《与李宰二》，《陆象山全集》卷十一，第95页。
⑤ 陆九渊：《智者术之原论》，《陆象山全集》卷三十，第222页。
⑥ 陆九渊：《语录》，《陆象山全集》卷三十四，第255页。
⑦ 陆九渊：《与胡达材二》，《陆象山全集》卷四，第37页。
⑧ 陆九渊：《与朱济道二》，《陆象山全集》卷十一，第91页。
⑨ 陆九渊：《与胡季随二》，《陆象山全集》卷一，第6页。

书:"某尝令后生读书时,且精读文义分明、事节易晓者,优游讽咏,使之浃洽,与日用相协,非但空言虚说,则向来疑惑处,自当涣然冰释矣。纵有未解,固当候之,不可强探力索,久当自通。所通必真实,与私识揣度者,天渊不足谕其远也。"①顺性自然似乎可以由超验的本心通达事实的事与物。

陆九渊倡导简易工夫,以为顺其自然便可以知道、成人、成物。虽然他揭示了可能界与事实界之间的联系,但是他以为二者之间可以直接贯通。这忽略了超验与经验、可能界与事实界之间的界限。超验界仅仅提供一种可能性。超验的本心、天理如何能够直接贯通于经验的、现实的生存?从可能转换为事实,还必须仰仗现实的方式,比如,学习、教化、涵养等。通过这些现实因素才能将可能转换为现实。王阳明便考虑到了这些因素。

王阳明将可能的、超验的本心、天理视为体或本体,同时将事实界或现实视为用。王阳明曰:"性无定体,论亦无定体,有自本体上说者,有自发用上说者,有自源头上说者,有自流弊处说者。总而言之,只是一个性,但所见有浅深尔。若执定一边,便不是了。性之本体原是无善无恶的,发用上也原是可以为善、可以为不善的,其流弊也原是一定善一定恶的。"②性有体有用。性体是超验的,并无善恶之分。其发用则有善恶之别。仅仅关注体并不够,还同时需要兼顾用。"荀子从流弊说性,功夫只在末流上救正,便费力了。"③末流便是发用。荀子的教化论便可以作用于此。

王阳明吸收了二程的体用观:"盖体用一源,有是体即有是用,有未发之中,即有发而皆中节之和。"④体用不分,有体便有用。本原是体,发用为用。"学者果能忠恕上用功。岂不是一贯?一如树之根本,贯如树之枝叶,未种根,何枝叶之可得?体用一源,体未立,用安从生?"⑤体用不离。这便是体用一源、显微无间。事物的生存有体有用,不可二分。其中体静用动:"定者心之

---

① 陆九渊:《与朱济道二》,《陆象山全集》卷十一,第91页。
② 王守仁:《传习录下》,《王阳明全集》卷三,吴光等编校,第115页。
③ 王守仁:《传习录下》,《王阳明全集》卷三,吴光等编校,第115页。
④ 王守仁:《传习录上》,《王阳明全集》卷一,吴光等编校,第17页。
⑤ 王守仁:《传习录上》,《王阳明全集》卷一,吴光等编校,第32页。

本体，天理也，动静所遇之时也。"①本体是静。其动为用："心不可以动静为体用。动静时也，即体而言用在体，即用而言体在用，是谓体用一源。若说静可以见其体，动可以见其用，却不妨。"②体静用动，即本体存在于超验界，因而超越于经验性的动、因此是静。它的存在即生存便是动，动即其用。

故王阳明对自己的弟子解释道："我今将行，正要你们来讲破此意。二君之见正好相资为用，不可各执一边。我这里接人原有此二种。利根之人直从本源上悟入。人心本体原是明莹无滞的，原是个未发之中。利根之人一悟本体，即是功夫，人己内外，一齐俱透了。其次不免有习心在，本体受蔽，故且教在意念上实落为善去恶。功夫熟后，渣滓去得尽时，本体亦明尽了。汝中之见，是我这里接利根人的；德洪之见，是我这里为其次立法的。二君相取为用，则中人上下皆可引入于道。若各执一边，跟前便有失人，便于道体各有未尽。……已后与朋友讲学，切不可失了我的宗旨：无善无恶是心之体，有善有恶是意之动，知善知恶的是良知，为善去恶是格物，只依我这话头随人指点，自没病痛。此原是彻上彻下功夫。利根之人，世亦难遇。本体功夫，一悟尽透。此颜子、明道所不敢承当，岂可轻易望人！人有习心，不教他在良知上实用为善去恶功夫，只去悬空想个本体，一切事为俱不着实，不过养成一个虚寂。"③王阳明借用了佛教的术语即钝根人与利根人，认为这两种提法都对。所谓利根人，即不存在本体界与现实界的隔阂，本体与现实是贯通的。或者说，四句教揭示了本体界与现实界之间的内在联系，有体必有用。而钝根人的世界便是俗人的世界，在这个世界里，本体界与现实界是不同的。用不仅以体为根基，而且还有自己的存在要素。这便是工夫。工夫便是为善去恶，便是致良知。"二君之见正好相取，不可相病。汝中须用德洪功夫，德洪须透汝中本体。"④二者结合，本体与工夫并举，即体用兼备，这才是完整的、正确的世界观、人生观。

王阳明指出："无善无恶者理之静，有善有恶者气之动。不动

---

① 王守仁：《传习录上》，《王阳明全集》卷一，吴光等编校，第16页。
② 王守仁：《传习录上》，《王阳明全集》卷一，吴光等编校，第31页。
③ 王守仁：《传习录下》，《王阳明全集》卷三，吴光等编校，第117—118页。
④ 钱德洪：《年谱三》，王守仁：《王阳明全集》卷三十五，吴光等编校，第1306页。

于气，即无善无恶，是谓至善。"①事物的存在不仅有静的性体，而且有动的发用，用即事物的生存。这种生存之用，王阳明明确提出是气之动。用即气动。至此，王阳明明确将气概念纳入了自己的理论体系中。王阳明曰："然性善之端须在气上始见得，若无气亦无可见矣。恻隐、羞恶、辞让、是非即是气。程子谓'论性不论气不备，论气不论性不明。'亦是为学者各认一边，只得如此说。若见得自性明白时，气即是性，性即是气，原无性气之可分也。"②性气不分。性指向体，气作用于用。用即气之流行。"援引道学和《易传》等的本源论，得出'良知→气→万物'的宇宙生成样式。"③

气化流行便是仁。或者说，仁即气化流行："须是诸君自体认出来始得。仁是造化生生不息之理，虽弥漫周遍，无处不是，然其流行发生，亦只有个渐，所以生生不息。如冬至一阳生，必自一阳生，而后渐渐至于六阳，若无一阳之生，岂有六阳？阴亦然。惟其渐，所以便有个发端处；惟其有个发端处，所以生；惟其生，所以不息。譬之木。其始抽芽，便是木之生意发端处；抽芽然后发干，发干然后生枝生叶，然后是生生不息。若无芽，何以有干有枝叶？能抽芽，必是下面有个根在。有根方生，无根便死。无根何从抽芽？父子兄弟之爱，便是人心生意发端处，如木之抽芽。自此而仁民，而爱物，便是发干生枝生叶。墨氏兼爱无差等，将自家父子兄弟与途人一般看，便自没了发端处；不抽芽便知得他无根，便不是生生不息，安得谓之仁？孝弟为仁之本，却是仁理从里面发生出来。"④仁即生生不息。

仁的生生不息、流行方式便是气化。王阳明曰："天地间活泼泼地，无非此理，便是吾良知的流行不息。"⑤天理、良知的流行不息便是仁。从天人学的视角来看，"可知充天塞地中间，只有这个灵明，人只为形体自间隔了。我的灵明，便是天地鬼神的主宰。天没有我的灵明，谁去仰他高？地没有我的灵明，谁去俯他深？鬼神没有我的灵明，谁去辨他吉凶灾祥？天地鬼神万物离却我的灵明，

---

① 王守仁：《传习录上》，《王阳明全集》卷一，吴光等编校，第29页。
② 王守仁：《传习录中》，《王阳明全集》卷二，吴光等编校，第61页。
③ 何静：《论王阳明对陆九渊心学的扬弃和超越》，《理论导刊》2007年第7期。
④ 王守仁：《传习录上》，《王阳明全集》卷一，吴光等编校，第26页。
⑤ 王守仁：《传习录下》，《王阳明全集》卷三，吴光等编校，第123页。

便没有天地鬼神万物了。我的灵明离却天地鬼神万物，亦没有我的灵明。如此，便是一气流通的，如何与他间隔得"①？万物一体便是良知的气化流行。仁即气化流行。王阳明指出："人的良知，就是草、木、瓦、石的良知。若草木瓦石无人的良知，不可以为草、木、瓦、石矣。岂惟草、木、瓦、石为然，天地无人的良知，亦不可为天地矣。盖天地万物与人原是一体，其发窍之最精处，是人心一点灵明。风、雨、露、雷，日、月、星、辰，禽、兽、草、木，山、川、土、石，与人原只一体。故五谷禽兽之类，皆可以养人；药石之类，皆可以疗疾；只为同此一气，故能相通耳。"②只有气化流行，万物才能够贯通一体，这才是仁。所以，仁离不开气。而气，在理学世界里，便是一种与经验相关的存在，比如变化气质等。这便是用。

四、结语：继承与超越

陆王是心学的主要代表。二人在天人观上基本一致，不但赞同天地万物合为一个生命体，即万物一体，叫做"宇宙"，而且一致相信：这个生命体的决定性基础或本原在于人类自身，准确地说，天理在人心。这便是心外无物、心外无事。外部的、现实的事事物物都以心为本原。从人类生存的角度来说，视、听、言、动无不源自于本有之心。无心便无行。从天人学的角度来说，宇宙的存在便是生存。生存之道便是天理。这个天理，按照宋明理学的主张，以为人类或人心才是这个生命体的本原或主宰。这便是"人者天地之心"的主旨。在这些基本问题上，陆九渊与王阳明基本一致。所谓的心外无物、心外无事等，其实并不是什么新说法，至少程颢、陆九渊等就有了这样的观点。而王阳明的"花心"观等，其实不外乎陆九渊的"宇宙内事是己分内事"等。

二人真正的不同在用上。陆九渊有本无用。他仅仅看到了本原之心与现实生存之间的联系，即现实万物的生生不息来源于超验的本心。而超验的本心如何转化为现实的生存与万物呢？陆九渊并未

---

① 王守仁：《传习录下》，《王阳明全集》卷三，吴光等编校，第124页。
② 王守仁：《传习录下》，《王阳明全集》卷三，吴光等编校，第107页。

回答，或者说考虑不多。王阳明对此下了一番功夫。在王阳明看来，体用一原，不可分离。本心仅仅提供了一种可能的存在。它不是现实。现实是本体之动、发用。发用即气的流行。因此，王阳明着重于本体之动，并把它叫做工夫，工夫便是本体之动、用，它才是仁。这样，体用兼备、知行合一。故其学生总结曰："知行合一之说，是先生论学最要紧处。今既与象山之说异矣，敢问其所以同。"[1]也就是说，阳明学与象山学的主要区别在于知行合一。一方面，王阳明揭示了本原之体，另一方面又提出现实之用。从用的角度来说，做工夫、学习、教化便成为必然的选择。"知行原是两个字说一个功夫。这一个功夫须着此两个字，方说得完全无弊病。若头脑处见得分明原是一个头脑，则虽把知行分作两个说，毕竟将来做那一个功夫则始或未便融会，终所谓百虑而一致矣。若头脑见得不分明，原看做两个了，则虽把知行合作一个说，亦恐终未有凑泊处。况又分作两截去做，则是从头至尾更没讨下落处也。"[2]象山之说有头无尾，即所谓的简易工夫。而王阳明则是知行合一、体用兼备、有头有尾。这便是王阳明对陆九渊的超越处。

从心学立场上来说，阳明毫无疑问承袭了陆九渊的天人学与心学宗旨。在此基础上，阳明吸收了朱子的体用论方法，以心为体，以仁为用。体用兼备、知行合一。这便做到了有头有尾。故有学者说"以阳明之学准诸朱子，确有依凭"[3]，不无道理。事实上，阳明学是陆九渊心学与朱熹理学合作的产物。

---

[1] 王守仁：《答友人问》，《王阳明全集》卷六，吴光等编校，第209页。
[2] 胡泉：《王阳明先生书疏证序》，王守仁：《王阳明全集》卷四十一，吴光等编校，第1624页。
[3] 胡泉：《王阳明先生书疏证序》，王守仁：《王阳明全集》卷四十一，吴光等编校，第1624页。

第二章　体用之间：朱熹与王阳明的哲学比较

学术界通常将宋明理学分为理学和心学，其中理学的最大代表是朱熹，心学的最大代表是王阳明。朱熹所代表的理学和王阳明所代表的心学形成了宋明理学的两大阵营，共同将中国传统儒学推向新高峰。在历史上，朱熹与同属心学阵营的陆九渊曾经产生过激烈的争辩，似乎表明理学与心学的立场分歧较大。这种传统认识——分别理学与心学——被学术界广为接受。那么，这种传统共识是否科学呢？或者说，程朱理学与陆王心学，作为一种观念体系，是不是存在着明显的分歧呢？本章将从体用论的角度指出：从即体即用、体用不二的角度来看，朱熹哲学与王阳明哲学并无本质差别，大体一致；从体用分别的角度来看，二者又有区别，即朱子学以用为起点，由用而全体，阳明学以体为开端，明体以达用。

一、作为生存方式的仁

以孔子为代表的儒学的核心概念或观念是仁。韩愈曰："博爱之谓仁，行而宜之之谓义，由是而之焉之谓道，足乎己无待于外之谓德。仁与义为定名，道与德为虚位。……凡吾所谓道德云者，合仁与义言之也，天下之公言也。"[1]仁义便是道与德。如果我们将道理解为正确的行为方式，那么，仁义便是儒家认可的、正确的行为方式。换成现代语言，仁义便是正确的或道德的行为。

那么，什么叫作仁呢？这是儒学的中心问题，从孔夫子到王阳明，全部围绕着这一主题而展开。作为儒学新形态的宋明理学，也依然将仁视为其理论的核心，理学依然是仁学。什么是仁？和历史上的儒家相比，宋儒提出了一个新的观念：仁即通。早期理学家张载主张万物一体："天下一人而已，惟责己一身当然尔。"[2]宇宙万物合为一体即万物一体。张载曰："乾称父，坤称母；予兹藐焉，乃混然中处。故天地之塞，吾其体；天地之帅，吾其性。民吾同

---

[1] 韩愈：《原道》，《韩愈集》，卫绍生、杨波注译，中州古籍出版社2010年版，第183页。
[2] 张载：《中正篇》，《正蒙》，《张载集》，章锡琛点校，中华书局1978年版，第29页。

胞，物吾与也。"①宇宙世间的万物其实是一个生命体。作为生命体的宇宙万物之间贯通一气而无碍。这种贯通便是仁。"仁统天下之善，礼嘉天下之会，义公天下之利，信一天下之动。"②仁统领万物之善。仁贯通天下万物。"天体物不遗，犹仁体事无不在也。……无一物而非仁也。……无一物之不体也。"③仁能够将万物汇通而形成一个有机的生命体。二程明确指出："仁者，全体。"④仁即全体。所谓全体即合为一物，仁即合为一物。二程解释说："医书言手足痿痹为不仁，此言最善名状。仁者，以天地万物为一体，莫非己也。认得为己，何所不至？若不有诸己，自不与己相干。如手足不仁，气已不贯，皆不属己。"⑤仁即知觉为一体，如同个体对肌体的感知：只有一体者才能够感觉到相关部位的活动。仁即通。"仁则一，不仁则二。"⑥仁即一体，二分则不仁。"若夫至仁，则天地为一身，而天地之间，品物万形为四肢百体。夫人岂有视四肢百体而不爱者哉？……夫手足在我，而疾痛不与知焉，非不仁而何？"⑦我与天地万物合为一物便是仁。仁即汇通为一体。

万物贯通一体而有气化流通。这种气化流通，从生物存在的角度来看，便是生存。仁即生："于所主曰心，名其德曰仁。……阳气所发，犹之情也。心犹种焉。其生之德，是为仁也。"⑧心为主、德为仁，即，心是生存的本源，而生存的品质又决定于德性。德性生生。仁便是生。二程明确指出："孟子将四端便为四体，仁便是一个木气象，恻隐之心便是一个生物春底气象，羞恶之心便是一个秋底气象，只有一个去就断割底气象，便是义也。"⑨仁即生生不息。生生之仁是儒家之道。故二程曰："道则自然生万物。今夫春生夏长了一番，皆是道之生，后来生长，不可道却将既生之

---

① 张载：《乾称篇》，《正蒙》，《张载集》，章锡琛点校，第 62 页。
② 张载：《大易篇》，《正蒙》，《张载集》，章锡琛点校，第 50 页。
③ 张载：《天道篇》，《正蒙》，《张载集》，章锡琛点校，第 13 页。
④ 程颢、程颐：《元丰己未吕与叔东见二先生语》，《二程集》，王孝鱼点校，中华书局 2004 年版，第 14 页。
⑤ 程颢、程颐：《元丰己未吕与叔东见二先生语》，《二程集》，王孝鱼点校，第 15 页。
⑥ 程颢、程颐：《右明道先生语》，《二程集》，王孝鱼点校，第 63 页。
⑦ 程颢、程颐：《游定夫所录》，《二程集》，王孝鱼点校，第 74 页。
⑧ 程颢、程颐：《论道篇》，《二程集》，王孝鱼点校，第 1174 页。
⑨ 程颢、程颐：《附东见录后》，《二程集》，王孝鱼点校，第 54 页。

气，后来却要生长。道则自然生生不息。"①仁道便是生生不息。仁即生存。

朱熹完全接受了二程的立场，以生释仁。朱熹将仁比作"木"："木是生气。有生气，然后物可得而生；若无生气，则火金水皆无自而能生矣，故木能包此三者。"②仁意味着生生不息。仁即"生意"："仁流行到那田地时，义处便成义，礼、智处便成礼、智。且如万物收藏，何尝休了，都有生意在里面。如谷种、桃仁、杏仁之类，种着便生，不是死物，所以名之曰'仁'，见得都是生意。如春之生物，夏是生物之盛，秋是生意渐渐收敛，冬是生意收藏。"③仁即生生不息，具体于现实之中可以表现为不同形态如生物、盛开、收敛和收藏等，宛如四季而周转。

这种生生不息，从人的生存角度来看便是爱。朱熹曰："说仁，便有慈爱底意思；说义，便有刚果底意思。"④仁即仁爱之情，如"亲亲之心，仁之发也"⑤。亲亲之爱便是仁之所发。"亲亲而仁民，仁民而爱物，所谓以其所爱及其所不爱也。"⑥仁便是爱民、爱物。所以说："仁者固无不爱，然常急于亲贤，则恩无不洽，而其为仁也博矣。"⑦仁便是博爱。"爱人，仁之施。"⑧仁即爱人。仁爱之情是一种气质活动。朱熹曰："要识仁之意思，是一个浑然温和之气，其气则天地阳春之气，其理则天地生物之心。"⑨仁爱之情内含温和之气，是气化流行，仁是合理的气质性行为。

王阳明也将仁理解为气质性的"生生不息"："仁是造化生生不息之理，虽弥漫周遍，无处不是，然其流行发生，亦只有个渐，所以生生不息。"⑩仁是气质生生不息、发用而流行。仁即气化流行："盖其心学纯明，而有以全其万物一体之仁，故其精神流贯，

---

① 程颢、程颐：《入关语录》，《二程集》，王孝鱼点校，第149页。
② 黎靖德编：《仁义礼智等名义》，《朱子语类》卷六，王星贤点校，中华书局1986年版，第108页。
③ 黎靖德编：《仁义礼智等名义》，《朱子语类》卷六，王星贤点校，第113页。
④ 黎靖德编：《仁义礼智等名义》，《朱子语类》卷六，王星贤点校，第105页。
⑤ 朱熹：《告子章句下》，《孟子集注》卷十二，《四书五经》（上），宋元人注，天津市古籍书店1988年版，第94页。
⑥ 朱熹：《尽心章句下》，《孟子集注》卷十四，《四书五经》（上），宋元人注，第110页。
⑦ 朱熹：《尽心章句下》，《孟子集注》卷十四，《四书五经》（上），宋元人注，第109页。
⑧ 朱熹：《颜渊》，《论语集注》卷六，《四书五经》（上），宋元人注，第53页。
⑨ 黎靖德编：《仁义礼智等名义》，《朱子语类》卷六，王星贤点校，第111页。
⑩ 王守仁：《传习录上》，《王阳明全集》卷一，吴光等编校，上海古籍出版社1992年版，第26页。

志气通达，而无有乎人己之分，物我之间。譬之一人之身，目视、耳听、手持、足行，以济一身之用。……盖其元气充周，血脉条畅，是以痒疴呼吸，感触神应，有不言而喻之妙。"①这种贯通便是万物一体。万物一体自然泛爱万物了。这种生意便是爱之情："父子兄弟之爱，便是人心生意发端处，如木之抽芽。自此而仁民，而爱物，便是发干生枝生叶。"②父子之爱、仁民之爱便是仁，仁在人间便是爱。故王阳明曰："亲之即仁之也。"③仁便是亲爱民众。王阳明曰："心一而已。以其全体恻怛而言谓之仁。"④仁即恻隐之情。恻隐在民便是"仁民"："意在于仁民爱物，即仁民爱物便是一物。"⑤亲民、爱民是一事一物。爱人、爱物而与人、与物贯通一体。这便是"一体"："圣贤只是为己之学，重功夫不重效验。仁者以万物为体，不能一体，只是己私未忘。"⑥仁即全体而贯通。所以，仁最终以万物为一体，仁即全体而爱物。仁爱，从人类生存的角度来说便是道德的行为，如忠孝节义等。人类通过仁爱等合理的行为实现自己的贯通一体之仁爱。

二、仁、用与理

在儒家看来，仁是爱、是生与是通。仁爱、仁生、仁通，宋明理学从体用论的角度出发，将其称作用。仁即用。如二程曰："公者仁之理，恕者仁之施，爱者仁之用。"⑦仁爱是用。"仁者，浑然与物同体。义、礼、知、信皆仁也。……此道与物无对，大不足以名之，天地之用，皆我之用。"⑧我与天地万物气脉贯通便是仁。这种贯通之仁便是用。朱熹曰："盖至诚无息者，道之体也，万殊之所以一本也；万物各得其所者，道之用也，一本之所以万殊也。"⑨万物各得其所便是仁。仁即道之发用。具体到人事中，"以己及

---

① 王守仁：《传习录中》，《王阳明全集》卷二，吴光等编校，第55页。
② 王守仁：《传习录上》，《王阳明全集》卷一，吴光等编校，第26页。
③ 王守仁：《传习录上》，《王阳明全集》卷一，吴光等编校，第2页。
④ 王守仁：《传习录中》，《王阳明全集》卷二，吴光等编校，第43页。
⑤ 王守仁：《传习录上》，《王阳明全集》卷一，吴光等编校，第6页。
⑥ 王守仁：《传习录下》，《王阳明全集》卷三，吴光等编校，第110页。
⑦ 程颢、程颐：《论道篇》，《二程集》，王孝鱼点校，第1172页。
⑧ 程颢、程颐：《元丰己未吕与叔东见二先生语》，《二程集》，王孝鱼点校，第16—17页。
⑨ 朱熹：《里仁》，《论语集注》卷二，《四书五经》（上），宋元人注，第15页。

人，仁者之心也。于此观之，可以见天理之周流而无间矣。状仁之体，莫切于此。"①仁便是理的周流与发用。朱熹明确指出："四端在我，随处发见。知皆即此推广，而充满其本然之量，则其日新又新，将有不能自已者矣。能由此而遂充之，则四海虽远，亦吾度内，无难保者；不能充之，则虽事之至近而不能矣。此章所论人之性情，心之体用，本然全具，而各有条理如此。学者于此，反求默识而扩充之，则天之所以与我者，可以无不尽矣。"②发用的源头在于我心，即我的四端之心扩而充之于四海，便是仁行天下。这种仁行乃是我心之用。

万物的生生不息，在王阳明看来，无非妙用："太极之生生，即阴阳之生生。就其生生之中，指其妙用无息者而谓之动，谓之阳之生，非谓动而后生阳也。"③生生即妙用，万物生生而贯通，仁即贯通。贯通便是意用："心者身之主也，而心之虚灵明觉，即所谓本然良知也。其虚灵明觉之良知应感而动者，谓之意；有知而后有意，无知则无意矣。知非意之体乎？意之所用，必有其物，物即事也，如意用于事亲，即事亲为一物；意用于治民，则治民为一物；意用于读书，即读书为一物；意用于听讼，即听讼为一物。"④心灵是行为的主导，它发动了意即心灵活动。意便是仁心所用，如，事亲之孝、治民之爱，这些仁爱的行为便是用。阳明认为，这种贯通便是仁。仁即"元气充周，血脉条畅，是以痒疴呼吸，感触神应，有不言而喻之妙"⑤。仁不仅是正气贯通，而是也是仁心之发用。

仁是用，是正确的行为。那么，仁为什么是人类正确的行为呢？这便是宋明理学的新主张，或者说，宋明理学赋予了传统仁概念一项新内容、仁由此产生新内涵。这一新内容便是理，即，仁不仅是爱之情，而且符合理，是符合理的行为。这便是传统儒家的"存在论的证明"（ontological argument）。简单地说，理学家们之所以以仁为道，原因在于仁中含理、是合"理"的行为。这也是现代汉语"合理"概念的来源。

---

① 朱熹：《雍也》，《论语集注》卷三，《四书五经》（上），宋元人注，第 26 页。
② 朱熹：《公孙丑章句上》，《孟子集注》卷三，《四书五经》（上），宋元人注，第 25 页。
③ 王守仁：《传习录中》，《王阳明全集》卷二，吴光等编校，第 64 页。
④ 钱德洪：《年谱三》，王守仁：《王阳明全集》卷三十五，吴光等编校，第 1295 页。
⑤ 王守仁：《传习录中》，《王阳明全集》卷二，吴光等编校，第 55 页。

对仁理关系的揭示与解释便是朱熹的核心工作之一。朱熹甚至直接将仁解释为理："仁者，人之所以为人之理也。然仁，理也；人，物也。以仁之理，合于人之身而言之，乃所谓道者也。"①其中的"仁者，人之所以为人之理也"，我们把它转化为另一个日常命题如"孔子者，教师也"。这句话的现代表达是"孔子是教师"。"孔子是教师"并非说孔子等同于教师，而是说教师是属，孔子是其属中的一分子。同样，"仁是理"并非说仁同于理（identity），而是理是仁之属。仁中内含理。朱熹曰："仁者，爱之理、心之德也"②这句话应该这样理解：仁是合理的爱。"仁者，无私心而合天理之谓。"③仁即符合理的行为。朱熹曰："情之未发者，性也，是乃所谓中也，天下之大本也；性之已发者，情也，其皆中节，则所谓和也，天下之达道也。皆天理之自然也。妙性情之德者，心也，所以致中和、立大本，而行达道者也，天理之主宰也。"④道是遵循天理的行为，也就是中和。中和之道符合天理。在朱熹等人那里，仁、道与天理并非等同。仁道是行为，理则是该行为背后的、客观的终极性依据。朱熹曰："天道是自然之理具，人道是自然之理行。"⑤道乃理的呈现。道即行。朱熹曰："理是有条理，有文路子。文路子当从那里去，自家也从那里去；文路子不从那里去，自家也不从那里去。须寻文路子在何处，只挨着理了行。"⑥循理而行便是道。朱熹曰："存之于中谓理，得之于心为德，发见于行事为百行。"⑦存之为理，行之为道。朱熹明确指出："道以理言，用也。"⑧对于理来说，道便是其用。用即作用或活动。道是活动，理便是这个活动的终极依据。朱熹将仁分为两类，即"有作为底，有自然底"⑨。其中的"自然底"仁，朱熹曰："看来人之生便自然如此，不待作为。如说父子欲其亲，君臣欲其义，是他自会如此，不

---

① 朱熹：《尽心章句下》，《孟子集注》卷十四，《四书五经》（上），宋元人注，第112页。
② 朱熹：《学而》，《论语集注》卷一，《四书五经》（上），宋元人注，第1页。
③ 朱熹：《告子章句下》，《孟子集注》卷十二，《四书五经》（上），第96页。
④ 朱熹：《太极说》，《朱子全书》（第23册），朱杰人、严佐之、刘永翔主编，第3274页。
⑤ 黎靖德编：《子曰参乎章》，《朱子语类》卷二十七，王星贤点校，第698—699页。
⑥ 黎靖德编：《仁义礼智等名义》，《朱子语类》卷六，王星贤点校，第100页。
⑦ 黎靖德编：《仁义礼智等名义》，《朱子语类》卷六，王星贤点校，第101页。
⑧ 朱熹：《中庸章句》，《四书五经》（上），宋元人注，第12页。
⑨ 黎靖德编：《仁义礼智等名义》，《朱子语类》卷六，王星贤点校，第112页。

待欲也。父子自会亲，君臣自会义，既自会恁地，便活泼泼地，便是仁。"①"自然"即必然。父子必然亲爱、君臣必然忠义，原因在于理，即在道德行为的背后皆有天理为主宰。天理必然地决定着行为的合法性。故朱熹曰："专言仁者，是兼体用而言。"②仁中有理而为体，贯通流行而为用。

王阳明以良知为理并据此来界定仁。王阳明曰："自'格物致知'至'平天下'，只是一个'明明德'。虽亲民，亦明德事也。明德是此心之德，即是仁。"③仁即亲民、爱民。王阳明曰："以其全体恻怛而言谓之仁，以其得宜而言谓之义，以其条理而言谓之理。"④仁便是恻隐之情与爱。这种仁爱之情产生于理。王阳明将天理叫做良知，曰："夫良知即是道，良知之在人心，不但圣贤，虽常人亦无不如此。若无有物欲牵蔽，但循着良知发用流行将去，即无不是道。"⑤道即良知之流行，良知则是其依据或主宰。王阳明曰："心一而已。以其全体恻怛而言谓之仁，以其得宜而言谓之义，以其条理而言谓之理；不可外心以求仁，不可外心以求义，独可外心以求理乎？"⑥心中有了良知、天理，心理合一、行为合理，便是仁义。仁义的行为最终决定于天理或良知。知天理便是行仁举。这便是知行合一。这种仁行之中内含天理而合理。"以此纯乎天理之心，发之事父便是孝，发之事君便是忠，发之交友治民便是信与仁。只在此心去人欲、存天理上用功便是。"⑦心中有理，自然忠孝节义而仁行。

仁是行为、动作。这一动作不仅由气质人心所发动、从而形成物理现象，而且其中必有某种内在的依据来主导这一活动、从而确保该活动的合理性。胡宏曰："人之道，奉天理者也。自天子达于庶人，道无二也。得其道者，在身，身泰；在家，家泰；在国，国泰；在天下，天下泰。失其道，则否矣。人道否，则夷狄强而禽兽多，草木蕃而天下墟矣。奉天而理物者，儒者之大业也。圣人谓天

---

① 黎靖德编：《仁义礼智等名义》，《朱子语类》卷六，王星贤点校，第112页。
② 黎靖德编：《仁义礼智等名义》，《朱子语类》卷六，王星贤点校，第115页。
③ 王守仁：《传习录上》，《王阳明全集》卷一，吴光等编校，第25页。
④ 王守仁：《传习录中》，《王阳明全集》卷二，吴光等编校，第43页。
⑤ 王守仁：《传习录中》，《王阳明全集》卷二，吴光等编校，第69页。
⑥ 王守仁：《传习录中》，《王阳明全集》卷二，吴光等编校，第43页。
⑦ 王守仁：《传习录上》，《王阳明全集》卷一，吴光等编校，第2页。

为帝者，明其心也。"①胡宏把理当作动词使用，理即治理。仁是具体处理的行为，理便是这个行为的依据。作为行为的依据，和行为相依伴，应该也随着行为而动。所以，理是具体行为中的、隐秘的主宰者。从现代哲学的角度来看，道即正确的行为如道德行为。道德行为便是依据于道德法则而产生的行为。道德法则是抽象的观念。这个抽象的观念虽然是主观的，却并不排除它的超越性，即它所描述的观念，在超越世界中存在着某种实体与之相匹配。这便是德语中的Begriff（有实之名）。这种与抽象观念相匹配的、普遍的客观实体便是理。从科学的角度来看，任何的命题都有一定的客观的普遍实体与之对应。这个普遍实体便是理。从伦理学的角度来说，抽象的道德法则也指向某种普遍实体。正是这种普遍实体为抽象法则提供了存在论的证明，我们所遵循的法则描述或再现了一种客观的真实存在。道是理的主观呈现，理则是道的客观支撑。如果我们把依据于道而产生的行为视为人体活动的话，理便是完成上述行为的"骨骼"。天理最终理万物。这也是理学家们的一个共同观点。王阳明曰："理者气之条理，气者理之运用；无条理则不能运用，无运用则亦无以见其所谓条理者矣。"②理是正确行为的依据，主导了行为。

三、体：人性与良知

仁是合理的行为，是用。用必然有体，由体才能发用。发用之体便是行为主体。那么，用之体是什么呢？理学家所说的体大约分为两类，即形体之体与性体之体。形体之体主要指气质之心，心是主宰。心为主宰说是中国传统生存论的基本理论，作为生物体的人，无论是其自然生存，还是有意行为，皆以心为本。心动便是行动。因此，发用必然是心用。这是一个自然而普遍的现象。自然的心灵，在自然状态下，无法确保其发用的合法性。为了避免非法的异用，理学家引用了理和性，提出以理或性为体。从而形成了性体论。

---

① 胡宏：《汉文》，《胡宏集》，吴仁华点校，中华书局1987年版，第42页。
② 王守仁：《传习录中》，《王阳明全集》卷二，吴光等编校，第62页。

朱熹多次明确提出理是体的观念。朱熹曰："理者，天之体；命者，理之用。性是人之所受，情是性之用。"[1]理是体，命令或安排乃是其用。朱熹曰："只事理合当做处。凡事皆有个体，皆有个当然处。"[2]事有体。这个体便是当然之理。朱熹曰："费，道之用也；隐，道之体也。用则理之见于日用，无不可见也。体则理之隐于其内，形而上者之事，固有非视听之所及者。"[3]理是体、内含而隐秘，不可知晓，属于形而上的实体存在。用则是显现或呈现，似乎是可以知晓的现实存在。不过，从前面的分析来看，理乃是行为的依据，存身于具体行为之中。理不是万物之理，而是万事之理、理万物之理。当我们言说理时，我们其实是站在用的角度来追问：理是用中之理。朱熹曰："天理生生本不穷，要从知觉验流通。若知体用元无间，始笑前来说异同。"[4]理存身于生生不息之用中。

苍天生生不息之理终究落实到人间，进而转换为性。朱熹曰："人物之生，同得天地之理以为性，同得天地之气以为形；其不同者，独人于其间得形气之正，而能有以全其性，为少异耳。"[5]人物初生不仅有气质于身体，而且禀赋于人性。其中的性便由天理转化而来。"性者，人之所得于天之理也；生者，人之所得于天之气也。性，形而上者也；气，形而下者也。人物之生，莫不有是性，亦莫不有是气。"[6]人生而同时具备理与气，其中，天理在人便是性。朱熹曰："心有体用。未发之前是心之体，已发之际乃心之用，如何指定说得！盖主宰运用底便是心，性便是会恁地做底理。性则一定在这里，到主宰运用却在心。情只是几个路子，随这路子恁地做去底，却又是心。"[7]未发之前的心体是性。它是合理行为的主宰者，是体。朱熹曰："性是统言。性如人身，仁是左手，礼是右手，义是左脚，智是右脚。"[8]性如人的身体。性即体，仁义之行是其用。

---

[1] 黎靖德编：《性情心意等名义》，《朱子语类》卷五，王星贤点校，第82页。
[2] 黎靖德编：《程子之书一》，《朱子语类》卷九十五，王星贤点校，第2449页。
[3] 黎靖德编：《中庸二》，《朱子语类》卷六十三，王星贤点校，第1532页。
[4] 朱熹：《送林熙之诗五首》，《朱子全书》（第20册），朱杰人、严佐之、刘永翔主编，第418页。
[5] 朱熹：《离娄章句下》，《孟子集注》卷八，《四书五经》（上），宋元人注，第62页。
[6] 朱熹：《告子章句上》，《孟子集注》卷十一，《四书五经》（上），宋元人注，第84页。
[7] 黎靖德编：《性情心意等名义》，《朱子语类》卷五，王星贤点校，第90页。
[8] 黎靖德编：《仁义礼智等名义》，《朱子语类》卷六，王星贤点校，第110页。

性是王阳明的核心概念之一。王阳明把它叫做"心体"："心之体，性也；性即理也。"①性是心之体，又叫理。这个心体之性内在于人心之中。"性是心之体，天是性之原，尽心即是尽性。"②性即心体，属于天生禀赋的存在实体。王阳明曰："性一而已：自其形体也谓之天，主宰也谓之帝，流行也谓之命，赋于人也谓之性，主于身也谓之心，心之发也，遇父便谓之孝，遇君便谓之忠。"③天赋在人便是性。作为天生的本性，自然在心中。这个自然禀赋的性是超越的："心之本体原自不动。心之本体即是性，性即是理，性元不动，理元不动。集义是复其心之本体。"④心体即性是不动的、超越实体。它超越于善恶："至善者性也，性元无一毫之恶，故曰至善。止之，是复其本然而已。"⑤性是超越善恶的至善之体。这个至善之体，王阳明称之为"心"："知是理之灵处。就其主宰处说，便谓之心，就其禀赋处说，便谓之性。孩提之童无不知爱其亲，无不知敬其兄，只是这个灵能不为私欲遮隔，充拓得尽，便完；完是他本体，便与天地合德。自圣人以下不能无蔽，故须格物以致其知。"⑥这个主宰之心首先是超越实体即天理。"心之本体即是天理。天理只是一个，更有何可思虑得？天理原自寂然不动，原自感而遂通，学者用功虽千思万虑，只是要复他本来体用而已，不是以私意去安排思索出来。"⑦性体是无善无恶的超越实体。

这个超越的、至善之心便是良知。王阳明曰："性无不善，故知无不良，良知即是未发之中，即是廓然大公，寂然不动之本体，人人之所同具者也。……体即良知之体，用即良知之用，宁复有超然于体用之外者乎？"⑧至善之性便是良知，皆为寂然不动之体，人人天生固有的自然禀赋。和朱熹弱化天生本性不同，王阳明十分重视自然禀赋的良知在人类生存中的基础性地位与作用。王阳明指出："知是心之本体。心自然会知：见父自然知

---

① 王守仁：《传习录中》，《王阳明全集》卷二，吴光等编校，第42页。
② 王守仁：《传习录上》，《王阳明全集》卷一，吴光等编校，第5页。
③ 王守仁：《传习录上》，《王阳明全集》卷一，吴光等编校，第15页。
④ 王守仁：《传习录上》，《王阳明全集》卷一，吴光等编校，第24页。
⑤ 王守仁：《传习录上》，《王阳明全集》卷一，吴光等编校，第25页。
⑥ 王守仁：《传习录上》，《王阳明全集》卷一，吴光等编校，第34页。
⑦ 王守仁：《传习录中》，《王阳明全集》卷二，吴光等编校，第58页。
⑧ 王守仁：《传习录中》，《王阳明全集》卷二，吴光等编校，第62—63页。

孝，见兄自然知弟，见孺子入井自然知恻隐，此便是良知不假外求。若良知之发，更无私意障碍。"①知即良知，乃是心的本体。所谓心之本体，即是心灵活动的固有主体。良知做主，见父自然行孝、见孺子入井自然生恻隐之情而为仁。仁产生于固有的主体即良知。王阳明曰："'未发之中'即良知也，无前后内外而浑然一体者也。有事无事，可以言动静，而良知无分于有事无事也。寂然感通，可以言动静，而良知无分于寂然感通也。动静者所遇之时，心之本体固无分于动静也。理无动者也，动即为欲。"②良知不动不静，是超越之体。

超越的良知是人类生存的主宰者。王阳明曰："要此心纯是天理，须就理之发见处用功。如发见于事亲时，就在事亲上学存此天理；发见于事君时，就在事君上学存此天理；发见于处富贵贫贱时，就在处富贵贫贱上学存此天理。"③天理决定了人的行为是否忠孝。忠孝是事、是行为，背后的决定者是理。这个普遍之理乃是人类具体行为背后的终极性依据。它体现于行为中，是用中之理。那么，这个用中之理从何而来呢？谁是它的主体呢？王阳明曰："见孺子之入井，必有恻隐之理，是恻隐之理果在于孺子之身欤？抑在于吾心之良知欤？其或不可以从之于井欤？其或可以手而援之欤？是皆所谓理也，是果在于孺子之身欤？抑果出于吾心之良知欤？以是例之，万事万物之理，莫不皆然。"④事情之理来源于心中的良知。良知才是行为之理的终极来源。从万物一体的角度来看，人心中的良知不仅可以主宰人类事情，而且可以主宰宇宙万物的生存。王阳明曰："可知充天塞地中间，只有这个灵明，人只为形体自间隔了。我的灵明，便是天地鬼神的主宰。天没有我的灵明，谁去仰他高？地没有我的灵明，谁去俯他深？鬼神没有我的灵明，谁去辨他吉凶灾祥？"⑤我即人类的良知，也是万物的良知，它不仅主导人类的行为（即事），而且可以主宰万物的生存（即物）。这种主宰形态便是理。理流行于宇宙万物的生生不息，良知理万物。

---

① 王守仁：《传习录上》，《王阳明全集》卷一，吴光等编校，第6页。
② 王守仁：《传习录中》，《王阳明全集》卷二，吴光等编校，第64页。
③ 王守仁：《传习录上》，《王阳明全集》卷一，吴光等编校，第6—7页。
④ 王守仁：《传习录中》，《王阳明全集》卷二，吴光等编校，第45页。
⑤ 王守仁：《传习录下》，《王阳明全集》卷三，吴光等编校，第124页。

四、体用之间

宋明理学，无论是朱熹还是王阳明，皆持二体说，认为体由形体和性体两个部分构成。他们认为，用的产生不仅由气质心动，而且产生于心中之理或良知，只有心理合一的体才能产生合法之用。其中，体指行为主体，用便是主体的活动。体用论分别从体与用两个不同的角度分析了主体及其活动（存在）。朱熹与王阳明对体与用的不同态度与处理方式也最终产生了不同的理论效果、造成了不同的历史影响。

对于体用，朱熹的注意力主要放在用上。首先，对于形体之体，朱熹甚至拒绝称之为体用之体。朱熹明确指出："看来心有动静：其体，则谓之易；其理，则谓之道；其用，则谓之神。……体不是'体用'之'体'，恰似说'体质'之'体'，犹云'其质则谓之易'。"[1]朱熹认为体用论中的体不同于形体之体。一方面，朱熹限定了体用之体的范围，只有形而上的实体即性、理才是体用之体。另一方面，朱熹否认或淡化了形体之体的地位，以为形体之体不是体用之体。朱熹的这种体用观念体现了朱熹重用而轻体的倾向。

事实上，朱熹不仅轻视形体之体，而且对于性体即性也不以为然。朱熹曰："盖通天下只是一个天机活物，流行发用，无间容息。据其已发者而指其未发者，则已发者人心，而凡未发者皆其性也，亦无一物而不备矣。"[2]万物生而不仅具备气质形体，而且禀赋本性。这便是在人为性。人类的这种天生之性，在朱熹看来，在如不在，并没有发挥其应有的作用："熹窃谓天地生物，本乎一源，人与禽兽草木之生，莫不具有此理。其一体之中，即无丝毫欠剩，其一气之运，亦无顷刻停息，所谓仁也。（先生批云：有有血气者，有无血气者，更体究此处）但气有清浊，故禀有偏正。惟人得其正，故能知其本、具此理而存之，而见其为仁；物得其偏，故虽具此理而不自知，而无以见其为仁。"[3]天理在人便是性。人有人性、物有物性。人天生之性被浊气遮蔽而不知。朱熹曰："性

---

[1] 黎靖德编：《性情心意等名义》，《朱子语类》卷五，王星贤点校，第84页。
[2] 朱熹：《答张敬夫》，《朱子全书》（第21册），朱杰人、严佐之、刘永翔主编，第1393—1394页。
[3] 朱熹：《延平问答》，《朱子全书》（第13册），朱杰人、严佐之、刘永翔主编，第335页。

者，人所禀于天以生之理也，浑然至善，未尝有恶。人与尧舜初无少异，但众人汩于私欲而失之，尧舜则无私欲之蔽，而能充其性尔。"[1]人因为天生的浊气而遮蔽了自然禀赋的人性，从而不知本性，无法行仁。在自然状态下，人性几乎不发挥作用。性体在如不在。这便是朱熹对于自然本性或性体的基本立场，即朱熹以为其被遮蔽而无视它的作用。

因此，朱熹主张通过道问学的教化方式实现心理合一。这便是工夫。朱熹曰："为学者须从穷理上做工夫。若物格、知至，则意自诚；意诚，则道理合做底事自然行将去，自无下面许多病痛也。"[2]为学工夫的核心便是穷理、明理与得理。工夫的目的是穷理，穷得的天理最终落实于人心、实现心理相遇或合一。朱熹曰："圣贤言语，须是真看得十分透彻，如从他肚里穿过，一字或轻或重移易不得，始是。看理彻，则我与理一。"[3]明理便是我与理相统一，做到我心中有理、实现心理合一。这便是工夫的中心任务。比如守敬，朱熹曰："且要存得此心，不为私欲所胜，遇事每每着精神照管，不可随物流去，须要紧紧守着。若常存得此心，应事接物，虽不中不远。思虑纷扰于中，都是不能存此心。此心不存，合视处也不知视，合听处也不知听。……敬非别是一事，常唤醒此心便是。"[4]守敬的工夫无非是唤醒心性合一的本心。因此，心理合一的工夫既可以说是经典中的外理与人的内心的相遇，也可以说是内在本性的唤醒。外理的引入或本性的唤醒结果便是性体的产生。这便是朱熹的目的，即由用而全体，通过学习、教化而形成性体。朱熹曰："心者，人之神明，所以具众理而应万事者也。性则心之所具之理，而天又理之所从以出者也。人有是心，莫非全体，然不穷理，则有所蔽而无以尽乎此心之量。故能极其心之全体而无不尽者，必其能穷夫理而无不知者也。"[5]人心本来具理即性。但是此性被浊气遮蔽而不明。只有通过格物而穷理的方式来变化气质，然后才能让心中的性得以澄明，心因此而无不知。"盖心体之明有所未

---

[1] 朱熹：《滕文公章句上》，《孟子集注》卷五，《四书五经》（上），宋元人注，第34页。
[2] 黎靖德编：《总论为学之方》，《朱子语类》卷八，王星贤点校，第147页。
[3] 黎靖德编：《训门人五》，《朱子语类》卷一百一十七，王星贤点校，第2815页。
[4] 黎靖德编：《仁义礼智等名义》，《朱子语类》卷六，王星贤点校，第114页。
[5] 朱熹：《尽心章句上》，《孟子集注》卷十三，《四书五经》（上），宋元人注，第101页。

尽，则其所发，必有不能实用其力，而苟焉以自欺者。然或已明而不谨乎此，则其所明又非己有，而无以为进德之基。"①如何通过学习、问道而明心体便是朱熹关心的问题。这便是"明明德"："镜犹磨而后明。若人之明德，则未尝不明。虽其昏蔽之极，而其善端之发，终不可绝。但当于其所发之端，而接续光明之，令其不昧，则其全体大用可以尽明。且如人知己德之不明而欲明之。只这知其不明而欲明之者，便是明德，就这里便明将去。"②明即觉悟、明白，属于用。通过这种用，以澄明心体。这便是由用以明体。用是朱熹的出发点，其归宿是明体。

与朱熹重用而轻体相反，王阳明更重体。首先，和朱熹轻视形体之体不同，王阳明明确肯定了形体之体，在王阳明这里，性有两种内涵，即自然禀赋之性和超越之性。王阳明曰："性一而已，仁义礼智，性之性也；聪明睿知，性之质也；喜怒哀乐，性之情也；私欲客气，性之蔽也。质有清浊，故情有过不及，而蔽有浅深也。私欲客气，一病两痛，非二物也。"③性不仅指超越之性即良知，而且也指自然禀赋。自然禀赋即气质存在，属于形体。这种形体便是那一团血肉之心灵。气质心灵也是体用之体。王阳明指出："即物穷理，是就事事物物上求其所谓定理者也。是以吾心而求理于事事物物之中，析'心'与'理'而为二矣。夫求理于事事物物者，如求孝之理于其亲之谓也。求孝之理于其亲，则孝之理其果在于吾之心邪？"④王阳明认为朱熹分离了气质心与理。这也基本符合事实，在朱熹那里，似乎超越理才是体，至于气质心的地位几乎被遗忘了。鉴于此，王阳明十分重视气质心的地位。王阳明曰："是非之心，不虑而知，不学而能，所谓良知也。良知之在人心，无间于圣愚，天下古今之所同也。"⑤人天生具备良知。因此，良知自然在人心中，与心合体，形成心心相印而为一心。故王阳明常常将二心合起来讲："身之主宰便是心；心之所发便是意；意之本体便是知；意之所在便是物。如意在于事亲，即事亲便是一物；意在于事君，

---

① 朱熹：《大学章句》，《四书五经》（上），宋元人注，第4页。
② 黎靖德编：《大学一》，《朱子语类》卷十四，王星贤点校，第261页。
③ 王守仁：《传习录中》，《王阳明全集》卷二，吴光等编校，第68页。
④ 王守仁：《传习录中》，《王阳明全集》卷二，吴光等编校，第44—45页。
⑤ 王守仁：《传习录中》，《王阳明全集》卷二，吴光等编校，第79页。

即事君便是一物；意在于仁民爱物，即仁民爱物便是一物；意在于视听言动，即视听言动便是一物。所以某说无心外之理，无心外之物。"①主宰之心其实是心心相印之心，即它不仅是气质人心，而且包含着良知，是良知之心与气质人心的组合。正是这种理气组合而形成的物体构成了王阳明所说的体。

对于王阳明来说，体是其出发点。王阳明曰："盖其心学纯明，而有以全其万物一体之仁，故其精神流贯，志气通达，而无有乎人己之分，物我之间。譬之一人之身，目视、耳听、手持、足行，以济一身之用。"②心中有良知，心体已然成。等待我们的便是从此出发，自然而为以成仁。它不仅是做某事，而是一种贯通与发用。发用便是成就心体："人只要成就自家心体，则用在其中。如养得心体，果有未发之中，自然有发而中节之和。……成就之者，亦只是要他心体纯乎天理。其运用处，皆从天理上发来，然后谓之才。"③成就心体，如同植树，已经有了种苗即心体，剩下的工作便是使其成熟、发展而壮大，扩充于宇宙之间："天地间活泼泼地，无非此理，便是吾良知的流行不息。"④天地生存皆是良知流行，流行即发用即用。王阳明立足于体，归结于用。朱熹立足于用，落足于体。

五、结语："体用不二"而无别

明儒李颙说："'六经''四书'，儒者明体适用之学也。"⑤儒家哲学是体用论。受到佛教哲学巨大影响的体用论因此成为以儒家思想为主体的中国传统哲学的基本形态。体即主体，用即活动。主体（体）及其活动（用）基本上揭示了存在的性质与特征。或者说，体用论分别从体与用两个不同的角度思考存在。

其中，体出自于空间，用则出自于时间。它们皆为人们对存在的观念。这便是"名殊而体一也"⑥。作为使用的用是存在（动

---

① 王守仁：《传习录上》，《王阳明全集》卷一，吴光等编校，第6页。
② 王守仁：《传习录中》，《王阳明全集》卷二，吴光等编校，第55页。
③ 王守仁：《传习录上》，《王阳明全集》卷一，吴光等编校，第21页。
④ 王守仁：《传习录下》，《王阳明全集》卷三，吴光等编校，第123页。
⑤ 李颙：《富平答问》，《二曲集》卷十五，陈俊民点校，中华书局1996年版，第125页。
⑥ 《弘明集》，《大正藏》（第52册），第55页。

词），如事、生生不息等，皆属于用、属于存在。这种存在，一旦我们言说它，它便已然发生了转变，从形而上的存在转变为经验的存在。作为使用的用，具有鲜明的时间性：当下正在使用中，时候觉得有效用等，皆具有时间性。用是一种时间的视角。体即形体，乃是一种空间直观而形成的观念。因此，体与用乃是人们从不同的经验视角对存在的观察。这种视角的差异是无法避免的，即只要我们发起对存在的追问，便必然会形成视角的成见。体用的差异便是一种必然的视角差异。这种差异的视角所指称的对象其实是一个东西。这个东西即存在。邹元标曰："功夫即本体，本体即功夫，离本体而言功夫者，是妄凿垣墙而殖蓬蒿。"[1]本体即体，功夫即用。本体与功夫之间便是"体用不二"的关系。体、用皆指称同一种存在。由此，朱熹重用、阳明重体的差异便失去了知识意义，即，从意谓（meaning）来看，二者所讲的内容几乎完全一样。他们的概念所指称的内容完全一样。这便是常说的即体即用或"体用不二"[2]。

程朱理学常常称"性即理也，所谓理，性是也"[3]，性即理。理学家们的这个说法可能产生了一定的误导，即，人们可能完全无视了二者之间的区别。事实上，性理之间是有区别的。朱熹明确同意以下说法："性则就其全体而万物所得以为生者言之，理则就其事事物物各有其则者言之。"[4]性与理之间是有区别的，即，生物中为性、行为中为理。性理二者并不能完全等同。性是体，理则是体在用中。或者说，性与理乃是我们对同一种存在的不同角度的理解与表达：从体而言便为性、因用而言便为理。此即"体用不二"，二者同实而异名。此即性即理。同时，在体用论中，体指称行为主体，用指称具体行为。或者说，体是人们对存在的空间观察与表述，用则属于时间性理解。无论如何，当我们言说体与用概念时，对存在的理解差别便自然出现。其中，性表达了体。这便是性体。

上述的体用关系，二而不二，我们完全可以借助于弗雷格的指称理论予以澄清。任何一个合法的概念不仅有意谓（meaning），而且有意味（sense）。意谓是一种信息指称，一个概念皆有其约

---

[1] 邹元标：《重修阳明先生祠记》，王守仁：《王阳明全集》卷四十，吴光等编校，第1526页。
[2] 熊十力：《成物》，《体用论（外一种）》，上海古籍出版社2019年版，第128页。
[3] 程颢、程颐：《伊川杂录》，《二程集》，王孝鱼点校，第292页。
[4] 黎靖德编：《性情心意等名义》，《朱子语类》卷五，王星贤点校，第82页。

定俗成的内容或对象。这便是意谓,如"太阳"概念便意谓宇宙星体。当这个概念被具体使用时,它便获得了意味、产生了意义、功能与效果,如我们曾经用"红太阳"来隐喻伟人。在体用论中,体与用,从意谓的角度来看,二者完全一致,即皆指称了存在,体指变化的物体,用指物体的变化。变化的物体与物体的变化,所指同一。具体到理与性关系中,理在用中、性在物中。朱熹偏重于理,体现了朱熹对用的关注。阳明侧重于良知或性,则反映了他对体的重视。事实上,无论是关注体,还是偏爱用,最终形成的观念差别不大。也就是说,从生存论的角度来看,朱熹理学与王阳明心学的观念差别并不大。

朱熹认为,人天生禀赋的气质遮蔽了人性,需要格物穷理让本性澄明。这便是明体的工夫。虽然王阳明认为人有良知,他也同样认为天生气质遮蔽了良知的澄明,我们只能通过诚意的方式变化气质以明体。王阳明曰:"人性皆善。中和是人人原有的。岂可谓无?但常人之心既有所昏蔽,则其本体虽亦时时发见,终是暂明暂灭,非其全体大用矣。无所不中,然后谓之大本;无所不和,然后谓之达道;惟天下之至诚,然后能立天下之大本。"①只有至诚其意才能明体、进而立天下之大本。"盖体用一源,有是体即有是用,有未发之中,即有发而皆中节之和。"②诚意与格物,无论是过程、还是结果,二者完全一样:让心理合一。

心理合一而成体,剩下的便是巩固和成熟,这是王阳明所强调的内容。这难道不是朱熹关注的内容吗?比如志,从其形成机制来看,心灵对理的信任与接受而产生志。这便是"信以发志"③。志的产生不仅是心理合一,而且是心理合一的初期形态。对此,朱熹曰:"则志固心之所之,而为气之将帅;然气亦人之所以充满于身而为志之卒徒者也。故志固为至极,而气即次之。人固当敬守其志,然亦不可不致养其气。盖其内外本末,交相培养。此则孟子之心所以未尝必其不动,而自然不动之大略也。"④朱熹不仅主张以志为帅,而且认为人们应该固守其志而不动,坚持不懈,最终成就事

---

① 王守仁:《传习录上》,《王阳明全集》卷一,吴光等编校,第23页。
② 王守仁:《传习录上》,《王阳明全集》卷一,吴光等编校,第17页。
③ 朱熹:《上经》,《周易本义》卷一,《四书五经》(上),宋元人注,第17页。
④ 朱熹:《公孙丑章句上》,《孟子集注》卷三,《四书五经》(上),宋元人注,第20页。

业。这和王阳明的发明本心、由体而达用的工夫论完全一致。

因此，我们完全可以从体用论的角度揭示出朱熹哲学与王阳明哲学的关联性，从朱熹关注于从用而成体，即通过含理的行为与活动之用而形成作用的主体，成体之后便是如何做。这便是王阳明关注的中心，由体而达用，让仁发用流行于宇宙间。朱熹重理，理是用中之理；阳明重良知，良知是心中之体。从指称理论来看，二者的意谓一样、意味不同。从知识性的意谓来说，朱熹的理与王阳明的良知所指称的对象是一回事，这便是体用不二。正是从这个角度来说，朱熹理学与王阳明心学的内容没有什么不同，关于朱熹理学与王阳明心学的区别等传统认识，其实非也。

第三章　二程与心学[1]

程颢、程颐并为中国历史上的著名哲学家。冯友兰将兄弟二人区别开来，称程颢为心学的先驱。[2]自此，学术界通常将程颢视为宋明时期的心学的代表，或为心学的创始人。本章将以陆九渊为参照，对此问题进行分析，探讨二程或程颢被视为心学的传统共识是否合理？或者说，程颢或二程究竟是否是心学家？

一、仁与万物一体

二程吸收了魏晋时期的天人一体观，以为宇宙万物和人都是一体的。这就是"浑然与物同体"[3]。天人之间，如程颢所云："天人无间断。"[4]天人一体。既然万物一体，那么，万物与我之间便没有了差别。程颢曰："道即性也。若道外寻性，性外寻道，便不是。圣贤论天德，盖谓自家元是天然完全自足之物，若无所污坏，即当直而行之；若小有污坏，即敬以治之，使复如旧。所以能使如旧者，盖为自家本质元是完足之物。若合修治而修治之，是义也；若不消修治而不修治，亦是义也；故常简易明白而易行。"[5]天道即我性。或者说："所谓定者，动亦定，静亦定，无将迎，无内外。苟以外物为外，牵己而从之，是以己性为有内外也。且以性为随物于外，则当其在外时，何者为在内？是有意于绝外诱，而不知性之无内外也。"[6]性无内外之别，即没有物性与人性的区别，否则便是二本。程颢曰："冬寒夏暑，阴阳也；所以运动变化者，神也。神无方，故易无体。若如或者别立一天，谓人不可以包天，则有方矣，是二本也。"[7]所以，程颢反对二本说，以为万物与我是

---

[1] 曾刊发于《甘肃社会科学》2019年第6期。
[2] 冯友兰：《中国哲学史》（下），重庆出版集团2009年版，第257页。
[3] 程颢、程颐：《元丰己未吕与叔东见二先生语》，《二程集》，王孝鱼点校，中华书局2004年版，第16页。
[4] 程颢、程颐：《师训》，《二程集》，王孝鱼点校，第119页。
[5] 程颢、程颐：《端伯传师说》，《二程集》，王孝鱼点校，第1页。
[6] 程颢、程颐：《答横渠张子厚先生书》，《二程集》，王孝鱼点校，第460页。
[7] 程颢、程颐：《师训》，《二程集》，王孝鱼点校，第121页。

贯通为一的。

这种万物贯通而为一体的思想，二程称之为"仁"："医书言手足痿痹为不仁，此言最善名状。仁者，以天地万物为一体，莫非己也。认得为己，何所不至？若不有诸己，自不与己相干。如手足不仁，气已不贯，皆不属己。"[1]仁即贯通。贯通便是天人之间，如同一个生命体一般而息息相通。这便是一："仁则一，不仁则二。"[2]仁即万物贯通为一个整体。否则便是不仁。"若夫至仁，则天地为一身，而天地之间品物万形为四肢百体。夫人岂有视四肢百体而不爱者哉？圣人，仁之至也，独能体是心而已。曷尝支离多端而求之自外乎？"[3]万物统一为一体便是仁。

仁即贯通一体，二程称仁为体："仁者，全体；四者，四支。仁，体也。"[4]仁是体，所谓体，其本义是身体。作为一个身体，体有统一、贯通之义。仁即贯通，二程曰："仁者以天地万物为一体，莫非我也。知其皆我，何所不尽？不能有诸己，则其与天地万物，岂特相去千万而已哉？"[5]仁即我与万物贯通一体，且是一个有机的生命整体。体之便是贯通。"此道与物无对，'大'不足以明之。天地之用，皆我之用。孟子言'万物皆备于我'，须反身而诚，乃为大乐。若反身未诚，则犹是二物有对，以己合彼，终未有之，又安得乐！"[6]天地与我共体而为一，体即贯通。程颢曰："吾学虽有所受，天理二字却是自家体贴出来。"[7]通过体贴而贯通、从而觉悟天理。天理在于体贴、体会或贯通。

仁不仅有此体，而且贯通于用。用即贯通与流行，其载体便是气。仁即气息流通，这便是生。生即生存，按照传统哲学的说法，乃是气化流行。故二程曰："仁便是一个木气象。恻隐之心便是一个生物春底气象，羞恶之心便是一个秋底气象。只有一个去就断割底气象，便是义也。推之四端皆然。此个事，又着个甚安排得也？此个道理，虽牛马血气之类亦然，都恁备具，只是流形不同，各随

---

[1] 程颢、程颐：《元丰己未吕与叔东见二先生语》，《二程集》，王孝鱼点校，第15页。
[2] 程颢、程颐：《伊川先生语》，《二程集》，王孝鱼点校，第63页。
[3] 程颢、程颐：《二先生语四》，《二程集》，王孝鱼点校，第74页。
[4] 程颢、程颐：《元丰己未吕与叔东见二先生语》，《二程集》，王孝鱼点校，第14页。
[5] 程颢、程颐：《论道篇》，《二程集》，王孝鱼点校，第1197页。
[6] 程颢、程颐：《元丰己未吕与叔东见二先生语》，《二程集》，王孝鱼点校，第16—17页。
[7] 程颢、程颐：《上蔡语录》，《二程集》，王孝鱼点校，第424页。

形气，后便昏了佗气。如其子爱其母，母爱其子，亦有木底气象，又岂无羞恶之心？如避害就利，别所爱恶，一一理完。"①仁即万物之气化流行而贯通。这便是生生不息。仁即气化流行、生生不已。程颢曰："切脉最可体仁。"②通过切脉可以感知到仁气，仁即仁气，气化流行便是仁气或善气之流行。具体地说："更如尧、舜之民，何故仁寿？桀、纣之民，何故鄙夭？才仁便寿，才鄙便夭。寿夭乃是善恶之气所致。仁则善气也，所感者亦善。善气所生，安得不寿？鄙则恶气也，所感者亦恶。恶气所生，安得不夭？"③仁即善气的流通。比如："孔子言仁，只说'出门如见大宾，使民如承大祭'。看其气象，便须心广体胖，动容周旋中礼，自然惟慎独便是守之之法。圣人修己以敬，以安百姓，笃恭而天下平。惟上下一于恭敬，则天地自位，万物自育，气无不和，四灵何有不至？"④仁或合理的行为其实就是气化流行。程颢曰："道有冲漠之气象。"⑤道中有气象。

这种流通方式，大程称之为"推"："以己及物，仁也。推己及物，恕也。违道不远是也。忠恕一以贯之。忠者天理，恕者人道。忠者无妄，恕者所以行乎忠也。忠者体，恕者用，大本达道也。"⑥仁即由自己出发推广至万物、进而实现万物一体。"'仁既道也，百善之首也。苟能学道，则仁在其中矣。'享仲问：'如何是近思？'曰：'以类而推。'"⑦类推即扩充善气或浩然之气。大程曰："浩然之气，天地之正气，大则无所不在，刚则无所屈，以直道顺理而养，则充塞于天地之间。"⑧仁即用浩然之正气填充整个宇宙。这便是"推"或"充扩"："'充扩得去则为恕心。'如何是充扩得去底气象？曰：'天地变化草木蕃。'充扩不去时如何？曰：'天地闭，贤人隐，察此可以见尽不尽矣。'"⑨扩充之后，

---

① 程颢、程颐：《附东见录后》，《二程集》，王孝鱼点校，第54页。
② 程颢、程颐：《二先生语三》，《二程集》，王孝鱼点校，第59页。
③ 程颢、程颐：《刘元承手编》，《二程集》，王孝鱼点校，第224页。
④ 程颢、程颐：《二先生语六》，《二程集》，王孝鱼点校，第80—81页。
⑤ 程颢、程颐：《师训》，《二程集》，王孝鱼点校，第134页。
⑥ 程颢、程颐：《师训》，《二程集》，王孝鱼点校，第124页。
⑦ 程颢、程颐：《伊川杂录》，《二程集》，王孝鱼点校，第283页。
⑧ 程颢、程颐：《拾遗》，《二程集》，王孝鱼点校，第11页。
⑨ 转引自谢良佐：《上蔡语录》，曾恬、胡安国辑录，朱熹删定，严文儒校点，《朱子全书外编》（第3册），朱杰人、严佐之、刘永翔主编，华东师范大学出版社2010年版，第1页。

气息便会与天地之气相交流并因此而贯通。程颢曰:"万物莫不有对,一阴一阳,一善一恶,阳长则阴消,善增则恶减。斯理也,推之其远乎?人只要知此耳。"①扩充善气便会出现善增而恶减,最终实现善气满乾坤,即"非仁无以见天地"②。仁能够让人与天地万物因善气而贯通一体。这便是圣人气象:"盖仁可以通上下言之,圣则其极也。圣人,人伦之至。伦,理也。既通人理之极,更不可以有加。若今人或一事是仁,亦可谓之仁,至于尽仁道,亦谓之仁,此通上下言之也。如曰:'若圣与仁,则吾岂敢?'此又却仁与圣俱大也。大抵尽仁道者,即是圣人,非圣人则不能尽得仁道。"③圣是极致或最终形象,而仁则是贯通,即依理而行、通向极致的举止。程颢曰:"圣人之神化,上下与天地同流者也。"④天地与我贯通一体。程颢曰:"何以言'仁在其中矣?'学者要思得之,了此,便是彻上彻下之道。"⑤道通天人,这便是圣,圣中有仁。

从现实来说,仁气的表现便是情。二程曰:"仁者必爱,指爱为仁则不可。"⑥仁含情、有爱。爱即依理而产生的、自然的气质行为。"盖若便以为仁,则反使不识仁,只以所言为仁也。故但曰仁之方,则使自得之以为仁也。"⑦仁是一种无意识的、自然的气质活动。二程反对故意的行为:"今志于义理而心不安乐者,何也?此则正是剩一个助之长。虽则心操之则存,舍之则亡,然而持之太甚,便是必有事焉而正之也。亦须且恁去如此者,只是德孤。'德不孤,必有邻',到德盛后,自无窒碍,左右逢其原也。"⑧顺其自然的行为才是合理的仁。故大程曰:"观鸡雏。此可观仁。"⑨仁是自然的行为。比如,"舜由仁义行,非行仁义也。"⑩仁行自然。程颢曰:"大抵学不言而自得者,乃自得也;有安排布置者,皆非自

---

① 程颢、程颐:《师训》,《二程集》,王孝鱼点校,第123页。
② 程颢、程颐:《人物篇》,《二程集》,王孝鱼点校,第1264页。
③ 程颢、程颐:《刘元承手编》,《二程集》,王孝鱼点校,第182页。
④ 程颢、程颐:《师训》,《二程集》,王孝鱼点校,第122页。
⑤ 程颢、程颐:《亥九月过汝所闻》,《二程集》,王孝鱼点校,第140页。
⑥ 程颢、程颐:《论道篇》,《二程集》,王孝鱼点校,第1173页。
⑦ 程颢、程颐:《端伯传师说》,《二程集》,王孝鱼点校,第4页。
⑧ 程颢、程颐:《元丰己未吕与叔东见二先生语》,《二程集》,王孝鱼点校,第42页。
⑨ 程颢、程颐:《明道先生语》,《二程集》,王孝鱼点校,第59页。
⑩ 程颢、程颐:《明道先生语》,《二程集》,王孝鱼点校,第61页。

得也。"①仁行是一种自然的气质活动，没有刻意。

仁是人的行为。这种行为，二程称之为"内外之道"。仁通内外之道，或仁即内外兼备之道。二程曰："凡物皆有理，精微要妙无穷，当志之尔。德者得也，在己者可以据。'依于仁'者，凡所行必依着于仁，兼内外而言之也。"②仁兼内外，所谓内即内在之志，所谓外即外在天理，仁是内外贯通的行为。大程曰："'敬以直内，义以方外'，仁也。若以敬直内，则便不直矣。行仁义岂有直乎？'必有事焉而勿正'则直也。夫能'敬以直内，义以方外'，则与物同矣。故曰：'敬义立而德不孤。'是以仁者无对，放之东海而准，放之西海而准，放之南海而准，放之北海而准。"③仁贯通内外，内以持敬，外循天理。内外之道中的内之道是尽心，外之道是天理。

二、仁与尽心

内道即尽心。在二程那里，心也被置于重要地位，甚至是主导性地位。二程曰："自理言之谓之天，自禀受言之谓之性，自存诸人言之谓之心。"④心性统一。从实践的角度来说，人类的行为服从于观念，即，知而后行："譬如人欲往京师，必知是出那门，行那路，然后可往。如不知，虽有欲往之心，其将何之？……到底，须是知了方行得。若不知，只是觑却尧学他行事。无尧许多聪明睿知，怎生得如他动容周旋中礼？有诸中，必形诸外。德容安可妄学？如子所言，是笃信而固守之，非固有之也。"⑤知先行后。知为行提供方向和指南。不知则无法行："心迹一也，岂有迹非而心是者也？正如两脚方行，指其心曰：'我本不欲行，他两脚自行。'岂有此理？"⑥行听命于知与心。因此，伊川曰："学佛者多要忘是非，是非安可忘得？自有许多道理，何事忘为？夫事外无心，心外无事。世人只被为物所役，便觉苦事多。若物各付物，便役物也。

---

① 程颢、程颐：《师训》，《二程集》，王孝鱼点校，第121页。
② 程颢、程颐：《少日所闻诸师友说》，《二程集》，王孝鱼点校，第107页。
③ 程颢、程颐：《师训》，《二程集》，王孝鱼点校，第120页。
④ 程颢、程颐：《伊川杂录》，《二程集》，王孝鱼点校，第296—297页。
⑤ 程颢、程颐：《刘元承手编》，《二程集》，王孝鱼点校，第187页。
⑥ 程颢、程颐：《端伯传师说》，《二程集》，王孝鱼点校，第3页。

世人只为一齐在那昏惑迷暗海中，拘滞执泥坑里，便事事转动不得，没着身处。"①万事万物不离自心，这便是心事统一。

从生成的角度来说，二程以为，心是起点。二程曰："心是所主处，仁是就事言。……心譬如身，四端如四支。四支固是身所用，只可谓身之四支。如四端固具于心，然亦未可便谓之心之用。……阳气发处，却是情也。心譬如谷种，生之性便是仁也。"②仁心如身体，仁是其行为，如同谷种与生性的关系。二程曰："于所主曰心，名其德曰仁。"③心是能够做主的器官。仁则是心所具备的品性或能力。心之德便是仁。二程曰："阳气所发，犹之情也。心犹种焉，其生之德是为仁也。"④心是种子，仁便是其潜能或功能。仁在心中，待其生长而成。程颢曰："弹琴，心不在便不成声，所以谓琴者禁也，禁人之邪心。"⑤由心而出声，无心便无声。明道甚至提出"满腔子是恻隐之心。"⑥恻隐之心即情，它源自于气质之心即"满腔子"。明道曰："人必有仁义之心，然后仁义之气睟然达于外。"⑦仁义之气产生于气质之心。准确地说，仁义之气产生于经过修行的气质之心。大程曰："耳目能视听而不能远者，气有限也。心无远近。"⑧变化之后的心能够通过气息而贯通天下万物，与万物贯通一体，这便是仁。

心是起点：既是生成的起点，也是行为的开始。不过，这个起点，本身是气质之心。由此心而开始的活动属于气质活动，比如情、爱、用等。正是通过这种扩充善气的方式，将爱的气息贯通于万物，从而实现与万物同体，这是一个物理性活动。这种由心而及万物的方式，和陆王心学的观点比较相似。陆九渊曰："万物森然于方寸之间，满心而发，充塞宇宙，无非此理。孟子就四端上指示人，岂是人心只有这四端而已？又就乍见孺子入井皆有怵惕恻隐之

---

① 程颢、程颐：《杨遵道录》，《二程集》，王孝鱼点校，第263—264页。
② 程颢、程颐：《刘元承手编》，《二程集》，王孝鱼点校，第184页。
③ 程颢、程颐：《论道篇》，《二程集》，王孝鱼点校，第1174页。
④ 程颢、程颐：《论道篇》，《二程集》，王孝鱼点校，第1174页。
⑤ 程颢、程颐：《明道先生语》，《二程集》，王孝鱼点校，第60页。
⑥ 程颢、程颐：《明道先生语》，《二程集》，王孝鱼点校，第62页。
⑦ 程颢、程颐：《心性篇》，《二程集》，王孝鱼点校，第1259页。
⑧ 程颢、程颐：《心性篇》，《二程集》，王孝鱼点校，第1252页。

心一端示人，又得此心昭然，但能充此心足矣。"①王阳明曰："仁是造化生生不息之理，虽弥漫周遍，无处不是，然其流行发生，亦只有个渐，所以生生不息。如冬至一阳生，必自一阳生，而后渐渐至于六阳，若无一阳之生，岂有六阳？阴亦然。惟其渐，所以便有个发端处；惟其有个发端处，所以生；惟其生，所以不息。譬之木，其始抽芽，便是木之生意发端处；抽芽然后发干，发干然后生枝生叶，然后是生生不息。若无芽，何以有干有枝叶？能抽芽，必是下面有个根在。"②仁之生意，生生不息，贯通天地，很多人因此将二程视为心学的开端。其实不尽然，如果因此而断定它属于心学思潮，那么，张载、朱熹等思想也应该被纳入心学阵营了。

张载、朱熹等都有类似的主张。张载曰："大其心则能体天下之物，物有未体，则心为外。世人之心，止于闻见之狭。圣人尽性，不以见闻梏其心，其视天下无一物非我，孟子谓尽心则知性知天以此。天大无外，故有外之心不足以合天心。见闻之知，乃物交而知，非德性所知；德性所知，不萌于见闻。"③"大其心"即由此心出发，扩充至宇宙万物，这便是"德性之知"："'乐则生矣'，学至于乐则自不已，故进也。生犹进，有知乃德性之知也。吾曹于穷神知化之事，不能丝发。"④德性之知即扩充善心、善气，让其弥漫宇宙。这种弥漫，朱熹称之为"通"："思通，神也。"⑤思能够带来通，进而无所不能，这便是"圣"："无不通，圣也。"⑥圣人无所不能而自在。因此，朱熹曰："凡人之能言语动作，思虑营为，皆气也，而理存焉。故发而为孝弟忠信仁义礼智，皆理也。然而二气五行，交感万变，故人物之生，有精粗之不同。自一气而言之，则人物皆受是气而生；自精粗而言，则人得其气之正且通者，物得其气之偏且塞者。惟人得其正，故是理通而无所塞；物得其偏，故是理塞而无所知。"⑦修养或修身无非是由善气流

---

① 陆九渊：《语录》，《陆象山全集》卷三十四，中国书店1992年版，第272—273页。
② 王守仁：《传习录上》，《王阳明全集》卷一，吴光等编校，上海古籍出版社1992年版，第26页。
③ 张载：《大心篇》，《正蒙》，《张载集》，章锡琛点校，中华书局1978年版，第24页。
④ 张载：《学大原上》，《经学理窟》，《张载集》，章锡琛点校，第282页。
⑤ 朱熹：《思第九》，《朱子全书》（第13册），朱杰人、严佐之、刘永翔主编，上海古籍出版社2002年版，第106页。
⑥ 朱熹：《思第九》，《朱子全书》（第13册），朱杰人、严佐之、刘永翔主编，第106页。
⑦ 黎靖德编：《人物之性气质之性》，《朱子语类》卷四，王星贤点校，中华书局1986年版，第65页。

行。因此，如果据此而断定心学，便失去了意义。事实上，宋明理学家大多坚持这种生成哲学，即以为：心是生成的起点。

起点未必是"合法"的。在二程看来，原始的气质之心是不可靠的。程颢曰："人心莫不有知，惟蔽于人欲，则亡天德（一作理）也。"①人心即人欲，不同于天理。二程曰："人心作主不定，正如一个翻车，流转动摇，无须臾停，所感万端。又如悬镜空中，无物不入其中，有甚定形？不学则却都不察，及有所学，便觉察得是为害。着一个意思，则与人成就得个甚好见识？"②自然的人心，并不可靠，难以真正做主。故，心在二程那里是消极性的概念："人心，私欲也，危而不安。"③人心、私欲有危险而不可靠，只有心中有理，心才安，才变得可靠，才能够真正做主。因此，程颢曰："曾子易箦之意，心是理，理是心，声为律，身为度也。"④此处的"心是理、理是心"并非说心与理的同一性关系，而是说以理来治心、使心循理。这便是外道。

三、仁与天理

在二程这里，心、理为二物'。二者结合而为一体之仁。其中，理是本，心从之。二程曰："'仁者人也，亲亲为大。'唯能亲亲，故自吾老幼以及人之老幼。'义者宜也，尊贤为大。'唯能尊贤，故贤者在位，能者在职。仁义，尽人之道矣。"⑤仁即人：尽人之道、做人之事。"仁，人此；义，宜此。事亲仁之实，从兄义之实，须去一道中别出。"⑥仁即做合理的事情，比如事亲、从兄等。仁即合理的行为，比如"视听言动一于礼谓之仁"⑦。仁即合理的行为，仁中有"理"。二程对传统仁学进行了反思，曰："孟子曰：'恻隐之心，仁也。'后人遂以爱为仁。恻隐固是爱也。爱自是情，仁自是性，岂可专以爱为仁？孟子言恻隐为仁，盖为前已

---

① 程颢、程颐：《师训》，《二程集》，王孝鱼点校，第123页。
② 程颢、程颐：《附东见录后》，《二程集》，王孝鱼点校，第52—53页。
③ 程颢、程颐：《心性篇》，《二程集》，王孝鱼点校，第1261页。
④ 程颢、程颐：《亥八月见先生于洛所闻》，《二程集》，王孝鱼点校，第139页。
⑤ 程颢、程颐：《论道篇》，《二程集》，王孝鱼点校，第1178页。
⑥ 程颢、程颐：《二先生语六》，《二程集》，王孝鱼点校，第80页。
⑦ 程颢、程颐：《畅潜道录》，《二程集》，王孝鱼点校，第322页。

言'恻隐之心，仁之端也'，既曰仁之端，则不可便谓之仁。退之言'博爱之谓仁'，非也。仁者固博爱，然便以博爱为仁，则不可。"①传统儒家如孟子以情、爱解释仁，二程对此并不满意。在二程看来，仁不仅是情，其中也有性或理。二程曰："爱出于情，仁则性也。仁者无偏照，是必爱之。"②仁不仅是情，更是性。二程曰："君子所以异于禽兽者，以有仁义之性也。苟纵其心而不知反，则亦禽兽而已。形易则性易，性非易也，气使之然也。"③君子有仁义之性。二程曰："行仁自孝弟始，孝弟，仁之事也。仁，性也；孝弟，用也。谓孝弟为行仁之本则可，直曰仁之本，则不可。"④仁即性，准确地说，仁中有性。"盖孝弟是仁之一事，谓之行仁之本则可，谓之是仁之本则不可。盖仁是性（一作本）也，孝弟是用也。性中只有仁义礼智四者，几曾有孝弟来？"⑤仁是仁义礼智之性等。

和先贤将性视为人性相比，二程甚至提出："告子云'生之谓性'则可。凡天地所生之物，须是谓之性。皆谓之性则可，于中却须分别牛之性、马之性。是他便只道一般，如释氏说蠢动含灵，皆有佛性，如此则不可。……循性者，马则为马之性，又不做牛底性；牛则为牛之性，又不为马底性。此所谓率性也。人在天地之间，与万物同流，天几时分别出是人是物？"⑥二程完全否认了人性的特殊性，即，没有牛、马、人之性之分。大程曰："'生之谓性'（而谓犬之性犹牛之性，牛之性犹人之性，则非也），万物之生意最可观，此元者善之长也，斯所谓仁也。人与天地一物也，而人特自小之，何耶？"⑦万物共有一个性，这便是仁。故，程颢曰："'大人者，与天地合其德，与日月合其明'，非在外也。"⑧我本性与天地一体，天地之性、人性是一个存在体，它就是绝对的天理。性转换为理，仁中含性便转换为仁中含理。

---

① 程颢、程颐：《刘元承手编》，《二程集》，王孝鱼点校，第182页。
② 程颢、程颐：《论道篇》，《二程集》，王孝鱼点校，第1180页。
③ 程颢、程颐：《畅潜道录》，《二程集》，王孝鱼点校，第323页。
④ 程颢、程颐：《论道篇》，《二程集》，王孝鱼点校，第1173页。
⑤ 程颢、程颐：《刘元承手编》，《二程集》，王孝鱼点校，第183页。
⑥ 程颢、程颐：《元丰己未吕与叔东见二先生语》，《二程集》，王孝鱼点校，第29—30页。
⑦ 程颢、程颐：《师训》，《二程集》，王孝鱼点校，第120页。
⑧ 程颢、程颐：《师训》，《二程集》，王孝鱼点校，第120页。

理即天理、宇宙万物共有之公理。二程曰："仁之道,要之只消道一公字。公只是仁之理,不可将公便唤做仁(一本有将字)。公而以人体之,故为仁。"①依据公理而行便是仁。二程曰："仁者,天下之正理,失正理,则无序而不和。"②仁即天理,因此仁是合理的。二程曰："所以谓万物一体者,皆有此理,只为从那里来。'生生之谓易',生则一时生,皆完此理。人则能推,物则气昏,推不得,不可道他物不与有也。"③人具备了理便是仁。二程指出："仁孝之理,备于《西铭》之言。学者斯须不在,是即与仁孝远矣。"④作为理的仁存在于《西铭》中。《识仁篇》曰："仁者,浑然与物同体。义、礼、知、信皆仁也。识得此理,以诚敬存之而已,不须防检,不须穷索。"⑤万物一体便是仁、便是理。仁即理。二程曰："仁者,天下之正理,失正理,则无序而不和。"⑥仁是正理、是体。或者说,理即仁。"圣贤言仁多矣,会观而体认之,其必有见矣。韩文公曰:'博爱之谓仁。'爱,情也;仁,性也。仁者固博爱,以博爱为尽仁,则不可。"⑦仁是性、是理。"公者仁之理,恕者仁之施,爱者仁之用。"⑧仁即公理。

所谓理,二程以为,乃万事万物生存的"所以然"者："不必如此说。物我一理,才明彼即晓此,合内外之道也。语其大,至天地之高厚;语其小,至一物之所以然,学者皆当理会。……求之性情,固是切于身,然一草一木皆有理,须是察。"⑨万物都有理,这个理便是事物的"所以然"者。二程曰："穷物理者,穷其所以然也。天之高、地之厚、鬼神之幽显,必有所以然者。"⑩"所以然"者便是理,如"凡物有本末,不可分本末为两段事。洒扫应对是其然,必有所以然。"⑪洒扫之事必有所循之理,这个理便是"所以

---

① 程颢、程颐:《元丰己未吕与叔东见二先生语》,《二程集》,王孝鱼点校,第33页。
② 程颢、程颐:《论道篇》,《二程集》,王孝鱼点校,第1173页。
③ 程颢、程颐:《元丰己未吕与叔东见二先生语》,《二程集》,王孝鱼点校,第33页。
④ 程颢、程颐:《论道篇》,《二程集》,王孝鱼点校,第1179页。
⑤ 程颢、程颐:《元丰己未吕与叔东见二先生语》,《二程集》,王孝鱼点校,第16—17页。
⑥ 程颢、程颐:《论道篇》,《二程集》,王孝鱼点校,第1173页。
⑦ 程颢、程颐:《论道篇》,《二程集》,王孝鱼点校,第1175页。
⑧ 程颢、程颐:《论道篇》,《二程集》,王孝鱼点校,第1172页。
⑨ 程颢、程颐:《刘元承手编》,《二程集》,王孝鱼点校,第193页。
⑩ 程颢、程颐:《人物篇》,《二程集》,王孝鱼点校,第1272页。
⑪ 程颢、程颐:《入关语录》,《二程集》,王孝鱼点校,第148页。

然"者,这个所以然之理是绝对的实在。程颢曰:"礼者,理也,文也。理者,实也,本也。文者,华也,末也。理是一物,文是一物。文过则奢,实过则俭。"①理是实在而自足的。大程曰:"天地万物之理,无独必有对,皆自然而然,非有安排也。"②天理是自然而绝对的,没有条件限制。

理的绝对性,从时间上来说,便是恒常性。二程曰:"此极言常理。日月,阴阳之精气耳,唯其顺天之道,往来盈缩,故能久照而不已。得天,顺天理也。四时,阴阳之气耳,往来变化,生成万物,亦以得天,故常久不已。圣人以常久之道,行之有常,而天下化之以成美俗也。观其所恒,谓观日月之久照、四时之久成、圣人之道所以能常久之理。观此,则天地万物之情理可见矣。天地常久之道,天下常久之理,非知道者孰能识之?"③理是常久之理,是永恒的。从空间来看,天理的绝对性体现于普遍性之中。二程曰:"使万物无一失者,斯天理,中而已。"④天理遍布于万物中。比如人:"人之所以为人者,以有天理也。天理之不存,则与禽兽何异矣?"⑤所有的人都有天理,天理遍在于宇宙万物中,天理永恒而普遍地存在于世间。因此,从时间和空间的角度来看,天理永恒而普遍地存在。这种永恒而普遍的存在者,哲学上称之为绝对者。天理是绝对者,这个绝对存在者,从人类认识的角度来看便是无形的存在。伊川认为:"理无形也,故因象以明理,理既见乎辞,则可以由辞而观象,故曰:'得其理则象数举矣。'"⑥理无形体,因此不能够直接显现,也不能被感觉直接认知。理是无:"孰勇于颜子?颜子曰:'舜何人也?予何人也?有为者亦若是。'有而若无,实而若虚。孰勇于颜子!"⑦颜回行中有理,故,有而若无、实而若虚。理是有而无、虚而实的存在。

这个绝对的理,在理学家们看来,是宇宙事物生存的终极性

---

① 程颢、程颐:《师训》,《二程集》,王孝鱼点校,第 125 页。
② 程颢、程颐:《师训》,《二程集》,王孝鱼点校,第 121 页。
③ 程颢、程颐:《恒》,《二程集》,王孝鱼点校,第 862 页。
④ 程颢、程颐:《论道篇》,《二程集》,王孝鱼点校,第 1182 页。
⑤ 程颢、程颐:《人物篇》,《二程集》,王孝鱼点校,第 1272 页。
⑥ 程颢、程颐:《论书篇》,《二程集》,王孝鱼点校,第 1205 页。
⑦ 程颢、程颐:《圣贤篇》,《二程集》,王孝鱼点校,第 1236 页。

的决定者。程颢曰："理义，体用也。（理义之说我心）"①理是体，义是用。二程指出："理必有对，生生之本也。"②理乃生生之本。理是本原或主宰者。故，二程提出："因事之当然，顺理而应之。"③做事必须遵循天地之道理。这便是"顺"："天地之道，万物之理，唯至顺而已。大人所以先天后天而不违者，亦顺乎理而已。"④自然界正常存在的事物都有自己的正理，比如"天在上、泽居下，上下之正理也"⑤。天高水低是常理、正理，换一句话说，正理便是常理，是自然事物的自然之理。程颢曰："天者理也，神者妙万物而为言者也。帝者以主宰事而名。"⑥理是宇宙生存的主宰者。

天地之理（天理）也是人类之理。程颐曰："命谓正理。失正理为方命，故以即命为复也。方，不顺也。……若义不克讼而不讼，反就正理，变其不安贞为安贞，则吉矣。"⑦于是，二程将对理的认识与态度上升到吉凶的程度。有人问性。程伊川答曰："顺之则吉，逆之则凶。"⑧顺性为吉，逆性则凶。推而广之，理亦如此："理有盛衰，有消长，有盈益，有虚损。顺之则吉，逆之则凶。君子随时所尚，所以事天也。"⑨"顺理则无忧。"⑩性理成为吉凶的依据。二程认为，对自然界的正理不仅要遵循，而且要予以充分的尊重。理是尊贵者，是"大"。"'所处于贫贱，虽贫贱未尝不乐。'不然，虽富贵亦常歉然不自得。故曰：莫大于理，莫重于义。"⑪理义重于一切，对尊贵之理的遵循便是顺理成章的事情。因此，人类要尊重天理。这种天理，其主要内涵之上天之理，一种自然而客观的宇宙之理。这种自然的天理，从人的角度来看，具有外在性和客观性。

---

① 程颢、程颐：《师训》，《二程集》，王孝鱼点校，第 133 页。
② 程颢、程颐：《论道篇》，《二程集》，王孝鱼点校，第 1171 页。
③ 程颢、程颐：《论事篇》，《二程集》，王孝鱼点校，第 1221 页。
④ 程颢、程颐：《豫》，《二程集》，王孝鱼点校，第 778—779 页。
⑤ 程颢、程颐：《履》，《二程集》，王孝鱼点校，第 750 页。
⑥ 程颢、程颐：《师训》，《二程集》，王孝鱼点校，第 132 页。
⑦ 程颢、程颐：《讼》，《二程集》，王孝鱼点校，第 731 页。
⑧ 程颢、程颐：《畅潜道录》，《二程集》，王孝鱼点校，第 327 页。
⑨ 程颢、程颐：《论道篇》，《二程集》，王孝鱼点校，第 1175 页。
⑩ 程颢、程颐：《论道篇》，《二程集》，王孝鱼点校，第 1180 页。
⑪ 程颢、程颐：《论学篇》，《二程集》，王孝鱼点校，第 1184 页。

内有的心志与客观的天理相结合，最终产生仁道即仁，又叫道心。二程曰："且譬一身：仁，头也；其他四端，手足也。"[1]仁如头，生存中最重要的东西。"仁义忠信只是一体事，若于一事上得之，其他皆通也。然仁是本。"[2]仁是根本，根本者即决定者、主宰者。故程颢曰："学者须先识仁。"[3]学习做人的首要任务便是认识"仁"字，识仁便是知道。程颢曰："道，一本也。或谓以心包诚，不若以诚包心；以至诚参天地，不若以至诚体人物，是二本也。知不二本，便是笃恭而天下平之道。"[4]仁道是安定天下的大本。故，程氏理学的核心词是仁，其理学可以被冠之仁学。在仁学体系中，主导者是理。"在二程那里，作为宇宙根源的最高哲学范畴是'理'或'天理'，'心'只是'理'在一种情况下（'主于身'）的表现，所以这一命题只是二程认为理、命、心、性'其实一也'的观点的逻辑推演，没有更深的内容，尚不具有确切固定的哲学性质。"[5]客观之理才是存在之本。而心虽然很重要，但是从来没有上升到超越基础的地位。因此，二程的哲学是以客观之理为本的仁学。这显然区别于陆九渊的以内有之心为本的心学。

四、理即内有之心：心学原理

学术界通常所说的心学主要指以陆九渊和王阳明等为代表的宋明理学时期的哲学流派。本部分拟以陆九渊为重点。陆九渊的心学主要包含三项内容。

其一，理或天理是宇宙存在的终极性根据。陆九渊将理视为事物的所以然者："此理在宇宙间，未尝有所隐遁，天地之所以为天地者，顺此理而无私焉耳。"[6]天地之理便是天地之所以为天地的根据即所以然者。这个所以然的根据是事物存在的终极性根据，即理是终极性存在。陆九渊曰："极亦此理也，中亦此理也。五居九畴之中，而曰皇极，岂非以其中而命之乎？民受天地之中以生，而《诗》言

---

[1] 程颢、程颐：《入关语录》，《二程集》，王孝鱼点校，第154页。
[2] 程颢、程颐：《刘元承手编》，《二程集》，王孝鱼点校，第193页。
[3] 程颢、程颐：《元丰己未吕与叔东见二先生语》，《二程集》，王孝鱼点校，第16页。
[4] 程颢、程颐：《师训》，《二程集》，王孝鱼点校，第117—118页。
[5] 崔大华：《二程与宋明理学》，《中州学刊》1984年第5期。
[6] 陆九渊：《与朱济道》，《陆象山全集》卷十一，第90页。

'立我蒸民，莫匪尔极'，岂非以其中命之乎？《中庸》曰：'中也者，天下之大本也；和也者，天下之达道也。致中和，天地位焉，万物育焉。'此理至矣，外此岂更复有太极哉？……太极、皇极，乃是实字，所指之实，岂容有二！充塞宇宙，无非此理，岂容以字义拘之乎？……同指此理，则曰极、曰中、曰至，其实一也。"[1]理是"中"与"极"，即终极性的存在，是天地事物生存的最终极的根据。

作为终极性存在的理是无穷的："自古圣贤发明此理，不必尽同。如箕子所言，有皋陶之所未言；夫子所言，有文王、周公之所未言；孟子所言，有吾夫子之所未言。理之无穷如此。……涓涓之流，积成江河。泉源方动，虽只有涓涓之微，去江河尚远，却有成江河之理。……然学者不能自信，见夫标末之盛者，便自荒忙，舍其涓涓而趋之，却自坏了。"[2]理无穷。"塞宇宙一理耳，学者之所以学，欲明此理耳。此理之大，岂有限量？"[3]理无限。所谓无穷无限，指理超越了人类的经验，属于一种超越性存在。这种绝对的理是客观而不变的："天下有不易之理，是理有不穷之变。诚得其理，则变之不穷者，皆理之不易者也。"[4]理不变而化显为万相。这个终极而绝对的理是一。理是唯一的："吾所明之理，乃天下之正理、实理、常理、公理，所谓'本诸身，证诸庶民，考诸三王而不谬，建诸天地而不悖，质诸鬼神而无疑，百世以俟圣人而不惑者也'。学者正要穷此理，明此理。"[5]理是唯一的，因此又叫做公理。陆九渊曰："古圣贤之言，大抵若合符节。盖心，一心也；理，一理也。至当归一，精义无二。此心此理，实不容有二。故夫子曰：'吾道一以贯之。'孟子曰：'夫道一而已矣。'又曰：'道二，仁与不仁而已矣。'如是则为仁，反是则为不仁。"[6]道可以不同。在儒家看来，仁义之道是正道，其余便是邪道、不仁之道。邪道也是道。故，道可以有二。理则不同，理只能是一理、公理，这个唯一的理是绝对的。陆九渊曰："此理本天所以与我，非由外铄。明得此理，即是主宰。"[7]此理乃

---

[1] 陆九渊：《与朱元晦二》，《陆象山全集》卷二，第19页。
[2] 陆九渊：《语录》，《陆象山全集》卷三十四，第253—254页。
[3] 陆九渊：《与赵咏道四》，《陆象山全集》卷十二，第103页。
[4] 陆九渊：《易数》，《陆象山全集》卷二十一，第164页。
[5] 陆九渊：《与陶赞仲二》，《陆象山全集》卷十五，第124页。
[6] 陆九渊：《与曾宅之》，《陆象山全集》卷一，第3页。
[7] 陆九渊：《与曾宅之》，《陆象山全集》卷一，第3页。

是我天生而固有的东西，自然而绝对。

这种绝对而超越之理，是万事万物存在的决定者或主宰者。陆九渊曰："天下何尝无势？势出于理，则理为之主，势为之宾。天下如此，则为有道之世。……反是则为无道。……当此之时，则势专为主。"[1]理主导宇宙万物的生存，因此是万物的主宰者。从人的生存角度来看，"此理本天所以与我，非由外铄。明得此理，即是主宰。真能为主，则外物不能移，邪说不能惑。所病于吾友者，正谓此理不明，内无所主。一向萦绊于浮论虚说，终日只依借外说以为主，天之所与我者，反为客，主客倒置，迷而不反，惑而不解。坦然明白之理，可使妇人童子听之而喻；勤学之士，反为之迷惑，自为支离之说，以自萦缠。穷年卒岁，靡所底丽，岂不重可怜哉"[2]？天生之理主导人的视听言动等行为。或者说，人的现实活动皆从理。陆九渊曰："此理在宇宙间，未尝有所隐遁，天地之所以为天地者，顺此理而无私焉耳。人与天地并立，而为三极，安得自私而不顺此理哉？孟子曰：'先立乎其大者，则其小者不能夺也。'人惟不能立乎大者，故为小者所夺，以叛乎此理，而与天地不相似。诚能立乎其大者，则区区时文之习，何足以汨没尊兄乎。"[3]人在宇宙间，也应该遵循理。理是人类生存的主宰者。

其次，事物生存的"所以然"者、终极性根据即理，正是人心。理即心，或理内存于人心。陆九渊曰："四端者，即此心也；天之所以与我者，即此心也。人皆有是心，心皆具是理，心即理也。"[4]心具理故心即理。人心之中固有理。陆九渊曰："道理无奇特，乃人心所固有，天下所共由，岂难知哉？但俗习谬见，不能痛省勇改，则为隔碍耳。"[5]人心内含道理，陆九渊曰："千古圣贤若同堂合席，必无尽合之理。然此心此理，万世一揆也。"[6]此心即是此理。陆九渊曰："四方上下曰宇，往古来今曰宙。宇宙便是吾心，吾心即是宇宙。千万世之前，有圣人出焉，同此心同此理也。

---

[1] 陆九渊：《与刘伯协》，《陆象山全集》卷十二，第108页。
[2] 陆九渊：《与曾宅之》，《陆象山全集》卷一，第3页。
[3] 陆九渊：《与朱济道》，《陆象山全集》卷十一，第90页。
[4] 陆九渊：《与李宰二》，《陆象山全集》卷十一，第95页。
[5] 陆九渊：《与严泰伯三》，《陆象山全集》卷十四，第118页。
[6] 陆九渊：《语录》，《陆象山全集》卷三十四，第259页。

千万世之后，有圣人出焉，同此心同此理也。东南西北海有圣人出焉，同此心，同此理也。"①古今圣贤皆生而具备此心、此理。这种心或理也是唯一的："古圣贤之言，大抵若合符节。盖心，一心也；理，一理也。至当归一，精义无二。此心此理实不容有二。"②天下只有一心、一理。陆九渊曰："学者求理，当唯理之是从，岂可苟私门户？理乃天下之公理，心乃天下之同心，圣贤之所以为圣贤者，不容私而已。"③圣愚一心、万人一心。

心学的第三个核心理念是：绝对之心才是万事万物生存的所以然者、终极性根据，也是主宰者。陆九渊将这种天然固有之心叫做本心："人非木石，安得无心。……'人之所异于禽兽者，几希？庶民去之，君子存之。'去之者，去此心也，故曰'此之谓失其本心'；存之者，存此心也，故曰'大人者不失其赤子之心'。四端者，即此心也；天之所以与我者，即此心也。人皆有是心，心皆具是理，心即理也。故曰'理义之悦我心，犹刍豢之悦我口'。"④人天生便有了此心、此理，这便是本心。所谓本心，含义有二，即，天然本有之心，以及作为本源或基础的心。作为本源或基础的心，在生存中具有主导性或决定性。陆九渊指出："仁，人心也。心之在人，是人之所以为人，而与禽兽草木异焉者。"⑤心是区别人与禽兽的根据，是人类生存实践的主导性因素，具有决定性。

作为理的心不仅是人类生存的决定者，也是宇宙万物生存的基础和决定者。陆九渊曰："此理在宇宙间，未尝有所隐遁天地之所以为天地者，顺此理而无私焉耳。"⑥宇宙万物的生生不息也依赖于理或心。"四方上下曰宇，往古来今曰宙。宇宙便是吾心，吾心即是宇宙。"⑦宇宙与心贯通一体，其中，心是宇宙之本。当然，此时的心，并非单纯的天理之心。它也包含气质之心。或者说，这里的心，是形而上的天理与形而下的气质之心的统一体。故陆九渊曰："万物森然于方寸之间，满心而发，充塞宇宙，无非此理。孟子就

---

① 陆九渊：《杂说》，《陆象山全集》卷二十二，第173页。
② 陆九渊：《与曾宅之》，《陆象山全集》卷一，第3页。
③ 陆九渊：《与唐司法》，《陆象山全集》卷十五，第125—126页。
④ 陆九渊：《与李宰二》，《陆象山全集》卷十一，第95页。
⑤ 陆九渊：《学问求放心》，《陆象山全集》卷三十二，第237页。
⑥ 陆九渊：《与朱济道》，《陆象山全集》卷十一，第90页。
⑦ 陆九渊：《杂说》，《陆象山全集》卷二十二，第173页。

四端上指示人，岂是人心只有此四端而已？又就乍见孺子入井皆有怵惕恻隐之心一端指示人，又得此心昭然，但能充此心足矣。"①只有气质之心才能够"满心而发"，进而充塞宇宙。在这个充塞过程中，天理也因此而得以实现。

从上文来看，作为心学家的陆九渊的基本立场主要有三，即，理是万物生存之本；理便是心，或理内在于人心中；内有之心才是万物生存的、可靠的终极性本原或基础。这便是心本论。在早期的心本论体系中，理内在于人心之中，即，我有理、我即理，具有近似于主观性的性质。与此同时，在二程的理本论体系中，理属于自然界的天理，偏重于外在性或客观性。从内在与外在、主观与客观的区别来看，二程的哲学显然区别于陆九渊的哲学。

五、余论：程氏后学与心学

事实上，即便是二程的后学如谢良佐、杨时等，也没有明确的心学性质。谢良佐曰："如颜子视听言动上做亦得，如曾子颜色、容貌、辞气上做亦得。出辞气者，犹佛所谓从此心中流出。今人唱一喏，不从心中出，便是不识痛痒。古人曰：'心不在焉，视而不见，听而不闻，食而不知其味。'不见、不闻、不知味，便是不仁。死汉不识痛痒了。又如仲弓'出门如见大宾，使民如承大祭'，但存得如见大宾、如承大祭底心在，便是识痛痒。"②由心出气而知痛痒，便是真知，这种真知之心便是"真心"："见孺子将入井时，是真心也。"③人心本不可靠，如何变成可靠的"真心"呢？一切在于天理。

所谓理即天理，谢良佐曰："所谓天理者，自然底道理，无毫发杜撰。今人乍见孺子将入于井，皆有怵惕恻隐之心，方乍见时，其心怵惕，所谓天理也。要誉于乡党朋友，内交于孺子父母兄弟，恶其声而然，即人欲耳。天理与人欲相对，有一分人欲，即灭却一

---

① 陆九渊：《语录》，《陆象山全集》卷三十四，第 272—273 页。
② 谢良佐：《上蔡语录》，曾恬、胡安国辑录，朱熹删定，严文儒校点，《朱子全书外编》（第 3 册），朱杰人、严佐之、刘永翔主编，第 14 页。
③ 谢良佐：《上蔡语录》，曾恬、胡安国辑录，朱熹删定，严文儒校点，《朱子全书外编》（第 3 册），朱杰人、严佐之、刘永翔主编，第 20 页。

分天理，存一分天理，即胜得一分人欲。人欲才肆，天理灭矣。"[1]理或天理是自然的道理，是客观而外在的，外在之理才是一切存在的终极性根据。"学者须是穷理。物物皆有理，穷理则能知天之所为，知天之所为，则与天为一。与天为一，无往而非理也。"[2]穷理之后便与天为一，这个一便是一体，一体的方式便是仁。

所谓仁，谢良佐曰："养气为仁。"[3]仁即养气、扩充善气。善气出自气质之心："心者何也？仁是已。仁者何也？活者为仁，死者不为仁。今人身体麻痹不知痛痒，谓之不仁。桃杏之核可种而生者，谓之桃仁、杏仁，言有生之意。"[4]这些观点几乎承袭了二程之学。其中，核心基础则是性或理，而不是心。心是发用。合理之心的活动便是仁。仁贯通体用。谢良佐曰："性，本体也。目视耳听，手举足运，见于作用者，心也。"[5]性为根本，心是发用。性或理才是仁或正确行为的根据。这便是理本论。这个理，至少在谢上蔡这里，偏重于客观性，迥然有别于陆九渊的人身固有之理。

杨时也提倡"知合内外之道"："古之圣人自诚意正心至于平天下，其理一而已，所以合内外之道也。"[6]其中的内道是诚意，外道则是天理。诚意的核心是心。关于心，杨时曰："然心有偏系，则不得其正。不得其正，则便嬖宠昵之私得以自近，而正士远矣。"[7]心有偏爱并因此而失去公正。因此，需要"正人心，教人存心养性，收其放心"[8]。人心并不可靠。不可靠的人心是不可能成为终极性根据的。杨时曰："心之为物，明白洞达，广大静一，若体会得了然分明，然后可以言尽，未理会得心，尽个甚？能尽其心，

---

[1] 谢良佐：《上蔡语录》，曾恬、胡安国辑录，朱熹删定，严文儒校点，《朱子全书外编》（第3册），朱杰人、严佐之、刘永翔主编，第4页。
[2] 谢良佐：《上蔡语录》，曾恬、胡安国辑录，朱熹删定，严文儒校点，《朱子全书外编》（第3册），朱杰人、严佐之、刘永翔主编，第21页。
[3] 谢良佐：《上蔡语录》，曾恬、胡安国辑录，朱熹删定，严文儒校点，《朱子全书外编》（第3册），朱杰人、严佐之、刘永翔主编，第20页。
[4] 谢良佐：《上蔡语录》，曾恬、胡安国辑录，朱熹删定，严文儒校点，《朱子全书外编》（第3册），朱杰人、严佐之、刘永翔主编，第2页。
[5] 谢良佐：《上蔡语录》，曾恬、胡安国辑录，朱熹删定，严文儒校点，《朱子全书外编》（第3册），朱杰人、严佐之、刘永翔主编，第2页。
[6] 杨时：《题萧欲仁〈大学篇〉后》，《杨时集》卷二十六，林海权整理，中华书局2018年版，第694页。
[7] 杨时：《不患人之不己知章》，《杨时集》卷五，林海权整理，第103页。
[8] 杨时：《语录三》，《杨时集》卷十二，林海权整理，第327页。

自然之性不用问人，大抵须先理会仁之为道，知仁则知心则知性，是三者初无异也。横渠作《西铭》，亦只是要学者求仁而已。"①只有正心才能够尽心。正心的基础或根据便是天理。天理是苍天之理，客观而外在于人。这种客观之理才是最终的根据。"天下之物，理一而分殊。知其理一，所以为仁；知其分殊，所以为义。"②绝对的天理才是终极性根据。客观之天理在人便化为人体之性。"人性上不可添一物。尧舜所以为万世法，亦只是'率性'而已。所谓'率性'，循天理是也。外边用计用数，假饶立得功业，只是人欲之私，与圣贤作处，天地悬隔。"③性即理。尽心便是知性、循理，便是仁。所谓仁，"夫通天下一气也。人受天地之中以生，其盈虚常与天地流通，宁非刚大乎？……善养气者，无加损焉，勿暴之而已，乃所谓直也。"④仁则是合乎天理的气化流行。

人们常常将大程子视为心学的先驱或开山者。如卢连章说："程颢建立哲学本体论时，提出了'心是理，理是心'的命题，认为'只心便是天'，天、理、心为一体，世界万物'都自这里出'。从而否定了客观世界的存在，'心'成为产生世界万物的本原，具有心一元论的本体论倾向。"⑤作者认为程颢哲学属于心一元论，因此属于理学中的心学开拓者。可是，全祖望称："明道喜龟山，伊川喜上蔡，盖其气象相似也。"⑥杨时的思想接近大程子。这样的话，陆九渊应该和杨时更接近。可是，朱熹却说："上蔡之说一转而为张子韶，子韶一转而为陆子静。"⑦陆九渊属于谢良佐的师传，二者思想更接近。如果这样的话，那么，陆九渊思想似乎和小程子相近。这些不一致的说法表明：陆九渊的思想来源于二程，而非仅仅大程子。单纯地偏称大程子属于理学中的心学开端或第一人，显然不成立。事实上，在谢良佐、杨时等程氏后学那里都没有明显地形成心学思潮。二程不可能已经形成了心学，只有到了陆九渊，宋明理学中的心学才最终成立。

---

① 杨时：《语录三》，《杨时集》卷十二，林海权整理，第328页。
② 杨时：《答胡康侯》，《杨时集》卷二十，林海权整理，第536页。
③ 杨时：《语录三》，《杨时集》卷十二，林海权整理，第327页。
④ 杨时：《答胡康侯》，《杨时集》卷二十，林海权整理，第536页。
⑤ 卢连章：《论程颢心学思想的传承》，《天中学刊》2003年第1期。
⑥ 黄宗羲等编：《宋元学案序录》，《宋元学案》卷首，中国书店1990年版，第17页。
⑦ 黄宗羲等编：《上蔡学案》，《宋元学案》卷二十四，第448页。

第四章　陆九渊的天人学思想
——兼论其与唯心主义的关系[①]

在陆九渊哲学体系中，心是最重要的概念。他甚至将心视为世界的根基。陆九渊称："宇宙便是吾心，吾心即是宇宙。"[②]世界便是我的心的产物，"六经皆我注脚"[③]，以为经典文本无非我或我心的作品或产物，等等。这些思想或世界观，与西方的唯心主义十分相似。故，学术界过去曾经将其划归为唯心主义阵营。近年以来，随着研究的深入，学术界反省了以往的分类法。有些学者如周炽成指出：现有的那些文本"并不能成为支持陆九渊是主观唯心主义者或心本论者的证据"[④]。学术界似乎给陆九渊摘了唯心主义的帽子，为其平了反。那么，陆九渊的世界观究竟是怎样的一种世界观呢？或者说，他是否属于唯心主义者呢？这是本节关注的中心问题。本节将指出：陆九渊的世界观属于中国传统生成哲学世界观，在这个世界观中，心无疑是中心，是陆九渊的阿基米德点。但是，这个心的内涵，既类似于西方心灵概念，又不完全等同于西方唯心主义的心概念。因此，立足于此心所建立的世界观，既有唯心主义的一些特点，也不同于唯心主义。事实上，用唯心主义来界定陆九渊本身就不合适。

一、万物一体之"宇宙"

按照传统天人观，人与天地并列于宇宙之中。陆九渊将这种关系叫做"三极"："儒者以人生天地之间，灵于万物，贵于万物，与天地并而为三极。天有天道，地有地道，人有人道。人而不尽人道，不足与天地并。"[⑤]人与天地一起形成宇宙，或者说，宇宙由天、地、人三者共同组成。人与天地并为"三极"。其中，陆九渊

[①] 部分内容曾刊发于《朱子学刊》2015年第1期。
[②] 陆九渊：《杂说》，《陆象山全集》卷二十二，中国书店1992年版，第173页。
[③] 陆九渊：《语录》，《陆象山全集》卷三十四，第252页。
[④] 周炽成：《陆九渊之冤：陆学在宋代非心学》，《广东社会科学》2014年第5期。
[⑤] 陆九渊：《与王顺伯》，《陆象山全集》卷二，第11页。

明确提出，天、地等也属于形而下之器："自形而上者言之，谓之道；自形而下者言之，谓之器。天地亦是器，其生覆形载必有理。"①苍天和大地都属于形而下的器物，都遵循理或道，比如天的运行便是天道。陆九渊甚至从天文学的角度解释了天地运行规律："天体圆如弹丸，北高南下。北极出地上三十六度，南极入地下三十六度。南极去北极，直径一百八十二度强。天体隆曲，正当天之中央、南北二极中等之处，谓之赤道，去南北极各九十一度。……秋分交于角，春分交于奎。月有九道，其出入黄道，不过六度，当交则合，故曰交蚀。交蚀者，月道与黄道交也。"②天即天体，包括日、月、星辰等，它们的运行原理或轨迹便是赤道、黄道等。这些解释，几乎类似于天文学的认识。

和以往的天人观相比，陆九渊不再神化苍天。陆九渊曰："人乃天之所生，性乃天之所命。自理而言，而曰大于天地，犹之可也。自人而言，则岂可言大于天地？……此乃尊卑自然之序，如子不可同父之席，弟不可先兄而行，非人私意，可差排杜撰也。"③天大于人，但是，理又大于天。至此，从宇宙观的角度来看，陆九渊开始将自然界的苍天地位置于天理、天道之下。陆九渊甚至提出："谓人欲天理，非是。人亦有善有恶，天亦有善有恶，岂可以善皆归之天，恶皆归之人？此说出于《乐记》，此说不是圣人之说。"④天也不乏善恶，天不再是神圣的存在。

与天地相对应的存在体是人类。陆九渊赞同传统说法，认为："人生天地之间，禀阴阳之和，抱五行之秀，其为贵，孰得而加焉。使能因其本然，全其固有，则所谓贵者，固自有之，自知之，自享之，而奚以圣人之言为？"⑤人是天地之间最宝贵的生灵。人类只有尽人道才可以与天地并立于宇宙间，进而形成一个完整的宇宙。陆九渊将由人类、天地所组成的时空存在体叫做"宇宙"。陆九渊曰："四方上下曰宇，往古来今曰宙。宇宙便是吾心，吾心即是宇宙。千万世之前，有圣人出焉，同此心，同此理也。千万世之

---
① 陆九渊：《语录》，《陆象山全集》卷三十五，第312页。
② 陆九渊：《杂说》，《陆象山全集》卷二十二，第172页。
③ 陆九渊：《与赵咏道四》，《陆象山全集》卷十二，第103页。
④ 陆九渊：《语录》，《陆象山全集》卷三十五，第302页。
⑤ 陆九渊：《天地之性人为贵论》，《陆象山全集》卷三十，第220页。

后,有圣人出焉,同此心,同此理也。东南西北海,有圣人出焉,同此心,同此理也。"①宇宙是一个广饶的整体,它包括时间与空间中的所有存在物。因此,宇宙似乎是一个空囊,涵括世间的一切,比如"故太极判而为阴阳,阴阳,即太极也。阴阳播而为五行,五行即阴阳也。塞宇宙之间,何往而非五行"②?宇宙间的一切构成了宇宙,在这个宇宙整体中,天地人各司其职:"此理在宇宙间,固不以人之明不明行不行而加损。然人之为人,则抑有其职矣。垂象而覆物,天之职也。成形而载物者,地之职也。裁成天地之道,辅相天地之宜,以左右民者,人君之职也。"③天在上,地载物,人君统帅民众在其间。天、地、人一起构成一个整体性的宇宙实体。这个实体之物甚至包括某些超越的存在体,比如理,"此理在宇宙间,未尝有所隐遁,天地之所以为天地者,顺此理而无私焉耳。人与天地并立,而为三极,安得自私而不顺此理哉?孟子曰:'先立乎大者,则其小者不能夺也。'人惟不立乎大者,故为小者所夺,以叛乎此理,而与天地不相似"④。天理也在宇宙之间,成为人类和天地存在的基本原理。故,陆九渊经常用充、塞等词语来表示宇宙的内含性与整体性,如"太极皇极,乃是实字,所指之实,岂容有二!充塞宇宙,无非此理,岂容以字义拘之乎?……同指此理,则曰极、曰中、曰至,其实一也"⑤。符合天理的万物充塞宇宙,形成一个整体。"仰首攀南斗,翻身倚北辰。举头天外望,无我这般人。"⑥天人一体,别无他者。

二、心即理

宇宙的生生不息,在陆九渊看来,不仅循道,而且依理。和传统理学家的观点相似,陆九渊也将理视为便是事物生存的最终根据。陆九渊曰:"此理在宇宙间,未尝有所隐遁,天地之所以为天

---
① 陆九渊:《杂说》,《陆象山全集》卷二十二,第173页。
② 陆九渊:《大学春秋讲义》,《陆象山全集》卷二十三,第179页。
③ 陆九渊:《与朱元晦二》,《陆象山全集》卷二,第17页。
④ 陆九渊:《与朱济道》,《陆象山全集》卷十一,第90页。
⑤ 陆九渊:《与朱元晦二》,《陆象山全集》卷二,第19页。
⑥ 陆九渊:《语录》,《陆象山全集》卷三十五,第299页。

地者，顺此理而无私焉耳。"①天地之理是天地万物的所以然者。理是无私的公理，为天地万物所共有："吾所明之理，乃天下之正理、实理、常理、公理，所谓'本诸身，证诸庶民，考诸三王而不谬，建诸天地而不悖，质诸鬼神而无疑，百世以俟圣人而不惑者也'。学者正要穷此理，明此理。"②儒家所言的公理，乃是正理、常理、实理，即天下公共之理。陆九渊甚至曰："塞宇宙一理耳，学者之所以学，欲明此理耳。此理之大，岂有限量？"③宇宙之间只有一个天理或公理。这种"所以然"的公理，陆九渊指出，其具有终极性："极，亦此理也，中，亦此理也。五居九畴之中，而曰皇极，非以其中而命之乎？……同指此理，则曰极、曰中、曰至，其实一也。"④理是极、中、至，是终极性存在，它是事物生存的最终极的根据。

这种公理超越了时间与空间的限度，因而成为超越的实体。从时间的角度来看，陆九渊曰："千古圣贤，若同堂合席，必无尽合之理。然此心此理，万世一揆也。"⑤此公理是千古万世不变之理，具有绝对的永恒性。同时，陆九渊曰："道理无奇特，乃人心所固有，天下所共由，岂难知哉？但俗习谬见，不能痛省勇改，则为隔碍耳。"⑥道理是天下所有人共同遵循的原理，因此具有空间上的普遍性。因此，天理或公理超越于时间与空间，成为绝对而超越的存在："天下有不易之理，是理有不穷之变。诚得其理，则变之不穷者，皆理之不易者也。"⑦理是不变的而绝对的原理。这种绝对之理，陆九渊曰："理不可泥言而求，而非言亦无以喻理；道不可以执说而取，而非说亦无以明道。理之众多，则言不可以一方指；道之广大，则说不可以一体观。"⑧理不局限于语言与表达。绝对的超验之理超越于理智的语言与认识。"自古圣贤发明此理，不必尽同。如箕子所言，有皋陶之所未言；夫子所言，有文王、周公之所

---

① 陆九渊：《与朱济道》，《陆象山全集》卷十一，第 90 页。
② 陆九渊：《与陶赞仲二》，《陆象山全集》卷十五，第 124 页。
③ 陆九渊：《与赵咏道四》，《陆象山全集》卷十二，第 103 页。
④ 陆九渊：《与朱元晦二》，《陆象山全集》卷二，第 19 页。
⑤ 陆九渊：《语录》，《陆象山全集》卷三十四，第 259 页。
⑥ 陆九渊：《与严泰伯三》，《陆象山全集》卷十四，第 118 页。
⑦ 陆九渊：《易数》，《陆象山全集》卷二十一，第 164 页。
⑧ 陆九渊：《与包详道》，《陆象山全集》卷六，第 52 页。

未言；孟子所言，有吾夫子之所未言。理之无穷如此。"①理无穷，不仅限于各种表达。"塞宇宙一理耳，学者之所以学，欲明此理耳。此理之大，岂有限量？"②理不可限量，是无穷或无限的。

这个绝对的终极之理，陆九渊认为，乃是宇宙生存的主宰。"天下何尝无势？势出于理，则理为之主，势为之宾。天下如此，则为有道之世。……反是则为无道。……当此之时，则势专为主。"③理是万物生存的主宰。陆九渊曰："此理本天所以与我，非由外铄。明得此理，即是主宰。真能为主，则外物不能移，邪说不能惑。"④这个天然的主宰能够使自己不为外物所诱惑。那么，这个主宰宇宙万物的绝对之理在哪里呢？朱熹偏重于理的客观性，陆九渊反之，以为理不在别处，正在人自身之心，心即理。

陆九渊赞同孟子的本心说，认为人天生具有"本心"："盖人受天地之中以生，其本心无有不善，吾未尝不以其本心望之，乃孟子'人皆可以为尧舜'，'齐王可以保民'之义，即非以为其人所为，已往者皆君子也。"⑤人天生有此本心、善心，它是人的独特属性。它是区别人与禽兽的根据，因而具有属性、规定性之义。这种天生固有、区别于他者的规定性，按照传统哲学的说法，又叫做性。陆九渊之心同时具备这些内涵，这意味着，此心与性指称相同，心即性。故陆九渊曰："则在天者为性，在人者为心，此盖随吾友而言，其实不须如此。"⑥天生固有之心又叫做性。作为规定性，心是人类共有的属性。因此，心是公共的，即古今中外的人都天生此心。陆九渊曰："人之才智，各有分限，当官守职，惟力是视。……至于此心此德，则不容有不同耳。"⑦人们才智可能有所不同，但是心却是一致的。"心只是一个心，某之心，吾友之心，上而千百载圣贤之心，下而千百载复有一圣贤，其心亦只如此。心之体甚大，若能尽我之心，便与天同。为学只是理会此。"⑧世人共享

---

① 陆九渊：《语录》，《陆象山全集》卷三十四，第253—254页。
② 陆九渊：《与赵咏道四》，《陆象山全集》卷十二，第103页。
③ 陆九渊：《与刘伯协》，《陆象山全集》卷十二，第108页。
④ 陆九渊：《与曾宅之》，《陆象山全集》卷一，第3页。
⑤ 陆九渊：《与王顺伯二》，《陆象山全集》卷十一，第98页。
⑥ 陆九渊：《语录》，《陆象山全集》卷三十五，第288页。
⑦ 陆九渊：《与王顺伯》，《陆象山全集》卷十一，第97页。
⑧ 陆九渊：《语录》，《陆象山全集》卷三十五，第288页。

同一之心。这里所说的心等同于性，属于一种完全超越的实体。

这种天然同一的超越实体又叫理："人之所以为人者，惟此心而已。"[①]心是人的"所以然"者。而"所以然"者，传统理学家们称之为理。故，此心即理。"此心本灵，此理本明，至其气禀所蒙，习尚所梏，俗论邪说所蔽，则非加剖剥磨切，则灵且明者，曾无验矣。"[②]心即理。陆九渊曰："学者求理，当唯理之是从，岂可苟私门户？理，乃天下之公理，心，乃天下之同心，圣贤之所以为圣贤者，不容私而已。"[③]圣愚一心、万人一心，也就是公理。心即理。陆九渊曰："古圣贤之言，大抵若合符节。盖心，一心也；理，一理也。至当归一，精义无二。此心此理，实不容有二。"[④]心理不容有两样。心即理。这是陆九渊的心概念的第一个内涵，也是它的主要所指，但不是唯一所指。

作为理的心，是终极性实体，是超越之心。作为超越性实体的心，仅仅是存在的终极性依据，不生不死、不动不静，超越于经验与现实，无所谓思维。正是在这个意义上，笔者曾指出："理是公理，是客观的，非主观的意识。心是理。心，自然也是客观的，而非主观的。心不是主观意识。这是我们的第一个推理，即，同理之心不是主观意识。"[⑤]作为终极性本原即理的心，虽然是宇宙的核心，却不能够思考，它仅仅是一种先天地存在于人身体中的实体。一个不思考的心自然不能够成为唯心论体系中的本原，从这个角度来说，认为陆九渊是唯心主义的看法证据不足。

三、心与事（物）：本与末

理是宇宙生存的终极根据与主宰。同时，理即心。因此，陆九渊得出一个结论，即，世界生存的最终极的根据是心。心是本。与之对应的宇宙万物的生存与存在（事物与事情）便是末。陆九渊曰："'物有本末，事有终始，知所先后，则近道矣。'于其端

---

① 陆九渊：《与傅全美二》，《陆象山全集》卷六，第49页。
② 陆九渊：《与刘志甫》，《陆象山全集》卷十，第87页。
③ 陆九渊：《与唐司法》，《陆象山全集》卷十五，第125—126页。
④ 陆九渊：《与曾宅之》，《陆象山全集》卷一，第3页。
⑤ 沈顺福：《试论陆九渊之心的内涵》，《朱子学刊》2015年第1期。

续，知之不至，悉精毕力，求多于末，沟浍皆盈，涸可立待，要之其终，本末俱失。"①心、理是本，现实中的事与物便是末。

从历时性来看，人类的行为，从开始的动机到事情的结果，构成一个完整的整体。在这个整体中，动机即人心是本，所做的事便是末。事本于心："见孺子将入井，而有怵惕恻隐之心者，此理也；可羞之事，则羞之，可恶之事，则恶之者，此理也；是知其为是，非知其为非，此理也；宜辞而辞，宜逊而逊者，此理也；敬，此理也；义，亦此理也；内，此理也，外，亦此理也。……此吾之本心也。"②爱之情、敬之礼、恶之事、义之宜，都源自于本心或理。心本事末。陆九渊曰："此理塞宇宙，所谓道外无事，事外无道。舍此而别有商量，别有趋向，别有规模，别有形迹，别有行业，别有事功，则与道不相干，则是异端，则是利欲为之陷溺，为之窠臼。"③理、心或道是本，事是末。由道必然成事。故陆九渊曰："宇宙内事，乃己分内事。己分内事，乃宇宙内事。"④宇宙之内的事情皆源自于自己的本心即理。本心与事情不可分离。"必至于有诸己，然后为得也。"⑤"己"即心，"得"便是事。所作之事即"得"，皆以自己的本心为本。比如"棋所以长吾之精神，瑟所以养吾之德性。艺即是道，道即是艺，岂惟二物"⑥？棋、艺是事，却源自于德性。故，道与艺不可分为两物。陆九渊曰："学苟知本，六经皆我注脚。"⑦在这个历时性一体观视域下，六经与我心是一个整体，其中，心是本，六经是末。所以说，"六经"皆我注脚。人们常常将这段话当作一种类似于西方的诠释理论，其实不然。在陆九渊的诠释学中，心是本，作品是末，心与作品之间贯通一体。这一文本观，后来的石涛将其概括为一画论。不过，和魏晋本末论相比，陆九渊的本末论多了一份思辨性："知道则末即是本，枝即是叶。"⑧作为思辨哲学家的陆九渊，意识到"本末分别"

---

① 陆九渊：《与邵叔谊》，《陆象山全集》卷一，第 2 页。
② 陆九渊：《与曾宅之》，《陆象山全集》卷一，第 3 页。
③ 陆九渊：《语录》，《陆象山全集》卷三十五，第 311 页。
④ 杨简：《象山先生行状》，陆九渊：《陆象山全集》卷三十三，第 247 页。
⑤ 陆九渊：《语录》，《陆象山全集》卷三十五，第 312 页。
⑥ 陆九渊：《语录》，《陆象山全集》卷三十五，第 310 页。
⑦ 陆九渊：《语录》，《陆象山全集》卷三十四，第 252 页。
⑧ 陆九渊：《语录》，《陆象山全集》卷三十五，第 282 页。

仅仅是一种权宜手段，本末不离、枝叶不分。这种不分关系，也是一种贯通或一体。

从横向空间来看，在宇宙之中，心是本，万物的存在是末。"先生言万物森然于方寸之间，满心而发，充塞宇宙，无非此理。孟子就四端上指示人，岂是人心只有这四端而已？又就乍见孺子入井，皆有怵惕恻隐之心一端指示人，又得此心昭然。但能充此心足矣。"[①]满心而发、充实此心，遂成万物。万物的生生不息源自于我心。故，"蔽解惑去，此心此理，我固有之，所谓万物皆备于我，昔之圣贤，先得我心之所同然者耳，故曰'周公岂欺我哉'？"[②]万物皆备于我。在我之理即我的本心是万物生存的终极本源。这个本源主宰了宇宙万物的生存，这便是陆九渊的宇宙观："四方上下曰宇，往古来今曰宙。宇宙便是吾心，吾心即是宇宙。"[③]这里的宇宙与吾心的关系，学术界常常将其类比于西方的唯心论。其实不然。陆九渊哲学属于生存论。按照这种生存论，宇宙万物的生生不息，不仅源自于本心，而且由本心或理或仁所主导。根据于天理的我心，生生不息，最终成就万物的生存。内含天理的我心是这个生命体生存的本源。反过来说，万物的生存无非我心的活动。

既然人心是宇宙之本，成为宇宙的主宰，人便自然肩负着主宰宇宙的重任。这种肩负主导宇宙之重任的人便是真正的人："人须是闲时大纲思量：宇宙之间，如此广阔，吾身立于其中，须大做一个人。"[④]真正的人应该能够主导宇宙的生存。对人而言，人心是其本。正心不仅可以正己，而且可以正天下万事万物。这便是大而化之：修身然后与天下万物浑然一体，这便是知天命。知天命便可以主宰世界。因此，立本、正本最为重要。"某闻诸父兄师友，道未有外乎其心者。自可欲之善，至于大而化之之圣，圣而不可知之神，皆吾心也。……能养之，至于必达，使瓦石有所不能压，重屋有所不能蔽，则自有诸己，至于大而化之者，敬其本也。"[⑤]养心而敬本。立本即尊德性。故陆九渊曰："吾之学问，与诸处异者，只

[①] 陆九渊：《语录》，《陆象山全集》卷三十四，第272—273页。
[②] 陆九渊：《与侄孙濬》，《陆象山全集》卷一，第9页。
[③] 陆九渊：《杂说》，《陆象山全集》卷二十二，第173页。
[④] 陆九渊：《语录》，《陆象山全集》卷三十五，第284页。
[⑤] 陆九渊：《敬斋记》，《陆象山全集》卷十九，第145页。

是在我全无杜撰。虽千言万语，只是觉得他底，在我不曾添一些。近有议吾者云：除了'先立乎其大者'一句，全无伎俩。"①他不但强调了尊德性的重要性，而且以此为唯一，即尊德性便够了，无需道问学，无需学习和教育。立本的另一种形态是正本。陆九渊曰："尊所闻，行所知，要须本正。其本不正，而尊所闻，行所知，只成得个檐版。"②立本即正本心。

四、"此道充塞宇宙"

传统儒家将心分为人心和道心，这便是二心说。对此，陆九渊表示反对："《书》云：'人心惟危，道心惟微。'解者多指人心为人欲，道心为天理，此说非是。心一也，人安有二心？自人而言，则曰惟危；自道而言，则曰惟微。"③陆九渊认为不存在人心和道心两种心，而是只有一个心，这便是"心一也"。一心说仅仅表明：在某种情形下，人心同于道心，在另一种情形下，人心不同于道心。人心的内涵产生了变化：心可以内含天理，也可以不含天理。于是，心的内涵便获得了延伸。比如，圣人之心本是人心。由于它先获得了天理，因而成为卓越于世人的圣人之心。此时的心内含天理。这便是陆九渊心理关系的第二种内涵，即，此处的心指称人类的气质之心、思维之心。这种气质之心内含天理、其活动自然符合天理。陆九渊曰："故正理在人心，乃所谓固有。"④正理在人心中。"道理无奇特，乃人心所固有，天下所共由，岂难知哉？"⑤心有理。"以理处心，以理论事。"⑥理在心中。心与理的双重关系体现了陆九渊对心的不同所指的认识。在第二种心理关系中，心由天理之心转向气质之心。气质之心内含天理，这便是合理的人心，即道心。道心不仅有天理，而且以气质之心的形式出现。

这个气质之物便是"本心"。陆九渊用"本心"一词，包含了两个内涵。其一，它是本来就有的、合"理"的气质之心。陆九渊

---

① 陆九渊：《语录》，《陆象山全集》卷三十四，第 255 页。
② 陆九渊：《与张辅之》，《陆象山全集》卷三，第 24 页。
③ 陆九渊：《语录》，《陆象山全集》卷三十四，第 252 页。
④ 陆九渊：《与李宰二》，《陆象山全集》卷十一，第 95 页。
⑤ 陆九渊：《与严泰伯三》，《陆象山全集》卷十四，第 118 页。
⑥ 陆九渊：《与刘伯协》，《陆象山全集》卷十二，第 108 页。

曰："四端者，即此心也；天之所以与我者，即此心也。人皆有是心，心皆具是理，心，即理也。"①这种初生之本心本有天理，这便是"具"。它是人类天生固有之心，而非外来的："盖人受天地之中以生，其本心无有不善，吾未尝不以其本心望之，乃孟子'人皆可以为尧舜'，'齐王可以保民'之义，即非以为其人所为，已往者皆君子也。"②本心即人类天生即有的、内含天理的心。本心乃天生本有。顺此而发，便可以仁行天下。这便是仁。仁、心、理三位一致，换一句话说，仁即理即心。由合理的本心而行便是仁，仁即人的本心。"仁，人心也。心之在人，是人之所以为人，而与禽兽草木异焉者也。"③心仁同一所指。心即仁。

心是气质之心，且其中内含天理。由此心而为便是仁。这种仁行，陆九渊称之为"满心而发"："万物森然于方寸之间，满心而发，充塞宇宙，无非此理。孟子就四端上指示人，岂是人心只有这四端而已？又就乍见孺子入井，皆有怵惕恻隐之心一端指示人，又得此心昭然，但能充此心足矣。"④这里所说的"满心而发"显然不是指作为理的心。事实上，作为理的心是不可以满心而发的。满心而发之心只能是气质之心。这种气质之心的充满与发行，能够让普天下充满仁气或仁爱。它不仅爱及众生，而且惠及万物，从而以仁爱的气息与万物交相辉映。仁爱皆是本心之"发明"。"本心若未发明，终然无益。"⑤发明本心即让善良的本心扩充、光明。陆九渊曰："自有诸己，至于大而化之，其宽裕温柔，足以有容，发强刚毅，足以有执，齐庄中正，足以有敬，文理密察，足以有别。增加驯积，水渐木升，固月异而岁不同。然由萌蘖之生而至于枝叶扶疏，由源泉混混，而至于放乎四海，岂二物哉？《中庸》曰：'诚者，物之终始，不诚无物。'又曰：'其为物不二。'此之谓也。"⑥扩充本心进而与万物融为一体。这便是"为物不二"。陆九渊曰："诚以吾一性之外无余理，能尽其性者，虽欲自异于天地，

---

① 陆九渊：《与李宰二》，《陆象山全集》卷十一，第95页。
② 陆九渊：《与王顺伯二》，《陆象山全集》卷十一，第98页。
③ 陆九渊：《学问求放心》，《陆象山全集》卷三十二，第237页。
④ 陆九渊：《语录》，《陆象山全集》卷三十四，第272—273页。
⑤ 陆九渊：《与潘文叔》，《陆象山全集》卷四，第37页。
⑥ 陆九渊：《与邵叔谊》，《陆象山全集》卷一，第1页。

有不可得也。"①尽性便和天地一体。陆九渊曰:"皇极之建,彝伦之叙,反是则非,终古不易。是极是彝,根乎人心,而塞乎天地。居其室,出其言,善则千里之外应之;出其言不善,则千里之外违之。是非之致,其可诬哉?……是理之在天下,无间然也。"②只要心正,便可以贯通天下,从而以善气充满宇宙。故,陆九渊完全赞同孔子的主张:"大丈夫精神,岂可自埋没……'为仁由己','有能一日用其力于仁,我未见力不足者',圣人岂欺后世?"③为仁立足于自身,即仁以本心为基石。

这种扩充本心、顺其自然的方法又叫成己。陆九渊曰:"成己成物,一出于诚,彼其所以成己者,乃其所以成物者也,非于成己之外,复有所谓成物也。"④成己即是成物,均立足于诚。诚,按照二程的观点,属于内外兼备之道。在陆九渊这里,内外贯通为一,因此,成己即成物。"和顺积中,英华发外,极吾之善,斯足以善天下矣。然伐之害德,犹木之有蠹,苗之有螟。骄盈之气,一毫焉间之,则善随以丧,而害旋至矣,尚何有于德之博?故有焉而若无,实焉而若虚,功赞化育而不居,智协天地而若愚,消彼人欲,而天焉与徒谦冲不伐,而使骄盈之气,无自而作,则凡不言而信,不怒而威者,乃所以为德也。"⑤一切活动或过程全部发自于自身,由自身仁气之自然,便可以成就德。这便是成德。成德便是"大而化之":以仁心为本,扩充而至于天下,便是成德。

这种扩充本心的成己方式便是仁道。在宇宙间,陆九渊认为,只能够存在一个道。这便是仁道。大道即是仁:"故夫子曰:'吾道一以贯之'。孟子曰:'夫道一而已矣'。又曰:'道二,仁与不仁而已矣。'如是则为仁,反是则为不仁。"⑥天下只有一个正道,即仁道。"吾儒之道,乃天下之常道,岂是别有妙道?谓之典常,谓之彝伦,盖天下之所共由,斯民之所日用,此道一而已矣,

---

① 陆九渊:《天地之性人为贵论》,《陆象山全集》卷三十,第220页。
② 陆九渊:《杂说》,《陆象山全集》卷二十二,第170—171页。
③ 陆九渊:《与诸葛诚之三》,《陆象山全集》卷四,第33页。
④ 陆九渊:《庸言之信庸行之谨闲邪存其诚善世而不伐德博而化》,《陆象山全集》卷二十九,第213页。
⑤ 陆九渊:《庸言之信庸行之谨闲邪存其诚善世而不伐德博而化》,《陆象山全集》卷二十九,第214页。
⑥ 陆九渊:《与曾宅之》,《陆象山全集》卷一,第3页。

不可改头换面。"①儒家的仁道乃是天下万物共同遵循的原理，属于天理和公道。这便是天人同道、万物一理。陆九渊曰："此道充塞宇宙，天地顺此而动，故日月不过，而四时不忒；圣人顺此而动，故刑罚清而民服。"②天道和人道具有一致性或统一性。陆九渊曰："圣人贵中国，贱夷狄，非私中国也。中国得天地中和之气，固礼义之所在。贵中国者，非贵中国也，贵礼义也。虽更衰乱，先王之典刑犹存，流风遗俗，未尽泯然也。"③仁义之道源自于天地中和之气，天道和人道相贯通。心正则天地庇佑之，必有福报相随。否则便是违天地、逆鬼神，必致灾难。这种原理便是天人贯通。

陆九渊批评了以往的天人观，曰："天理人欲之言，亦自不是至论。若天是理，人是欲，则是天人不同矣。此其原，盖出于老氏。"④从天理与人欲的区别来看，天人不同。陆九渊认为这个观点来自老子。对此，陆九渊批评曰："《庄子》云：'眇乎小哉，以属诸人；警乎大哉，独游于天。'又曰：'天道之与人道也，相远矣。'是分明裂天人而为二也。"⑤道家以天人为二。对此，陆九渊显然不满意，认为这一做法"是分明裂天人而为二也"：这分明是将天与人分为两个东西。在陆九渊看来，天人岂能为二？陆九渊"强调人与天的统一，人心与道的融合，反对将天与人割裂。"⑥在陆九渊看来，天人应该是一体的，这个一体之物便是宇宙。故，有学者指出"陆九渊从'心即理'出发，追求天人之间更高层次的'合一'，认为'宇宙便是吾心，吾心即是宇宙'这同样没有否定天人之间的同一性。同时，心尽管是纯善的，但却容易受到蒙蔽，因此陆九渊也主张人应该通过进修成为圣人，最终达到天人一体，这是从心学的角度对'天人合一'的阐释"⑦。宇宙便是万物一体的世界。既然天人一体，那么，天道和人道便是一个道，或者说，天道与人道不可以相距甚远。天人同道或天人之道相类似。

本心不仅是气质之心，而且内含天理。这个内含天理的心不仅

---

① 陆九渊：《与王顺伯二》，《陆象山全集》卷二，第 13 页。
② 陆九渊：《与黄康年》，《陆象山全集》卷十，第 85 页。
③ 陆九渊：《大学春秋讲义》，《陆象山全集》卷二十三，第 175 页。
④ 陆九渊：《语录》，《陆象山全集》卷三十四，第 252 页。
⑤ 陆九渊：《语录》，《陆象山全集》卷三十四，第 252 页。
⑥ 邢舒绪：《陆九渊研究》，浙江大学博士学位论文 2003 年。
⑦ 蒲创国：《"天人合一"正义》，上海师范大学博士学位论文 2012 年。

是人类正确生存的根据，而且是宇宙万物生存的根据。或者说，宇宙万物，都是我心之所作。《华严经》曰："譬如工画师，不能知自心，而由心故画。诸法性如是。心如工画师，能画诸世间，五蕴悉从生，无法而不造，如心佛亦尔，如佛众生然。应知佛与心，体性皆无尽。……若人欲了知，三世一切佛，应观法界性，一切唯心造。"心作万物或万象，这是典型的唯心主义世界观。从这个角度来看，陆九渊哲学又分有唯心主义世界观的某些特点，说其不是唯心主义哲学，又不合适。

五、自然、简易方法与学道

现实中的小人之所以出现，原因在于失去本心或心不正："愚不肖者不及焉，则蔽于物欲，而失其本心；贤者智者过之，则蔽于意见，而失其本心。"[1]人们常常会因为物欲、意见等而失去本心。本心失去便会心不正："此心若正，无不是福；此心若邪，无不是祸。"[2]失去本心即心不正，并常常会带来灾难。因此，为人、为学便是恢复本心。陆九渊曰："孩提之童，无不知爱其亲，及其长也，无不知敬其兄。先王之时，庠序之教，抑申斯义，以致其知，使不失其本心而已。尧舜之道，不过如此。"[3]本心善良。尧舜之道，无非恢复人的善良本心。"吾友能弃去谬习，复其本心，使此一阳为主于内，造次必于是，颠沛必于是，无终日之间，而违于是。此乃所谓有事焉，乃所谓勿忘，乃所谓敬。果能不替不息，乃是积善，乃是积义，乃是善养我浩然之气。"[4]摒弃陋习，恢复本心。如果不恢复本心，如同无根之木、无源之水，终究会枯竭。

本心如树根，善养此根便可以成才。这便是养心。"存养是主人，检敛是奴仆。"[5]相对于寡欲而言，存养本心更为重要。修行即养心。"起居食息，酬酢接对，辞气容貌颜色之间，当有日明日充之功，如木之日茂，如川之日增，乃为善学。……戕贼陷溺之余，

---

[1] 陆九渊：《与赵监》，《陆象山全集》卷一，第6页。
[2] 陆九渊：《荆门军上元设厅讲义》，《陆象山全集》卷二十三，第181页。
[3] 陆九渊：《贵溪重修县学记》，《陆象山全集》卷十九，第151页。
[4] 陆九渊：《与曾宅之》，《陆象山全集》卷一，第4页。
[5] 陆九渊：《语录》，《陆象山全集》卷三十五，第292页。

此心之存者，时时发见，若火之始然，泉之始达。苟充养之功不继，而乍明乍灭，乍流乍窒，则渊渊其渊，浩浩其天者，何时而可复耶？任重道远。"①养心即扩充善气，如木增长、如火始燃。这便是充养之功。陆九渊曰："人孰无心？道不外索，患在戕贼之耳，放失之耳。古人教人，不过存心、养心、求放心。此心之良，人所固有，人惟不知保养，而反戕贼放失之耳。苟知其如此，而防闲其戕贼放失之端，日夕保养灌溉，使之畅茂条达，如手足之捍头面，则岂有艰难支离之事？"②为学并不是什么难事，它仅仅是自家本心的恢复、呈现和光大，只要存心、养心便可以了。

充养的方法便是简易而顺其自然。陆九渊曰："学无二事，无二道，根本苟立，保养不替，自然日新。所谓可久可大者，不出简易而已。……大抵学者各倚其资质闻见，病状虽复多端，要为戕贼其本心，则一而已。……苟有根本，自能不懈怠不倦。与同志切磋，亦何患不进。"③这种顺其自然的方法，陆九渊称之为简易工夫。"故正理在人心乃所谓固有。易而易知，简而易从，初非甚高难行之事，然自失正者言之，必由正学，以克其私，而后可言也。"④简易方法便可以尽心、养心。"人性本善，其不善者，迁于物也。知物之为害，而能自反，则知善者，乃吾性之固有。循吾固有而进德，则沛然无他适矣。"⑤沛然而发便是自然而然。陆九渊曰："磨砻锻炼，方得此理明。如川之增，如木之茂，自然日进无已。……某平日与兄说话，从天而下，从肝肺中流出，是自家有底物事，何常硬把捉？吾兄中间亦云，有快活时，如今何故如此？"⑥养心、养性是一种简单而自然的事情，不必刻意追求。

那么，究竟如何养心、正心、复心呢？陆九渊吸收了理学家们的人性观，曰："惟皇上帝，降衷于下民，衷，即极也。凡民之生，均有是极，但其气禀有清浊，智识有开塞。天之生斯民也，使先知觉后知，先觉觉后觉。古先圣贤，与民同类，所谓天民之先觉

---

① 陆九渊：《与戴少望》，《陆象山全集》卷五，第40—41页。
② 陆九渊：《与舒西美》，《陆象山全集》卷五，第41页。
③ 陆九渊：《与高应朝》，《陆象山全集》卷五，第41—42页。
④ 陆九渊：《与李宰二》，《陆象山全集》卷十一，第95页。
⑤ 陆九渊：《语录》，《陆象山全集》卷三十四，第268页。
⑥ 陆九渊：《语录》，《陆象山全集》卷三十五，第287页。

者也。以斯道觉斯民者，即皇建其有极也，即斂时五福，用敷锡厥庶民也。"①人天生气质不同。故而分为先知先觉者和后知后觉者。学习因此成为变化人的气质的手段。"学能变化气质。"②变化气质的首要表现便是立志。陆九渊曰："故道之不明，天下虽有美材厚德，而不能以自成自达。困于闻见之支离，穷年卒岁，而无所至止。若其气质之不美，志念之不正，而假窃傅会，蠹食蛆长于经传文字之间者，何可胜道！方今熟烂败坏，如齐威秦皇之尸，诚有大学之志者，敢不少自强乎？于此有志，于此有勇，于此有立，然后能克己复礼。"③立志而后勇，便是笃行。"志向一立，即无二事。"④志向一立，似乎其他的事情便是水到渠成了。陆九渊曰："无志，则不能学，不学则不知道。"⑤由志而学，由学才能够知道。

陆九渊也强调学习以知道。"塞宇宙一理耳，学者之所以学，欲明此理耳。此理之大，岂有限量？……人乃天之所生，性乃天之所命。自理而言，而曰大于天地，犹之可也。自人而言，则岂可言大于天地？……此乃尊卑自然之序，如子不可同父之席，弟不可先兄而行，非人私意可差排杜撰也。"⑥天理是学习的对象。陆九渊曰："心只是一个心，某之心，吾友之心，上而千百载圣贤之心，下而千百载复有一圣贤，其心亦只如此。心之体甚大，若能尽我之心，便与天同。为学只是理会此。"⑦为学便是扩充本心，与天为一体。"宇宙间自有实理，所贵乎学者，为能明此理耳。此理苟明，则自有实行，有实事。实行之人，所谓不言而信，与近时一种事唇吻、闲图度者，天渊不侔，燕越异向。若能猛省勇改，则天之所以予我者，非由外铄，不俟他求。能敬保谨养，学问、思辩而笃行之，谁得而御？"学问、思辨而笃行，便是保养本心的方法。

即便是读书这类的人文行为，陆九渊还是将其自然化。陆九渊曰："至于圣贤格言，切近的当，昭晰明白，初不难晓。而吾之权

---

① 陆九渊：《荆门军上元设厅讲义》，《陆象山全集》卷二十三，第 181 页。
② 陆九渊：《语录》，《陆象山全集》卷三十五，第 301 页。
③ 陆九渊：《与侄孙濬》，《陆象山全集》卷一，第 9 页。
④ 陆九渊：《与赵然道三》，《陆象山全集》卷十二，第 100 页。
⑤ 陆九渊：《学说》，《陆象山全集》卷二十一，第 167 页。
⑥ 陆九渊：《与赵咏道四》，《陆象山全集》卷十二，第 103 页。
⑦ 陆九渊：《语录》，《陆象山全集》卷三十五，第 288 页。

度，其则不远，非假于外物。开卷读书时，整冠肃容，平心定气。诂训章句，苟能从容勿迫，而讽咏之，其理当自有彰彰者。纵有滞碍，此心未充未明，犹有所滞而然耳，姑舍之，以俟他日可也，不必苦思之。苦思则方寸自乱，自蹶其本，失已滞物，终不明白。但能于其所已通晓者，有鞭策之力，涵养之功，使德日以进，业日以修，而此心日充日明，则今日滞碍者，他日必有冰释理顺时矣。如此则读书之次，亦何适而非思也。如是而思，安得不切近？安得不优游？若固滞于言语之间，欲以失已滞物之智，强探而力索之，非吾之所敢知也。"①顺性自然而知道，而不必冥思苦想。相反，过分的刻意或模仿便是一种自以为是的"师心"②，是要不得的。

为学的工夫，虽然以道理为核心，但是，它最终必然落实到气质活动中，即通过穷理而变化气质，然后善养浩然之气、扩充于天地之间。因此，养气是成己、成物、成德的核心内容。关于这一点，陆九渊语焉不详。在陆九渊那里，似乎理便可以直接通达天地之间，而无需借助于气质。或者说，陆九渊重理而轻气。陆九渊曰："若必欲说时，则在天者为性，在人者为心，此盖随吾友而言，其实不须如此。只是要尽去为心之累者，如吾友适意时，即今便是。"③在天为性，在人为心。这个心，尽管以理为本，却不乏气质在其中。只有在这个气质之心的滚荡之中，仁才能够流行天下。陆九渊似乎不重视气。在心的诸多活动形态中，陆九渊仅仅关注了立志。立志仅仅是开始，而不是全部。陆九渊对气的活动缺少足够的关注，比如诚意等，事实上，他几乎不论理气关系。

六、结语：陆九渊的生成哲学与唯心主义

天人学即世界观，是理解陆九渊思想的核心。这种天人学思想，和早期的孟子世界观等相比，到了宋明时期上升到了思辨哲学的高度，这便是思辨的世界观。陆九渊也完全赞同宋儒的天人学立场，以为天人合一、万物一体。宇宙便是一个整体性的生命体。这

---

① 陆九渊：《与刘深甫》，《陆象山全集》卷三，第 22—23 页。
② 陆九渊：《与张辅之》，《陆象山全集》卷三，第 23 页。
③ 陆九渊：《语录》，《陆象山全集》卷三十五，第 288 页。

个整体存在者的终极根据即"所以然"者，传统理学家称之为理。宇宙一理，这便是天理、公理或公道。天理具有时间上的永恒性、空间中的普遍性、认知中的无限性，因此是一个不变的绝对存在。作为宇宙的本原，天理还是宇宙生存的主宰者。这个主宰之理，在朱熹那里，偏重于客观的外在。而在陆九渊这里，变成了内在于心。这便是心具有理、心即理。至此，生生不息的宇宙，最终立足于人心或人。人心或人类终于成为宇宙万物生生不息的主宰。这便是陆九渊心学世界观所要表达的宗旨，心是这个宇宙观或世界观的核心。

心，在陆九渊那里，具有四层内涵。其一，心指心脏。这既是心字的本义，也是传统哲学的观点。陆九渊也同样接受了这个传统的看法。心指作为生命之源的心脏，如"深父之身之心"[1]中所说的"心"便指心脏。心或心脏能为生存提供动力。这个动力便是气或气质。从宇宙生存来说，此心不仅是人类生命之源，更是宇宙的生命之元。这便是"宇宙便是吾心，吾心即是宇宙"的本义：心是生生不息的宇宙的本源，我心与宇宙借助生生不息之气而贯通一体，这便是天人一体或万物一体。从人类生存来说，注经立说也是我心的活动。它本源于我心，完成于经典。我心与经典之间借助气质而贯通一体。这便是"六经皆我注脚"的真义。"'六经注我'，或者说'六经皆为我注脚'，并不是在谈论文本诠释的合理方法，而是倡导一种正确的'为学'与'求道'的路径。"[2]六经为我本心之自然。心是本，经是末。这个本原之心，在儒家看来便是仁。仁即人："仁，人心也。心之在人，是人之所以为人，而与禽兽草木异焉者。"[3]借助此心或仁，人类逐渐成为真正的人并主宰宇宙的生存。

其二，心指能够思维的气质之心。其实，思维之心和生命之心，在古人看来，其实是一个东西，即心脏，古人认为心脏不仅是生命力之元，也是思维器官，具有大脑的功能，心能够思考。陆九渊曰："今子渊所谓迁善改过，虽无一旦尽知之心，然观其辞意，

---

[1] 陆九渊：《与刘深甫》，《陆象山全集》卷三，第22页。
[2] 彭启福：《陆九渊心学诠释学思想辨析——从"六经注我"与"我注六经"谈起》，《安徽师范大学学报（人文社会科学版）》2011年第1期。
[3] 陆九渊：《学问求放心》，《陆象山全集》卷三十二，第237页。

亦微伤轻易矣。"①尽知之心便是一种能够思考或认知的心。陆九渊曰："最大害事，名为讲学，其实乃物欲之大者。所谓邪说诬民，充塞仁义，质之懿者，乃使之困心疲力，而小人乃以济恶行私。"②学习常常使人心困，这个疲乏之心便和思维相关。当然，它依然指心脏。学习使人心脏劳累。

其三，心不仅指思维，而且有时候还用来指称思维的结果，即意识。心指意识，比如说"师心"："学者大病，在于师心自用。师心自用，则不能克己，不能听言。虽使羲皇唐虞以来，群圣人之言，毕闻于耳，毕熟于口，毕记于心，只益其私、增其病耳。"③记录于心便是保留于心中。这里的心，类似于现代人所说的意识。陆九渊曰："谁独无是非之心哉？圣人之智，非有乔杰卓异，不可知者也，直先得人心之同然耳。"④是非之心即道德意识或观念。"记录人言语极难，非心通意解，往往多不得其实。前辈多戒门人，无妄录其语言，为其不能通解，乃自以己意听之，必失其实也。"⑤这里所说的心便是一种意识。不过，古人将心脏视为思维器官，它的活动便是意，意即意识。心有时候便指意。这种意识之心和能思之心，仅仅是一种理论上的分别，有思维之心进而产生世界万物。这个世界，显然是人类思维活动的结果。从这个角度来看，陆九渊的世界观又属于唯心主义的世界观。

心的第四个内涵，同时也是陆九渊心概念的最主要的内涵，便指理，心即理。这个与理同一的心，属于客观而超越的实在。此心是超越之心，或超越之实体。作为超越的实体，此心，不仅普遍、永恒、无穷，而且是绝对的实体。从这个意义上说，陆九渊心学体系并不是唯心主义体系。

心具有四种内涵，这四种内涵，最终聚焦于同一个心。这个心，从经验的角度来说，是气质之心脏。这个心脏能够思考，产生意识，因此同时成为心意。这便是心的前三个内涵。从这三个角度来看，陆九渊的世界观属于唯心主义。同样，还是这个心，从哲学

---

① 陆九渊：《与傅子渊》，《陆象山全集》卷六，第50页。
② 陆九渊：《与徐子宜》，《陆象山全集》卷五，第43页。
③ 陆九渊：《与张辅之》，《陆象山全集》卷三，第23页。
④ 陆九渊：《智者术之原论》，《陆象山全集》卷三十，第221页。
⑤ 陆九渊：《与曾宅之》，《陆象山全集》卷一，第2页。

的角度来看，它又分为形而上者与形而下者。气质之心之所以会产生是非之心，原因在于它具有一个形而上的心体，即，我心之中固有天理，这个天理也是心。这个同于天理的心便是超越的实体，它是是非之心产生的终极性根据。这四项内涵合起来，合成了陆九渊心概念的主要内涵，这些内涵的所指是同一个，即心。由于维度的差异，心呈现为若干个不同的面向或本质。在这四项内涵中，能够成为终极性根据的心，其实是一个超越的实体，以超越性实体为基础所形成的世界观，又不属于唯心主义世界观。说到底，陆九渊的心学属于生成论哲学，类似于唯心主义，又不同于唯心主义。

第五章 传统心学之主体性问题
——以方以智心学为中心[①]

以朱熹为代表的程朱理学，在确定以形而上之理为世界存在的终极性基础、且为宇宙生存之终极性主宰的同时，过度强调了理在宇宙生存（包括人的生存）中的作用和地位，从而形成重理轻气的现实。这种理决定气的关系，淡化了气质人心的作用和地位。这引起了后来的哲学家们的不满，并随之产生了心学，其主要代表便是陆九渊、王阳明等。随后的学术界几乎由心学一统天下，其中包括方以智。方以智等人的心学强调心为主宰。这种以心为主的立场，看似重视人的主体性作用。本章将通过分析方以智的心的内涵指出，心学虽然强调以心为主、突出自信、强调我，但是这并不是个体主体性。

一、"心即天地"的万物一体世界观

在世界观问题上，方以智接受了宋明理学的气质生存论立场，以为万物一体、贯通于气。中国传统的生命哲学认为世间的一切存在物皆气化流行。方以智完全接受了这一立场，曰："一切物皆气所为也。"[②]万物皆气质而成。方以智曰："考其实际，天地间凡有形者皆坏，惟气不坏。人在气中，如鱼在水；地在天中，如豆在脬，吹气则豆正脬中，故不坠。泰西之推有气映差，今夏则见河汉，冬则收，气浊之也。由此征之，虚空之中皆气所充实也，明甚。人不之见，谓之'太虚'。虚曰生气，气贯两间之虚者实者，而贯直生之人独灵。生生者，气之几也，有所以然者主之。"[③]万物生生，无非气的活动，或者说，世间万物皆由气所构成。万物可变，唯气不变，比如天地，"生生之几皆气也。气者，天象而为口也。气凝而成天地，天地之虚仍是未凝之气，相代而化，旋出入而

[①] 本研究受到安徽大学方以智研究中心资助。
[②] 方以智：《天类》，《物理小识》，《方以智全书》（第7册），黄山书社2018年版，第114页。
[③] 方以智：《所以》，《东西均》，《方以智全书》（第1册），第343页。

橐籥焉"[1]。天地生于气。对于万物来说,方以智曰:"形本气也,言'气'而气有清浊,恐人执之,不如言'虚';虚无所指,不如言'理';理求其切于人,则何如直言'心宗'乎?"[2]有形的物体皆以气为本,即"气凝为形,畜为光,发为声。声为气之用,出入相生,器世色笼,时时轮转。其曰总不坏者,通论也;质核凡物皆坏,惟声、气不坏,以虚不坏也。天地之生死也,地死而天不死。气且不死,而况所以为气者乎"[3]?由气而成形,形而有物,万物生于气,成于气。

作为万物之一员的人也生于气:"医以心藏神、肾藏精、肝藏魂、脾藏意、肺藏魄,而神为性、精为命,皆气贯人而生者也,此后天托形而分者也。生生而灵者,先天之心寓之矣。"[4]人也生于气。人因为气而有生机、生命。它包括生命之气与材质之气,比如"天地分而生,万物皆地所成,天止出气而已;男女之生,全是母育,父止精气而已。必曰万物本乎天、人本乎父,盖全是地,则全是地之承天,地何敢自有其分毫乎"[5]?天生万物以气、父母生子以精气。气产生生命,气是人的生命力。这种生命力便是"神":"鬼神者,心也。神气出入,生生而灵,灵其所灵,往而中阴。"[6]生命的精灵便是鬼与神。鬼、神属于气。其中的神便是人的生命力。而鬼,"媱化妇,暴化虎,士珮之虺,伯时之马也……皆心之所变、纯气之所为也。……然气有时散,阴终归阳,其久暨也,五十步与百步耳"[7]。鬼无非气质变化的形式。神亦是气。"孟子征端于情,表体于才,痛人之从小体而失其良也,又虑人之守冥漠而二橛也,辟天荒创为养气践形之说。"[8]人的生存无非养浩然之气。方以智曰:"以气几论之,人下地之日即属死气矣,安得任其动用而不恶乎?"[9]死亡便是气散。生存便是气动。

---

[1] 方以智:《译诸名》,《东西均》,《方以智全书》(第1册),第314页。
[2] 方以智:《所以》,《东西均》,《方以智全书》(第1册),第343页。
[3] 方以智:《声气不坏说》,《东西均》,《方以智全书》(第1册),第346页。
[4] 方以智:《颠倒》,《东西均》,《方以智全书》(第1册),第292页。
[5] 方以智:《公符》,《东西均》,《方以智全书》(第1册),第284页。
[6] 方以智:《源流》,《东西均》,《方以智全书》(第1册),第374页。
[7] 方以智:《公符》,《东西均》,《方以智全书》(第1册),第374页。
[8] 方以智:《三征》,《东西均》,《方以智全书》(第1册),第260页。
[9] 方以智:《颠倒》,《东西均》,《方以智全书》(第1册),第291页。

方以智曰:"天地同根,万物一体。"①宇宙万物,和人类一起是一个生命体。方以智用身体为喻:"倚一气乎?一气中有理焉,如主统仆。倚一身之外无余乎?官骸经络,秩叙历然不紊也,天下犹一身也。"②自然界的山山水水和我是一个身体,这便是典型的万物一体观,气便是流通于一体之间的物体。方以智曰:"六合万古,一气而已。"③世界便是气的流通。"东起而西收,东生而西杀。东西之分,相合而交至;东西一气,尾衔而无首。以东西之轮,直南北之交,中五四破。"④东西是各种事物都是气。"以质论之,气交凝形,而气籥栖灵,此生后之气质也。即未生前,亦缘气以为质也。辟天地一气质也,混天地一气质也,所以为气者,贯乎混、辟气中者也。"⑤气贯通天地而为一体。

在万物一体视域下,外在的万物和人是一体的。这些生机之物或气质之物,和文字没有什么区别。方以智曰:"阴阳相交,杂而成文;阴阳相生,孳生而字。指其面曰:此何字?指庭树曰:此何字?天之琅琅者何字?地之森森者何字?云汉山河乃字海也,穷之安能穷?避之安能避?天何以扫除乎?地何以扫除乎?气噏声而附形,形必有象,象谓之文。作字者还其应有之形,以明告之、默识之耳。……抑知天地万物先创此不立文字之宗,以表此至一至赜之文字耶?笔墨,迹也,书画家且不立笔墨,况读书闻道而迹之?"⑥自然界的一切存在,既是文字,又不是文字。尽管从真谛的角度来看,所谓的字迹等也不真实。但是,从气的角度来看,这些自然之迹无不是字。这种观点和象山的"六经皆我注脚"高度近似。在这种世界观中,人类是主体,文字、山川等无非是人类活动的产物。人类和文字、山川等,通过气的贯通,最终形成一个有机的整体,这便是宋明理学的万物一体世界观。

万物因气而生生不息。那么,气从何来呢?方以智曰:"人心以言出气。倏忽之间,生死之机。无实无虚,不落有无。直心直

---

① 方以智:《性故》,《方以智全书》(第 3 册),第 13 页。
② 方以智:《惠子与庄子书》,《药地炮庄》,《方以智全书》(第 2 册),第 94 页。
③ 方以智:《性故》,《方以智全书》(第 3 册),第 21 页。
④ 方以智:《开章》,《东西均》,《方以智全书》(第 1 册),第 244 页。
⑤ 方以智:《性故》,《方以智全书》(第 3 册),第 8 页。
⑥ 方以智:《不立文字》,《东西均》,《方以智全书》(第 1 册),第 328—329 页。

气，足塞天地。子舆之养也、知也，其真槖籥乎？"①言说体现了气质。这种气质活动，最终来源于人心。这种人心，作为气质的源头，显然指气质人心。也就是说，在方以智那里，心有气质人心的内涵，这种气质人心是生存之本。方以智曰："以死烧生，生本不生。当知生所以烧，烧所以生。何以有生？何以生心？其始生魄，其阳曰魂。气生血肉而有清浊，气息心灵而有性情。本一气耳，缘气生'生'；所以为气，呼之曰'心'。……世无非物，物因心生。"②生存源自于气质之心。心是本源。"天地生人，人有不以天地为征者乎？人本天地，地本乎天，以天为宗，此枢论也。天以心予人，人心即天，天以为宗，即心以为宗也。"③心即天，为万物存在或生存之本原。万物生于心。先天之心而寄托于生生的形气之中，并因此而成为"主"。"心主即心包络，不用心而用心包络。人生后，心附意识以为用，而不生灭心在生灭心中，此亦一证也。手足痪者，意之所到，痛即到焉，则意与觉知，分而合者也。"④心以包围、统摄的方式而成为气质活动即意、识的主宰者。这种统摄或主宰的结果便是"灵"："名之'心'者，星之闭音、生之蕊形也。心虚而神明栖之，故灵，名其灵曰知。'灵'者，霝象窗棂，象云气之零零，而以巫神之者也。心之官则'恖'（思），用其知也。恖主风，脑为风府，恖从囟门。'想'则从相生矣。帅气而之焉曰'志'，其起曰'意'，物起于喑醷，而音其心也。"⑤因为其有灵，故而为帅即志。志确保了正确的生存，这便是"灵"。方以智曰："国王出家，则家随之出；心王一转，则心数十弟子俱转。"⑥心如同国王，是生存的决定者。

这种气质人心又叫生灭心，类似于意识。方以智将心可以分为三个结构，即心、意和识："人有心而有知：意起矣，识藏矣，传送而分别矣。本一而岐（歧）出，其出百变，概谓之知。"⑦心而生意，意是活动即心的发用，最终表现为识。这种心、意、识三层

---

① 方以智：《声气不坏说》，《东西均》，《方以智全书》（第1册），第347页。
② 方以智：《尽心》，《东西均》，《方以智全书》（第1册），第270页。
③ 方以智：《所以》，《东西均》，《方以智全书》（第1册），第342页。
④ 方以智：《颠倒》，《东西均》，《方以智全书》（第1册），第292页。
⑤ 方以智：《译诸名》，《东西均》，《方以智全书》（第1册），第314页。
⑥ 方以智：《道艺》，《东西均》，《方以智全书》（第1册），第322—323页。
⑦ 方以智：《尽心》，《东西均》，《方以智全书》（第1册），第271页。

结构，极不符合现代心理学的观念。不过，方以智曰："心主即心包络，不用心而用心包络。人生后，心附意识以为用，而不生灭心在生灭心中，此亦一证也。手足疼者，意之所到，痛即到焉，则意与觉知，分而合者也。医以心藏神、肾藏精、肝藏魂、脾藏意、肺藏魄，而神为性、精为命，皆气贯人而生者也，此后天托形而分者也。生生而灵者，先天之心寓之矣。"①生灭心即意与识。这种意与识，在现代哲学中，主要指脱离了物质的精神活动现象。但是，在方以智看来，这些心灵活动形式即意与识，皆以气为主体，即意与识都是气的活动。

由于意是气质活动，因此，意之所在便是物。方以智吸收了传统的气质生存论，将人类的语言和文字等理解为气质活动的产物，从而形成了完善的感应诠释学理论。方以智曰："气发为声，形托为文，象即有数，数则可记。"②气化流行而为声音，最终为文字和语言，文字和语言等解释气质之物。方以智曰："修词立其诚，曾养知否？气贯虚而为心，心吐气而为言，言为心苗，托于文字。圣人之文章即性道，非今人所溺之文章也。"③文字不仅是意识活动的结果，而且是人的气化流行的结果，即属于气的一种活动方式。儒家的礼乐文明等皆气质产物。方以智曰："言为心苗，动静归风，呼吸轮气，诗乐偈喝，其几也；等切，其一节之用也，犹《易》有四道，而制器亦在其中。"④诗歌音乐等都是一种气质活动。即便是经典的诗教等，亦是如此："雅言之教，兴于诗而成于乐。古者相见，歌诗谕志，闻乐知德，吹律协姓，微矣。操琴瑟，听新声，皆往往足以知得失、生死、成败、治乱。……兴之必怨，犹元之必贞。贞而元，怨而兴，岂非最发人性情之真者乎？"⑤儒家礼乐文明本质上也是一种气的活动方式，表达了人们的气质性情感。对礼乐文明的理解，无非是对其中蕴含的圣贤气质的感应。

这样，方以智以气质人心、气质，以及宇宙生物等为要素，建构了和传统儒家相符合的气质生存论，即人心是本源，通过气质的

---

① 方以智：《颠倒》，《东西均》，《方以智全书》（第1册），第292页。
② 方以智：《象数》，《东西均》，《方以智全书》（第1册），第334页。
③ 方以智：《道艺》，《东西均》，《方以智全书》（第1册），第324页。
④ 方以智：《象数》，《东西均》，《方以智全书》（第1册），第338页。
⑤ 方以智：《声气不坏说》，《东西均》，《方以智全书》（第1册），第347页。

活动，让万物贯通而为一体。这种一体便是传统儒家所说的仁。方以智从字源的角度指出："'仁'，人心也，犹核中之仁，中央谓之心，未发之大荄也。全树汁其全仁，仁为生意，故有相通、相贯、相爱之义焉；古从千心，简为二人。两间无不二而一者，凡核之仁必有二坏，故初发者二芽，所以为人者亦犹是矣。"①作为儒家核心概念的仁，既是中心、核心，而且还直接指向贯通一体。人与人之间的相亲相爱便是仁。方以智曰："用即是体，分即是合。知之所到，则性命交关，总贯此处；精神所聚，则天地、古今总归此眼，圆满周遍，觌体灵明。医言一身不觉处谓之不仁，总是一心，不必自解其非二也。"②仁最终来源于一心。因此，从宇宙论的角度来说，万物的存在在于气的生生不息，而气的生生不息的最终根据在于心，心是宇宙万物生存的基础。"生死者，心而已矣。"③生存在于心动，心是生存之本。

二、"皆归一心"的形而上学

气，按照朱熹的观点，属于形而下的存在。由气所建构的世界，便是一种形而下的世界。这种自然的、形而下的气质生存或存在，由于其自身的自然性与偶然性，存在着一定的不确定性和风险。如何避免风险、确保存在或生存的合理性呢？合理性即符合理的要求。这便是传统理学家的主张：由形而上的理来主导气质活动，并成为其存在的终极性依据。这也是方以智所接受的哲学立场，即，在气质存在的背后，应该存在着形而上的主宰之理。这个作为主宰者的、形而上的实体之理，在方以智那里，有若干种称号，如"气也、理也、太极也、自然也、心宗也，一也，皆不得已而立之名字也"④。理或太极等都是存在的终极性根据。

方以智将气分为两类。方以智曰："无始、两间皆气也。以气清形浊论，则气为阳；以阴暗阳显论，则气为阴。"⑤世间万有无

---

① 方以智：《译诸名》，《东西均》，《方以智全书》（第1册），第314页。
② 方以智：《问仁智》，《贯问答》，《方以智全书》（第3册），第42页。
③ 方以智：《生死故》，《易录》，《方以智全书》（第1册），第89页。
④ 方以智：《所以》，《东西均》，《方以智全书》（第1册），第341页。
⑤ 方以智：《声气不坏说》，《东西均》，《方以智全书》（第1册），第346页。

非是气。气既可以是阴，亦可以为阳，以清浊论，气是阳，以显现论，气是阴。这都是对气的不同视角的认知。或者说，气分为了两类，即，阴阳二论："则气者阴阳，无体之体，可有可无；而所以为气者，即此心此理也。气尚有质，故曰气为心、理之汁。"①气可以为有，可以为无，是无体之体。这种无体之体，便是理或心。在理气关系中，理是所以然者，气则是其汁液或表征。这种所以然之理也是一种气之体即无体之体，故，方以智曰："然有有质之气，有无质之气；犹有可指之心，有无可指之心。故曰：所以为气，所以为理，所以为心，一也。知此即知天统天地、阳统阴阳、善统善恶、清统清浊、无统有无之故矣。"②气分为两类，即，气质之气和太虚之气。太虚之气便是理。由此，方以智走向了气的实在论，即，以为万物之理亦是气。对这个太虚之气，方以智曰："'一'者，无也。'无'者，天垂气之象也。无即生'有'，用先右手，因以为谐；旁死、哉生，变化莫如月，故曰'月以为量'。是则有也者，有而无者也，从无之中毃而推之。"③天地万物的本源是一。这个一便是无，所谓无，繁体字是"無"，这是一个降气之形状，这样，万物产生于气。其中，真正的本原也是一种气。不过，这种气，不再是形而下的气质，而是一种虚气。"虚中之气，生生成轮。举有形无形，无不轮者。"④虚中之气，便是张载所说的太虚之气。太虚之气，伴之以气质，因而变化不已。其中，根本还是太虚之气。方以智曰："考其实际，天地间凡有形者皆坏，惟气不坏。……由此征之，虚空之中皆气所充实也，明甚。人不之见，谓之'太虚'。虚曰生气，气贯两间之虚者实者，而贯直生之人独灵。生生者，气之几也，有所以然者主之。所以者，先天地万物，后天地万物，而与天地万物烟煴（氤氲）不分者也。"⑤万物生生不已，不仅由气化流行，而且有主宰者。这个主宰者也可以说是不坏的气，为绝对存在的实体。此时的气，与理没有区别。最终，方以智曰："气也、理也、太极也、自然也、心宗也，一也，皆不得已

---

① 方以智：《声气不坏说》，《东西均》，《方以智全书》（第1册），第346页。
② 方以智：《声气不坏说》，《东西均》，《方以智全书》（第1册），第346页。
③ 方以智：《译诸名》，《东西均》，《方以智全书》（第1册），第314页。
④ 方以智：《三征》，《东西均》，《方以智全书》（第1册），第264页。
⑤ 方以智：《所以》，《东西均》，《方以智全书》（第1册），第343页。

而立之名字也。"①这便是理即气的实在论立场。

故，方以智将万物的生存分为两段，即源与流。方以智曰："源一流二，二即善、恶。儒者谓'恶'乌可以训？心有善恶之嫌，而指当当然然者号之曰'理'。"②理是源，而善恶为流。其中，理为形而上者，善与恶则是形而下的存在，善、恶与理之间形成本末关系。方以智曰："'理'者，通称也，里以田土始分而记之曰里；理者，玉之孚尹旁达、文理可以密察者也。"③理本为动词，即治玉：一种修治玉石的行为。玉石有纹路，修玉必然因循于纹路而治。因此，理即正确的行为，人们将这种正确的行为的根据叫做"理"。这种形而上之理，在生存中，作为终极性根据，具有主宰性地位。方以智曰："体其理曰'礼'，神示之，从豊，豆始之也。以其理裁而宜之曰义，'义'者，我也；仪，戟也。古义、我、俄通声，从戈，取其裁断有金刚之勇也。"④理具有制裁、衡量的作用。理是终极性标准。这便是"所以为理"，理即所以然者。

方以智从三个视角（即象、事和欲）揭示了理的终极性地位。其一，从存在论的角度指出，理是显现之象的根据。方以智曰："理与象，气与形，皆虚实、有无之两端而一者也。气发为声，形托为文，象即有数，数则可记。世有泥象数而不知通者，固矣；专言理而扫象数者，亦固也。"⑤象即形象，具体的事物。这些事物是具体形象之物，是形而下的存在，在其存在的背后隐含着形而上之理。其二，从人类实践或行为的角度来看，理是根据："变变而化化也，事不必其事，理则其理矣。凡人心之所可及者，皆理所有也；且有不及者。"⑥任何行为都是变化的、不确定的。只有理才是确定而可靠的，只有确定之理才能够成为主导行为的根据。方以智曰："因之果之，性之相之，理之事之，即体用也。"⑦理是行为（"事"）的终极性根据。方以智曰："因事本理，而立贯理、事者，究不能离事；因天地推混沌，而立贯混沌、天地者，竟不能离

---

① 方以智：《所以》，《东西均》，《方以智全书》（第1册），第341页。
② 方以智：《所以》，《东西均》，《方以智全书》（第1册），第342页。
③ 方以智：《译诸名》，《东西均》，《方以智全书》（第1册），第315页。
④ 方以智：《译诸名》，《东西均》，《方以智全书》（第1册），第314—315页。
⑤ 方以智：《象数》，《东西均》，《方以智全书》（第1册），第334页。
⑥ 方以智：《扩信》，《东西均》，《方以智全书》（第1册），第253页。
⑦ 方以智：《颠倒》，《东西均》，《方以智全书》（第1册），第292页。

天地。则历然之天地、人事，乃真贯也。"①事必须以理为根据，事循天理。这种理事关系，近似于华严宗。从实践的角度来说，人的任何行为必须遵循理。具体到生存中来看，行为的动力是欲，事表现为欲，理因此成为欲的根据。方以智曰："天而人，人而天，继续之初，微乎危乎，成之皆阴承阳，而性在情习中。下地之时，善在恶中，理在欲中，前喻素彩是也。"②理在欲中，欲分为善恶，善恶之欲，无不循理。"性馅（陷）乎情餤（焰），理混乎欲澜，犹火与薪，依之即烈。"③理在情欲之中。反过来说，情欲必须循理，这显然是理学立场。

这种根据之理，方以智认为是形而上的实体。方以智曰："然其言所穷、理所不及之理，正吾可以象数寓之者，而彼扃扃不知也。"④理是不可认知、不可言说的实体。这种不可认知之理，便是超越的存在，如，方以智曰："穷理者，穷此无是非、不生灭之理，适用其是统非之理。"⑤生死、是非皆是经验。超越于是非与生死的理因此是超越于经验的存在，这种超越于经验的存在便是形而上的实体。方以智曰："天之所以为天，是天道也，因日月星之差错而知之；人心亦然。极大极小，岂有二哉？理属无，数属有，微显互征，即是不落有无。"⑥理属无，即，不仅是无形体，而且还是无法被认知的实体。尽管理是无形而不可知的，却是实理。方以智曰："乃者吾以实事征实理，以后理征前理，有不爽然信者乎？信之矣，则此等之虚喻征虚理，又何不可信耶？"⑦理是实体之物，是实理。这种形而上学的立场将方以智排除于佛学之外，成为名副其实的儒家哲学家。

方以智并没有满足于以理为本、突出理气分离的朱子学理论。方以智指出："剔理于气外，犹之剔心于缘心，而无真、妄之真真即统理、气之至理。辟算器有一、万，又有大一，究竟大一即在算

---

① 方以智：《容遁》，《东西均》，《方以智全书》（第1册），第350页。
② 方以智：《公符》，《东西均》，《方以智全书》（第1册），第285页。
③ 方以智：《公符》，《东西均》，《方以智全书》（第1册），第288页。
④ 方以智：《易数》，《东西均》，《方以智全书》（第1册），第334页。
⑤ 方以智：《所以》，《东西均》，《方以智全书》（第1册），第344页。
⑥ 方以智：《象数》，《东西均》，《方以智全书》（第1册），第340页。
⑦ 方以智：《扩信》，《东西均》，《方以智全书》（第1册），第254页。

器中，绝待乃并待也。"①理气不仅分别，而且不可脱离。反过来说，气也是之所以存在的因素，因此，理气不二。这种理气不二的统一观，方以智认为，最终归于心："因言气理，而质论、通论之，皆归一心。若不知所以然，遂以神气为性命，而守之、炼之，则去以形骸为性命者，亦无几也。以性命为性命者，犹非大彻自在汉。故无死生者即无性命，则理也、气也、心也，俱可忘言，俱无不可言，又何拣择乎？婆心至此，不得不为析合。"②这种理气的分别与统一体便是心，这类似于心统性情说。"人所贵者心，而不离五官。"③心是人的生存中最重要的部分。由此，方以智转向心学。

在方以智看来，心分为两个部分或两层结构。方以智曰："一切唯心而不能征天地，又谓征天地为向外驰求以骈其肉心者，此真所谓一往不反、迷于一指者矣。……明心者，明此无善恶、不生灭之心，适用其善统恶之心；养气者，养此无清浊、不生灭之气，适用其清统浊之气；穷理者，穷此无是非、不生灭之理，适用其是统非之理。……既知生即无生矣，心即无心，又何异于理即无理、气即无气也乎？"④人心分为血肉心即生灭心，以及不生灭心。前者为形而下的气质心，后者为形而上的天理心。理气归一而成心。此心既有气质心并与情相对应，也有天理心即性，这便是心统性情。对于心学而言，重点则是天理之心，天理心即所以然之心。方以智曰："心本无心，无岂有二？人犹有胶扰者。谓之'所以然'，所以然岂有二哉？老庄之指，以无知知，无为而无不为，归于自然，即因于自然。自然岂非所以然乎？所以然即阴阳、动静之不得不然，中而双表，概见于形气。形本气也，言'气'而气有清浊，恐人执之，不如言'虚'；虚无所指，不如言'理'；理求其切于人，则何如直言'心宗'乎？"⑤所以然之心即所以然之理，理即心，这便是以心为本（"心宗"）。"心即太极也。"⑥心即终极性太极。或者说，作为太极的心，是万物存在的终极性根据。表面上

---

① 方以智：《所以》，《东西均》，《方以智全书》（第1册），第342—343页。
② 方以智：《声气不坏说》，《东西均》，《方以智全书》（第1册），第347—348页。
③ 方以智：《六书形声转假说》，《通雅》，《方以智全书》（第4册），第16页。
④ 方以智：《所以》，《东西均》，《方以智全书》（第1册），第344页。
⑤ 方以智：《所以》，《东西均》，《方以智全书》（第1册），第343页。
⑥ 方以智：《三冒五衍》，《易余》，《方以智全书》（第1册），第54页。

来看，方以智称"一切唯心"[①]说，类似于佛教的观念，但是其实它属于陆王心学。"心外无物，物外无心，道以法用，法以道用，全用全体，吾人本具者也。"[②]这显然和阳明心学的观念无异。

那么，方以智为什么要转为心学呢？方以智曰："既曰'理'，则亦哆哆和和而理之，此固无所回避者也，岂知胶柱之理成障乎？理之障理犹心之障心也：故又曰一真法性、涅槃妙心为实相心，余六凡、四圣之心，皆生灭心，岂得已于分乎？剔理于气外，犹之剔心于缘心，而无真、妄之真真即统理、气之至理。辟算器有一、万，又有大一，究竟大一即在算器中，绝待乃并待也。"[③]传统理学家分别理气，如同依靠心却去除心，是无法做到的。因此，方以智反对以理为本的观点，主张"一切唯心"[④]观，即，心才是万物的本原。这个本原或根据，不仅揭示了其形而上的指向，而且言明了其形而下的本质。只有形而上的实体与形而下的气质同时兼备的心，才能够成为万物生存的真正根据。从形而上学的角度来说，心是理，并是万物生存的终极性根据；从宇宙论的角度来说，心是气质之物，也是万物生存的本源，心同时兼备气质与天理的双重内涵。方以智甚至提出："理不同于神、气、形，而在神、气、形之中，因心而知。心不生时，理何在乎？此泯也。"[⑤]只有在心知的前提下，理才能存在，理依赖于心，气质心的地位一点也不低于天理。"因以心理其事，事理其心，灼然分即是合而离微之，使人格致，乃专而通，心物交泯，事理岂二？……气无在无不在，理亦无在无不在。"[⑥]心理并存才是存在的真谛。这样，方以智从理本转向心本："提心宗而百家之理皆归一矣。执心与理之二名相确，而不知可一、可二、可万者，此镵其方便之药语，而不肯参伍天地人之象数也。"[⑦]心才是万物生存的真正本源。"未有天地，先有此心；邈邈言之，则可曰太极，可曰太一，可曰太无，可曰妙有，可曰虚满，可曰实父，可曰时中，可曰环中，可曰神气，可曰烟煴

[①] 方以智：《所以》，《东西均》，《方以智全书》（第1册），第344页。
[②] 方以智：《疑始》，《通雅》，《方以智全书》（第4册），第92页。
[③] 方以智：《所以》，《东西均》，《方以智全书》（第1册），第342—343页。
[④] 方以智：《所以》，《东西均》，《方以智全书》（第1册），第344页。
[⑤] 方以智：《性故》，《方以智全书》（第3册），第22页。
[⑥] 方以智：《性故》，《方以智全书》（第3册），第21—22页。
[⑦] 方以智：《象数》，《东西均》，《方以智全书》（第1册），第334页。

（氤氲），可曰混成，可曰玄同。"[1]心才是万物存在的根据。心即太极，又叫太一、太无、玄同等，一切唯心。方以智属于典型的心学家，"心学是方以智理学的第一个特征"[2]。

三、大我即人性

从现实的气质存在的角度来说，人心是生存之本，从形而上学的角度来说，作为理的心依然是人的终极性根据。因此，无论是从形而上学的角度来看，还是从现实生存的角度来，心都是万物存在的根据。故，方以智明确提出："总以征心，心即生死、不生死之原。"[3]心是本原。"道生物而与之同处，岂父子可喻、水盂可比哉？故虿虿而示其綻曰：有生来无非物也，离物无心，离心无物；费隐交格，如液入滘。"[4]万物以心为本源，或心是生存之本、生存之主。"心是主宰之帝。"[5]心是主宰者。这便是典型的心学观。

心，尤其是血肉心，内在于人身，为自己所固有。方以智曰："公因之中，受中最灵，人独直生，异乎万物，是知天地贵人。此推理、质理，以象数征之益信者也。是则因有象数之人，而后推知未有天地前公心之理，则天地间之象数皆心也，外皆是内也。"[6]外在的世间万物皆以内在的人心为本，人心为本或做主的说法似乎可以转化为我做主。方以智曰："心本无法，信法不如信心。自信实难，必先信法；能信可法之法，乃能疑法何以为法之法；能疑法何以为法，则可以自信本无一法之心，而随我立法。"[7]法即现实存在，包括制度法则等。心作万物便转化为"我立法"，我似乎成为万法或万物生存的主宰。方以智曰："太极也，精一也，时中也，混成也，环中也，真如也，圆相也，皆一心也，皆一宗也，因时设施异耳。……何不信天地本无法，而可以自我凭空一画画出耶？"[8]

---

[1] 方以智：《译诸名》，《东西均》，《方以智全书》（第1册），第315—316页。
[2] 张永堂、诸伟奇：《方以智的生平思想及其著作整理》，方以智：《方以智全书》（第1册），第47页。
[3] 方以智：《生死格》，《东西均》，《方以智全书》（第1册），第297页。
[4] 方以智：《三征》，《东西均》，《方以智全书》（第1册），第259页。
[5] 方以智：《性故》，《方以智全书》（第3册），第17页。
[6] 方以智：《象数》，《东西均》，《方以智全书》（第1册），第336—337页。
[7] 方以智：《疑信》，《东西均》，《方以智全书》（第1册），第367页。
[8] 方以智：《扩信》，《东西均》，《方以智全书》（第1册），第254—255页。

万物存在在我，或者说，万物皆以我为根本。方以智曰："天自信天，地自信地，我自信我。天自信天，不自知其天也；地自信地，不自知其地也；我自信我，不自知其我也：是谓正信。"①万物自在、自由天理而自己做主。我，作为万物之一员，当然有我的天理做主，因而我自信自己。这些论断、陈述、表达似乎是说：我自己做主。如果上述论断成立，那么，这意味着在方以智这里，体现了较为强烈而鲜明的个体主体性内涵。方以智甚至提出："体其理之谓理，体其理者，最初之直心从天降、从中出者也，三百、三千亦是节文此直心处，心不直即不自由，不自由即非礼。"②这体现了方以智"'不自由即非礼'为核心的自由观"③。那么，这些文献是否表达了这类观念呢？

方以智曰："我亦物也，天地亦物也，不过一彼一此而已，可曰彼备于此，亦可曰此备于彼；彼皆因此，此亦皆因彼，何能禁之但许归此，不许归彼乎？"④我是一物。作为一物，我与我们本无差异。"我自亿万劫来，皆姓曰天屃，名曰无火，小字里玉；每入劫即更姓为又月氏，出劫则还为天屃氏；及至中土，则呼我为太极，为自然；西域则呼我为质多耶，又呼纥利陀耶。……自西入东，而名我更多，千万其号，吾请以一听之。"⑤这个我，中国人称之为"太极"，我即太极。这种太极之我，我们用朱熹的观念来转换，便是天理之我。或者说，此我便是天理、人性，这个我是人性我。同时，方以智曰："东西公号我曰心，自此为博学者劳作掌记，雕虫者引入纤薄；时中者游我，从我之所欲，即实即虚，无所不可；无上者尊我，不使人加我之上，我遂无事。"⑥这个我则是欲望之我，或曰气质我。于是，我分为两种，即人性我和情欲我。无论是人性我还是情欲我，都可以换成心。我即心。心，按照现代人的理解，主要指意识、思维心，具有强烈的主体意识的倾向，将我做主理解为心做主，似乎具有鲜明的主体性意识。

---

① 方以智：《疑信》，《东西均》，《方以智全书》（第1册），第365页。
② 方以智：《问克己》，《贯问答》，《方以智全书》（第3册），第47页。
③ 刘元青：《方以智自由观探析——兼论如何实现儒家政治自由》，《孔子研究》2012年第4期。
④ 方以智：《象数》，《东西均》，《方以智全书》（第1册），第335页。
⑤ 方以智：《象数》，《东西均》，《方以智全书》（第1册），第335—336页。
⑥ 方以智：《象数》，《东西均》，《方以智全书》（第1册），第336页。

不过，在古代，至少在方以智这里，心的内涵与之有些不同。方以智所说的心，主要分为两种，即，形而下的气质心，和形而上的、作为理的心。方以智曰："心兼形、神，性则虚而偏满矣。通言之，则偏满者性，即遍满者心。"①心中有性。"以其无所不禀，则谓之为命；以其无所不生，则谓之为心；以其无所不主，则谓之为天。天亦虚也，物物皆有天，勿泥苍苍也。故释之曰真我，曰法身，曰真常，曰正法眼藏，曰无位真人，曰空劫以前自己。"②这种自然人心，内含人性。这便是"遍满者"：心统性和情。它是万物存在之本，故而先有心在。这种心，可以称之为"太极""真我""自己"等。这种真我、自己者，是气质人心与人性的结合体。其中，绝对的天理主导了气质人心的活动性质，即，符合"理"的气质活动便是合理的。因此，心的决定权最终交付于性或理。"心生曰'性'；草木出土曰生，物之始得于天者，天命之矣。'情'由性地发生，东方之色青，丹生于土，故因其声；性因情显，犹火附木生也。"③由心而产生性的概念，人们以性来解释或规定心的内涵，生存由心定转为性定，即情由性发、性由情显，性是决定者。在我的生存中，决定者便是性。故，方以智曰："吾安知性命之先后哉？立其在我而已。我本无我，而皆备于我者也。我用性，性用命。夫无善恶而善恶依焉！不定而一定者，此性命之才也，知止至善者在我也。"④"立其在我"的表面意思是"由我创立"，但是，随后的表述却指明：我即性，我立法即性立法，人性是人类的普遍的本性，我转化为性。这种人性我，便是"大我"。

方以智将我分为两类，即"大我"和"小我"："又有决几焉，动心以知不动，忍性以知不忍，无我以知大我，大我摄于小我。"⑤所谓"大我"，便是无我，即，去除个人私欲、只剩本性的我，大我即人性。所以，"大我摄于小我"中，人性只能具体于一个个的具体的个体。这种个体我是小我，小我乃是情欲我、肉体我。这种我，在传统儒家看来，具有更多的消极性，因而遭到了否

---

① 方以智：《译诸名》，《东西均》，《方以智全书》（第1册），第315页。
② 方以智：《译诸名》，《东西均》，《方以智全书》（第1册），第316页。
③ 方以智：《译诸名》，《东西均》，《方以智全书》（第1册），第314页。
④ 方以智：《性故》，《方以智全书》（第3册），第18页。
⑤ 方以智：《三征》，《东西均》，《方以智全书》（第1册），第267页。

定,即"无"或"制裁":"以其理裁而宜之曰义,义者,我也;仪,载也。古义、我、俄通声;从戈,取其裁断有金刚之勇也。"①以仁义来约束我、从而限制情欲我。"义即我加羊。"②义即制裁私人之利。这便是涵养或熏陶:"我以十二折半为炉,七十二为鞴,三百六十五为课簿,环万八百为公案,金刚智为昆吾斧,劈众均以为薪,以毋自欺为空中之火,逢场烹饪,煮材适用,应供而化出,东西互济,反因对治,而坐收无为之治,无我、无无我,圜三化四,不居一名。"③气质的小我需要一定之术予以熏陶,从而实现超越。超越的目的便是弘扬大我、呈现人性或发明本心。

不过,和传统理学偏重于性理或大我不同的是,方以智采取了中道立场:"无二分无断、无别,事理不二,即如如佛。有、无二无,无二亦灭,特玄其语耳。慈湖所守之'无知',文成所标之'良知',即真常、真我之易名也,随流见得,不落有无。吾何妨以贯虚于实、即有是无、遮照存泯,同时俱镕此一味之'中道法界'耶?"④真我不落有无,即,真正的我,不仅是人性我即大我,而且也离不开气质我、情欲我。真我是二者的结合:"以无而空其有,以有而空其无,以不落而双空。"⑤真我如仁。方以智曰:"克己即由己,无我之我皆备之我。天地间相反者常在一处,心是妙物,即是累物。克之言尽也、能也,为其克而能生也。仁藏己内,如果实之仁藏甲内,其根、干、花、叶皆具。"⑥大我即无我,藏于具体之小我。这种无我之我便是真我、便是仁,真我即仁。方以智甚至曰:"何以谓之我?何以问我而我遂我其我?何以为官天地、骑日月之我?天地何以有我?我何以即天地?何谓无我之真我?久而一觌,我还我,我不自知其我,又何容所谓'无我''真我'者哉?号为混沌,我不应也。"⑦我,作为天地万物之主宰者,不仅是真我,亦是小我,无真我便无小我,无小我亦无真我,我是情欲小我与真性真我的综合。

---

① 方以智:《译诸名》,《东西均》,《方以智全书》(第1册),第314—315页。
② 方以智:《疑始》,《通雅》,《方以智全书》(第4册),第104页。
③ 方以智:《开章》,《东西均》,《方以智全书》(第1册),第250页。
④ 方以智:《所以》,《东西均》,《方以智全书》(第1册),第343页。
⑤ 方以智:《逍遥游》,《药地炮庄》,《方以智全书》(第2册),第118—119页。
⑥ 方以智:《问克己》,《贯问答》,《方以智全书》(第3册),第47页。
⑦ 方以智:《向子期与郭子玄书》,《药地炮庄》,《方以智全书》(第2册),第83页。

大我、小我和真我，虽然都有一个我字，不过，说到底，这个我或真我的主宰者，终极主宰者，还是性或理。作为中道观的真我，仅仅是说，我不仅守性、循理，同时也要顾及人的感性或情欲我。在情欲与人性的关系中，方以智虽然赋予气质、情欲较高的地位，但是，在包括方以智在内的几乎所有的传统儒家（从孔夫子到王阳明、王夫之等）思想体系中，人性或天理一定占据着主导地位。人性或天理才是真正的决定者，我做主，其实是性做主，能够做主的人性，通常具备普遍性和自然性。这种自然的，普遍的人性，仅仅是普遍人有效，而无法体现每一个人自己的独特意志与想法。既然无法体现个体的意志，便不能说是自己做主，事实上，它仅仅突出了人类的规定性，并无个体做主的实质。

四、结语："心宗"与个体我的缺席

从传统理学向陆王心学的转向，体现了理学家们对人的生存的主体性意识的关注，即，理学家们逐渐发现，决定世界存在以及个体人生的主宰之理，与其说是外在于天地，毋宁说是内在于人心，这便是心中的人性或良知。主宰在人心，或者说，人心主宰世界和人生。这种心做主宰的观念，一方面体现了理学家们对人的主体性的认识。这种观念与现代哲学中的个体主体性、自由意志以及自由等观念十分相似。不少人因此断定王阳明、方以智等传统心学家们具有现代主体性观念、倡导自由精神等。这一断言未必可靠。

现代哲学所讲的主体性，主要分为两种，即人类主体性和个体主体性。所谓人类主体性，从哲学人类学的角度来审视作为一个种类的人在宇宙中的地位。这个主体性是我们人类的主体性。在这一点上，传统儒家作出了杰出的贡献，并最终提出：人类才是宇宙万物生生不息的主宰。这便是"主持天地者，必中正之人也"[①]。即，在宇宙万物生存体系（尤其是天人关系）中，人类不仅是由天地而生的生物，更是万物的主宰。人类不仅能够主宰自己的命运，而且能够进而主导宇宙万物的生存，人终于成为万物（包括天地）的主宰。这便是人主天地，这便是人，作为一个种类的主导性、

---

① 方以智：《性故》，《方以智全书》（第3册），第11页。

主动性和主宰性，或者说，这便是人类主体性。牟宗三曰："中国哲学特重'主体性'（Subjectivity）与'内在道德性'（Innermorality）。"[①]准确地说，这种主体性，应该是人类主体性，即，鼓励人类自强不息、积极进取，而不要被动地接受命运的安排。

主体性还有一个种类，即个体主体性，这也是现代西方哲学最常说的种类，与人类主体性突出"我们"相比，个体主体性（简称个体性）突出单个的自我。单个的自我，其最集中的表现便是自由意志，或者说，个体主体性表现为自由意志。自由意志的活动，是个体在自身个体性指导之下所产生的判断和选择，它包括自己认识、自己选择、自己决定、自己做主。总之，它是理性存在者，从自身的个体性出发所产生的理性活动。理性、选择与个体性是自由意志活动的最重要要素，这便是我想到、我选择，然后我做主，这便是现代哲学所说的个体主体性。这种观念，在中国传统哲学（包括王阳明、方以智等在内）中，都是不存在的。这意味着所谓的由我立法、我自信我、由我做主等提法，仅仅是形似。这里的我，与其说是自我，毋宁说是人性，所谓的自信我、我立法等，其实是自信性、性立法。这种普遍的人性，代表了我们即人类，它仅仅表示人类做主。张昭炜据方以智的理论分析，提出"中国哲学的主体既是生命主体，亦是道德主体，混融了形上的天道与形下的生命"[②]。此言前半部分十分准确，后者即"道德主体"判断，则有待商榷。道德主体是自由主体、个性主体，类似于自我，方以智那里，并无这类观念。

---

① 牟宗三：《中国哲学的特质》，上海古籍出版社 1997 年版，第 4 页。
② 张昭炜：《三冒以成"吾"——方以智论哲学主体的展开》，《哲学动态》2017 年第 4 期。

后记

不久前，荣幸地接到贵州孔学堂书局张发贤先生的电话邀请，希望笔者能够将自己有关王阳明研究的论文整理成集予以出版。这是笔者的第一部专题研究著作，这部著作的出版似乎意味着笔者也忝列为阳明学研究的"专家"了。成名成家其实并不是以冯契先生、杨国荣教授等为代表的华东师范大学的哲学传统。冯杨学派传统喜欢从宏观的角度、以逻辑与历史相统一的研究方法来追问哲学问题，而很少专注于一人一书的专题研究（当然也有例外）。因此，在冯杨学派传统中，常常会出现《中国古代哲学的逻辑发展》《人的自由和真善美》《善的历程》等皇皇巨著，而"某某哲学研究"之类的专题并不多见。作为华东师范大学哲学系的毕业生，我也自然而然地继承了这些研究习惯形成了这一研究风格，即喜欢从宏观上追问问题，而不喜欢条分缕析式的专题研究。这部文集算是一个例外。

即便如此，这本著作依然保留了宏大叙事的风格，即从宏观的角度、用历史与逻辑相统一的方法来研究哲学问题。本书大体上分为三个部分，即"存在论视域中的阳明学""阳明学与中国思想史"和"比较中的阳明学"。第一部分四章，两章是独立作者，另两章为笔者与学生的共同作品。其中，《"心外无物"新论：基于生存论的视角》的第一作者是山东社会科学院助理研究员张恒博士、《王阳明"万物一体"观探析》的第一作者是山东大学儒学高等研究院博士研究生乔建宇。二人从我学习，其相关观点也大体反映了我的一些基本观念，故收录书中。这部分主要从存在论的视域探讨王阳明的哲学观念以及核心概念，如阳明的良知、理等概念。作为核心概念的良知，学术界讨论非常多，但是结论并不能令人满意，分歧主要聚集在良知与气的关系上。笔者认为良知是不含气的纯粹实体，良知即理。

第二部分由五章组成，主要从哲学史或思想史的角度探讨王阳明思想的历史地位。在这部分中，笔者着重指出：以王阳明为最高代表的传统儒家将人在宇宙中的地位提高到空前绝后的高度，人类自此不仅成为自己命运的主宰，而且成为宇宙的主人。这便是儒家对人类主体性的弘扬。学术界已经注意阳明学的主体性意识，但是这种关注或理解并不精确，王阳明关注的主体性只是人类主体性，而不是个体主体性。严格说来，西方哲学所说的主体性（Subjectivity）同时可以翻译为主观性，其主体性只能是有意识的个体主体性。按照这个标准，王阳明的主体性观念并没有这层内涵。但是，在汉语中，主体不仅可以指思维主体，也可以指行为主体等，并没有与意识保持同步。从这个意义上说，在王阳明思想那里存在着客观的、普遍的人类主体性。也就是说，主体性大体上可以分为两类，即人类主体性和个体主体性，王阳明关注了人类主体性，却忽略了个体主体性，这一基本立场在《论"我"的三个向度》表达得比较明确。

第三部分由五章组成，主要从比较的角度探讨理学视域中的心学。现代学术界通常将理学分为程朱理学与陆王心学两系，以及三系说、五系说等。这些分判和命名有一定的道理与合理之处，如程朱理学的核心词是理，陆王心学的核心概念是心，理学或心学的称号的确从某个角度反映了各自的特点。但是，这种命名可能面临着一个风险，即，容易扩大理学与心学的差异，从而割裂心学与理学之间的继承关系。事实上，宋明理学与其说是二系、三系、五系，毋宁说是一系，即，从张载到王阳明形成一个历史的、逻辑的整体。具体到朱熹与王阳明等人物身上，我们可以说朱子学是心学的早期形态，阳明学是理学的最终发展，从朱子理学向阳明心学的发展不仅是历史的，而且是逻辑的必然。同时，值得提出的是，相比较于朱熹，王阳明显然意识到了传统理学的问题所在，即，事事讲究理、遵循道，行为人自身的作用似乎被忽略了。人的道德行为不仅要守理，也发自于主体。向主体转向是阳明学的最大贡献，但是，这个转向并不成功，阳明学最后还是转向了朱子学上。

笔者进入中国哲学史研究领域已经有三十余年，回想起来，感慨良多，最大的感慨是中国哲学研究的特殊性。如在中国知网上，同样是笔者的文章，一篇是笔者自己非常满意的、哲学性比较强的文章，另一篇是哲学性一般、笔者感觉一般的文章，二者的关注度或下载量却迥然不同，哲学性很强的文章读者非常少，哲学性一般的文章的阅读量比较大。这让笔者非常困惑。或许，我们哲学人的作品命中注定是小众作品，只能被少数热爱哲学的人关注与阅读。对于大多数人来说，哲学文章是多余的。也许哲学研究只能在孤寂中展开，哲学家或哲学研究者永远不能成为"网红"。笔者以此自勉并共勉，期望我们哲学人能够耐得住孤寂，持守住那份热爱哲学的童心，一直到永远。

沈顺福

2023年6月5日